FALE

ALISON WOOD BROOKS

FALE

Traduzido por Simone Reisner

SEXTANTE

Título original: *TALK – The Science of Conversation and the Art of Being Ourselves*

coordenação editorial: Sibelle Pedral
produção editorial: Livia Cabrini
preparo de originais: Heloisa Fernandes/Mastertexto
revisão: Ana Grillo e Juliana Souza
diagramação: Valéria Teixeira
ilustrações de miolo: © Platon Anton / Shutterstock (p.197);
Olivia de Recat (p.230)
capa: Yang Kim
imagem de capa: cnythzl/ Getty Images
impressão e acabamento: Bartira Gráfica

CIP-BRASIL. CATALOGAÇÃO NA PUBLICAÇÃO
SINDICATO NACIONAL DOS EDITORES DE LIVROS, RJ

B888f

Brooks, Alison Wood, 1985-
Fale : a ciência da conversação e a arte de ser você mesmo / Alison Wood Brooks ; tradução Simone Lemberg Reisner. - 1. ed. - Rio de Janeiro : Sextante, 2025.
304 p. ; 23 cm.

Tradução de: Talk : the science of conversation and the art of being ourselves
Apêndice
ISBN 978-85-431-1066-0

1. Comunicação – Aspectos sociais. 2. Comunicação – Aspectos psicológicos. 3. Comunicação interpessoal. 4. Habilidades sociais. I. Reisner, Simone Lemberg. II. Título.

25-97550.0 CDD: 153.6
CDU: 316.47:316.772.4

Meri Gleice Rodrigues de Souza - Bibliotecária - CRB-7/6439

GMT Editores Ltda.
Rua Voluntários da Pátria, 45 – 14º andar – Botafogo
22270-000 – Rio de Janeiro – RJ
Tel.: (21) 2538-4100
E-mail: atendimento@sextante.com.br
www.sextante.com.br

Para Sarah

SUMÁRIO

INTRODUÇÃO

Há alguns anos, minha terceira filha – uma menina meiga e corajosa, que veio logo após dois barulhentos irmãos mais velhos – disse "te amo" pela primeira vez e beijou a ponta do meu nariz. Meu coração se encheu de orgulho. Embora eu seja uma cientista não muito dada a emoções tão intensas, naquele momento lágrimas quentes e grossas brotaram dos meus olhos. Depois de 15 meses de amamentação, colo, canto, trabalho, sorriso, choro e (principalmente) gritos silenciosos, ouvir as palavras *te amo* saindo daquela boquinha tão doce foi um milagre. Era um momento a ser eternizado em diários de bebês, canções de amor, contos de fadas.

Somente depois que coloquei Charlotte no berço e fechei a porta suavemente me dei conta de que minha filha tinha dito "te lambo". De fato, ela lambeu a ponta do meu nariz.

Confusões como essa não são exclusivas de conversas com crianças que ainda estão no processo de aquisição da linguagem. A conversa é um exercício de humildade tanto para crianças quanto para adultos. Nós escorregamos e nos atrapalhamos em momentos de constrangimento, desconforto, tensão e tédio, na esperança de encontrar aprendizado, alegria, progresso e conexão.

Nem todos os problemas nas conversas acontecem porque escutamos errado. Alguns anos antes do episódio da lambida, durante um jantar em um restaurante badalado, criei coragem para dizer a uma grande amiga que eu tinha algumas dúvidas em relação ao namorado dela. Eu vinha pensando no assunto fazia muitos meses, talvez mais de um ano. Ele era legal, ponderei, mas ela era espetacular. Eu estava preocupada com a felicidade, com o futuro da minha amiga. Ela ouviu educadamente o que eu tinha a dizer. Não pareceu totalmente surpresa e conversamos sobre minha opinião. Quando seus olhos ficaram um pouco marejados, mudei de assunto. Eu senti que ela tinha me ouvido e não quis pressioná-la.

Dois dias depois, recebo no celular uma mensagem dessa amiga. Será que ela queria conversar um pouco mais? Será que estava pronta para se abrir sobre as dificuldades no relacionamento deles ou sobre as próprias dúvidas? Nada disso. Era uma foto de um anel de brilhantes. Reconheci seu esmalte vermelho. O namorado a havia pedido em casamento, e ela aceitou.

Embora achasse que nossa conversa correra bem e estivesse orgulhosa de ter tido coragem de compartilhar minha perspectiva, eu tinha entendido errado. Eu havia interpretado o silêncio dela como um sinal de que estava pensando no que eu dissera, talvez prestes a se abrir sobre as próprias dúvidas a respeito do relacionamento. O que eu desconhecia era que os dois já tinham escolhido juntos o anel de noivado, e ela não soube como me dizer que eu estava totalmente errada. Respondi rapidamente à mensagem: "Uau! Ele é incrível. O anel é maravilhoso, assim como você. Espero que esteja nas nuvens."

Por dentro, torcia para que meu entusiasmo a ajudasse a esquecer que eu havia feito comentários errados, na hora errada, e interpretado mal sua reação.

Em todas as conversas, tomamos milhares de microdecisões rápidas[1] sobre o que dizer, como e quando. Em alguns momentos acertamos, em outros não. Até escolhas comuns, bem-intencionadas e razoáveis podem criar problemas – de pequenas rusgas a rupturas agressivas – em nossas conexões. Às vezes, sabemos que um comentário afetou negativamente uma conversa ou um relacionamento, mas nem sempre é assim. Alguns episódios são superados rapidamente, sem maiores repercussões. Mas nossos deslizes em conversas também podem ter consequências que vão de desconforto, confusão e constrangimento a hostilidade, depressão e mágoa.

Embora façamos isso *o tempo todo*, conversar é algo altamente complicado e arriscado. Na verdade, é uma das atividades humanas mais complexas e incertas – uma das que mais exigem da nossa cognição. Há duas razões principais para isso, que agruparemos de modo amplo sob os termos "contexto" e "propósito".

Contexto. O videoclipe de 2020 da música "Positions", de Ariana Grande, retrata a cantora como presidente dos Estados Unidos. Tudo ao redor muda constantemente. Em um momento ela está no Salão Oval em uma ligação telefônica e seu chefe de gabinete sussurra algo em seu ouvido. Então aparece em uma sala de reuniões cheia de líderes mundiais debatendo um assunto importante. De repente aparece no púlpito, na sala de reuniões, cercada de secretários de imprensa e assessores, falando com um enorme grupo de jornalistas ansiosos. Ou então correndo por um gramado nevado, passeando com cachorrinhos. A quantidade de trocas de cenário no videoclipe é muito parecida com a de alterações de contexto em nossas conversas. Cada elemento – quem está presente, sobre o que estamos falando, onde está acontecendo, quando, por que e como – pode mudar rapidamente. Mesmo pequenas mudanças – alguém puxa uma cadeira, liga uma música, traz um jogo de tabuleiro, baixa as luzes, sai da sala ou simplesmente muda de assunto – são significativas. Cada alteração no contexto da conversa pede para nos ajustarmos – para lermos o ambiente e trazermos nosso melhor – à medida que passamos com agilidade (ou não) de um momento para o outro.

Propósito. Um dos aspectos mais delicados do contexto de conversa é que todos temos prioridades diferentes, muitas vezes até conflitantes. Nossos propósitos, ou as razões para nos envolvermos em qualquer conversa, são complexos e dinâmicos.[2] Podemos querer dar espaço para um amigo chorar, reclamar de um salário baixo, aprender algo novo, entender o que está acontecendo na mente de alguém, nos divertir, desabafar, persuadir nosso parceiro a fazer algo por nós ou por outra pessoa, e assim por diante. Podem existir objetivos conflitantes na mesma conversa, e nem sempre temos consciência de alguns. Imagine, por exemplo, um diálogo com um subordinado direto sobre a escolha de obras de arte para o escritório. Pensamos que queremos resolver logo o assunto encomendando obras bonitas. Na verdade, não queremos admitir que temos outros objetivos, como fazer o subordinado acreditar que entendemos de arte e evitar que ele compre aquela peça horrível da qual tanto gostou. Sim, mesmo em conversas aparentemente simples, nossos interlocutores têm seus objetivos, que precisamos detectar e conciliar.

Na essência, conversar é um ato contínuo de cocriação[3] em busca dos mais variados desejos e necessidades, um fluxo de microdecisões delicadamente coordenadas entre mentes humanas, enquanto o contexto muda a todo instante. Fazemos isso com frequência, então em tese deveríamos ser especialistas. Na verdade, somos amadores.

Mas eu trago boas notícias do mundo da ciência. É possível aprender a conversar melhor – ser mais perspicaz em avaliar e se adaptar ao contexto, e ser mais consciente dos seus propósitos e de como eles moldam o que escolhemos dizer e fazer. Aqui está a melhor parte: conversar de forma um *pouco* mais efetiva pode fazer uma *grande* diferença[4] – para a qualidade de seus relacionamentos; para lapidar suas interações cotidianas; para seu sucesso profissional; para o impacto de sua existência no mundo.

Este livro ensina os segredos para construir argumentações inteligentes e espirituosas. Apresenta as principais estratégias para se tornar um líder perspicaz e empático. Mostra táticas verbais para encantar seu interlocutor. Mas talvez nada disso seja como você imagina. Ser bom de conversa requer mais do que saber usar palavras específicas ou frases mágicas. São tantas as conversas de que participamos o tempo todo que é impossível seguir sempre o mesmo roteiro – além disso, não podemos roteirizar como nosso interlocutor vai reagir e responder. Comunicar-se de maneira mais eficaz não significa usar todas as palavras certas sempre, ou aplicar um conjunto finito de táticas de comunicação, evitar atritos ou fingir que eles não existem. Conversar bem significa *saber* que haverá problemas, tomar consciência deles e trabalhar para resolvê-los da melhor forma possível – talvez com algumas risadas. Só então poderemos coordenar um pouco melhor nossas microdecisões em uma busca incansável para entender e encantar uns aos outros – em todos os contextos de nosso círculo social.

Uma das questões que impedem as pessoas de aprimorarem suas habilidades nas conversas é a falta de feedback.[5] Conheci um rapaz na faculdade que filmava suas tacadas de golfe, revia várias vezes e trabalhava para corrigir seus movimentos. Como muitos atletas que usam a mesma tática, ele jurava que isso ajudava. No entanto, em conversas essa opção não parece viável. Você não pergunta: "Posso gravar nosso papo para aprender com meus erros depois?" O que costuma acontecer nas videochamadas do Zoom é que nos transformamos em Narciso e lutamos para desviar de nós mesmos nossos olhos famintos por feedback.[6] Nas raras ocasiões em que assistimos a vídeos de nós mesmos, a experiência é igualmente hipnótica e mortificante. Mesmo que nossos interlocutores segurassem um espelho para que estudássemos nossos gestos e expressões faciais, a análise não escaparia de nossa visão distorcida de nós mesmos: a maioria de nós avalia as próprias conversas como piores do que realmente são,[7] focando nos movimentos errados e nos momentos a serem corrigidos.

Pode ter sido o caso com meu conselho naquele jantar. Talvez eu tenha sido muito dura comigo. A verdade é que eu não sei como minha amiga se sentiu. Mais de dez anos se passaram e, entre mudanças interestaduais, sucessos e fracassos profissionais, gestações e abortos, nunca discutimos minha avaliação insensível daquela noite. Talvez ela tenha dado importância ao que eu disse, mas não a ponto de mudar de ideia sobre o namorado, e, como não quis que eu me sentisse pior, deixou pra lá. Talvez estivesse tão animada com o noivado iminente que ignorou meus comentários inoportunos na mesma hora. Ou talvez nem tenha prestado muita atenção, com a mente vagando alegremente dos pratos para anéis de brilhantes, enquanto uma música de sucesso tocava nos alto-falantes.

É difícil saber. Pouquíssimas pessoas dão feedback construtivo, de alta fidelidade e em tempo real sobre uma conversa, como "Você parecia zangado, e acho que isso deixou as pessoas desconfortáveis", "Aquela mudança brusca de assunto foi desagradável" ou "Não é uma boa hora para confessar sua antipatia pelo meu namorado porque ficaremos noivos em breve". Também são raros os feedbacks positivos como: "Uau, sua piada ajudou a quebrar o gelo" ou "Seu sorriso é contagiante". Além disso, ninguém pode dar feedback sobre o que poderíamos ter dito, mas não dissemos. É difícil melhorar o desempenho em conversas quando não sabemos o que estamos fazendo certo ou errado, nem quando ou por quê.

Felizmente, durante grande parte da vida tive a sorte de receber esse tipo de feedback. Uma vez, assisti a mim mesma conversando ao pé da lareira com dois especialistas em sustentabilidade ambiental e investimento de impacto. Eu vestia calça preta e um casaco de tweed e estava com o cabelo encaracolado preso em um coque. Falava como quem conhece o assunto, entusiasmada e, às vezes, encantadora. Parecia um pouco irritada quando a conversa era dominada pelos dois homens, mas expressava minhas opiniões assertivamente, sem me deixar intimidar pelo público que ouvia. Admirei os momentos em que sorri e apoiei os outros participantes e me perguntei o que eu estava pensando quando, em determinado momento, baixei os olhos para rir. Não tive certeza porque não era eu de verdade. Era minha irmã gêmea idêntica, Sarah.

Desde o momento em que abri meus olhos de recém-nascida, vi de perto um estranho avatar de mim mesma tomar todo tipo de microdecisões. Ao longo da vida, fizemos escolhas muito parecidas – comer a maçã, não a banana; se aprofundar em matemática avançada, não em história; usar óleo de bebê em vez de protetor solar (grande arrependimento). Até tiramos as mesmas notas em todas as provas do ensino médio. (Eu sei que é assustador.) Claro, também houve escolhas divergentes. Ela tocava flauta, e eu, oboé. Ela usava o cabelo cacheado e eu acordava cedo para alisar o meu. Ela gostava de cestas de três pontos; eu preferia arremessos de média distância. Toda a nossa infância foi um experimento natural bizarro, imposto a nós por um poder superior (e imposto a nossos pais também, que não sabiam que teriam gêmeas até o médico sussurrar: "Meu Deus, tem mais uma", momentos depois que eu nasci).

O que isso significou para a minha comunicação foi que eu tinha não apenas uma parceira de conversa "de fábrica", mas também um espelho na vida real. Eu estava fartamente munida de informações enquanto observava uma cópia idêntica de mim navegando no mundo social todos os dias, sentada à mesma mesa no refeitório, correndo e tropeçando nos mesmos campos de futebol e quadras de basquete, levantando as mãos para responder às mesmas perguntas de química, participando dos mesmos jogos de cartas e festas. Eu me encolhia de constrangimento quando Sarah fazia piadas inoportunas ou quando, frustrada, criticava alguém. Eu sorria quando ela respondia a perguntas difíceis de forma brilhante ou fazia todos à mesa caírem na gargalhada. Tentei evitar suas falhas e replicar seus sucessos. Como muitos irmãos (gêmeos ou não), também demos uma à outra um feedback direto e implacável. (Divertido, certo?) Comentários como "Isso foi maldade", "Eca!", "Não faça isso", acompanhados de olhares de aprovação e desaprovação, eram (e ainda são) frequentes – hábitos bem repetidos em inúmeros compromissos em comum, desde fazer shows de malabarismo para nossos pais e jogar cartas com os meninos vizinhos, até mergulhar de costas em festas à beira do lago e liderar o coro que animava nosso time de basquete. Por sorte, recebi tanto feedback das conversas que, muitas vezes, me perguntei como seria possível viver sem isso.

Esse fascínio por analisar e melhorar as interações humanas me levou primeiro à Universidade de Princeton, como estudante de graduação (sem minha dublê ao lado), onde mergulhei de cabeça na ciência do comportamento humano, e depois à Wharton School, na Universidade da Pensilvânia, onde estudei como os *sentimentos* influenciam o comportamento. Acabei me tornando professora na Harvard Business School, para dar um curso sobre negociação e fazer pesquisas sobre o tema.

Naquela época, porém, comecei a perceber que as chamadas "conversas difíceis", como as negociações,[8] não eram as únicas interações que faziam as pessoas escorregarem. Elas também tinham dificuldades com conversas aparentemente fáceis. E conversas aparentemente fáceis podem se tornar extremamente difíceis a qualquer momento, quando esbarramos em temas delicados ou acionamos algum gatilho em nosso interlocutor. Então, no meu laboratório de pesquisas, onde liderei uma equipe de alunos de doutorado, pesquisadores associados e outros colegas do corpo docente, examinamos com rigor não apenas negociações[9] e conversas tensas, mas todos os outros tipos de conversa, em larga escala, em contextos variados: encontros-relâmpago,[10] audiências de liberdade condicional,[11] interações médico-paciente, ligações de vendas,[12] mensagens instantâneas e conversas descontraídas[13] entre estranhos, amigos, parceiros românticos e familiares. Gravamos as interações em vídeo e áudio, transcrevemos as palavras, codificamos as expressões faciais e linguagem corporal, detectamos os pensamentos simultâneos e vinculamos as escolhas de conversa a resultados concretos. Trata-se de uma nova ciência da conversa, e é tudo o que eu estava procurando – porque é o método que chegou mais perto de conseguir definir como as pessoas realmente *são*.

Você quer entender de finanças? Observe como casais falam sobre dinheiro – ou como analistas financeiros interagem com seus chefes. Quer aprender sobre direito? Veja como advogados falam com clientes e colegas. Quer uma imagem clara do mundo da arte? Grave negociantes de arte falando com clientes e com os artistas. Quer entender de música? Assista aos membros das bandas compondo juntos e ouça as conversas nos ensaios.

Ensinar e estudar negociações por um lado e vivenciar milhares de conversas por outro me levaram a uma descoberta: embora habilidades estratégicas e técnicas possam ajudar as pessoas a progredir de muitas maneiras, para ser bem-sucedido é necessário ter bons relacionamentos. E relacionamentos se constroem com *conversas*. Pessoas competentes, os tipos de líder que estamos tentando formar na escola de negócios (e em todos os outros lugares), são aquelas que entendem, se conectam, inspiram os outros e aprendem com eles. Ao mesmo tempo, é muito difícil ensinar habilidades interpessoais. Sim, existem aulas sobre comunicação e negociação, poder e influência, mas eu sentia que faltava algo nesses cursos. Eles falam sobre comunicação, mas raramente se concentram em *executar* as estratégias. Eles explicam como trocar informações e usá-las a nosso favor, mas não como trocar informações e ao mesmo tempo desenvolver relacionamentos sólidos, complexos e gratificantes.

Muito do que tentamos alcançar em qualquer conversa é condicionado pelo teor e pelo tom do relacionamento subjacente,[14] mesmo que ele ainda esteja sendo estabelecido. Na prática, as pessoas são menos propensas a trocar informações precisas quando não gostam ou não respeitam umas às outras, quando não se sentem confortáveis e valorizadas. Temos dificuldade de interagir se estivermos zangados, ansiosos ou entediados, e buscamos a saída mais próxima, em vez de nos envolvermos no processo de informar e aprender.[15] Em um estudo conduzido pelo especialista em organização Sean

Martin, aqueles que foram instruídos a abordar assuntos não relacionados ao trabalho[16] no início de uma reunião tiveram uma probabilidade muito maior de obter informações úteis – sobre o trabalho! – durante a reunião, de usar uma linguagem de apoio e de manter contato semanas e até meses depois. Minhas próprias pesquisas revelaram que interlocutores tinham uma probabilidade muito maior de abandonar as negociações[17] quando eram aleatoriamente levados a se sentir ansiosos, e outros pesquisadores descobriram que havia uma probabilidade muito maior de ocultarem informações quando eram levados a se irritar.[18] A maneira como as pessoas falam entre si muda o que elas sentem umas pelas outras, o que por sua vez muda a maneira como elas continuam se falando, o que muda o que elas sabem, o que muda mais uma vez o que elas sentem umas pelas outras, o que... Você já entendeu. Um ciclo interminável de troca de informações está embutido no universo inevitável dos nossos *relacionamentos.*

Felizmente, eu era muito próxima da minha amiga daquele jantar havia quase dez anos – um tempo cheio de alegria e amor, expressos em pequenos momentos, em várias conversas. Embora eu me sentisse envergonhada por ter falado do namorado dela poucos dias antes do noivado, desconfio que ela tenha visto isso como um sinal de que nosso relacionamento era seguro e forte. Ela sabia que eu era o tipo de amiga que se importava com seu bem-estar a ponto de dizer o que pensava. Mesmo momentos lamentáveis podem ser ignorados, reparados ou perdoados quando o relacionamento vale a pena.

Em 2019, criei um curso[19] para colocar em prática minha perspectiva científica, embora relacional, sobre conversas. O curso se chama "FALE: Como falar melhor nos negócios e na vida", ou apenas "FALE". O programa reúne os ingredientes necessários para manter uma boa conversa com uma real troca de informações, e também para usar a conversa com propósitos diferentes: sentir-se confiante, divertir-se, preservar a privacidade e capturar a magia da conexão entre os seres humanos. O curso tem sido incrivelmente gratificante e muito popular. Parece que toquei um ponto sensível. Em apenas quatro anos, ministrei o curso a mais de mil alunos de MBA e executivos, e há uma enorme lista de espera. Hoje sou procurada para aconselhamento de pessoas em uma ampla gama de setores, como educação, medicina, finanças e esportes, porque todas as organizações e todas as áreas do mercado desejam descobrir como conversar melhor. Quando o Boston Celtics me convidou para ser consultora da equipe técnica, pensei, “Sério?”, mas logo percebi que a conversa também está no cerne do que eles fazem. Treinadores, jogadores, equipe, gerentes, proprietários; todo o trabalho depende do nível de interação deles, tanto individualmente quanto em um sistema. A conversa é a chave para o mundo social.

Este livro é uma extensão natural do meu curso FALE e tem como objetivo ajudar você a se sentir mais confiante e competente em suas conversas. A pisar em solo firme, para arriscar mais e expandir o que é possível nas conversas diárias. Nem todo mundo poderá fazer o curso, mas este livro é para todos: introvertidos e extrovertidos, seja qual for o papel que desempenhem em seus grupos, organizações e famílias. Eu quis escrevê-lo porque há muitas pessoas como meus alunos – ansiosas, mas também animadas e prontas para ganhar novas oportunidades por meio da conversa. Uma boa conversa pode nos fazer sentir vivos. Pode afastar a solidão, uma das maiores ameaças da atualidade.[20] Pode nos satisfazer como poucas atividades. Felizmente, não é um recurso limitado. Muito pelo contrário. Quanto mais gente se comunicar bem, melhor para todos nós.

Neste livro, vou levá-lo para dentro do mundo da conversa, como faço com meus alunos. No Capítulo 1 abordaremos o que é a conversa: um jogo de coordenação. O jogo é surpreendentemente traiçoeiro, com alçapões e desafios escondidos em um labirinto de decisões, mas pensar nas conversas como um jogo nos ajuda a ver como todas são construídas em conjunto por vários jogadores e podem ser *divertidas*. Trata-se não apenas de como *nós* podemos melhorar, mas também de como podemos ajudar nossos parceiros a serem melhores. Não é um jogo em que ganhamos ou perdemos: é um jogo que jogamos juntos.

Seguindo a sugestão do filósofo Paul Grice,[21] cujas ideias sobre conversas orientam o pensamento e o progresso científico há décadas, vou conduzir você por essa nova estrutura que desenvolvi. As máximas do FALE dividem uma conversa em quatro tópicos cruciais, que vão guiar a nossa abordagem para tornar as conversas mais vibrantes, enriquecedoras e eficientes:

- **Foco**, porque grandes conversadores escolhem bons temas e tornam qualquer assunto mais interessante;
- **Aprofundamento** por meio de perguntas, pois nos ajuda a transitar entre os temas em foco e a explorá-los a fundo;
- **Leveza**, para evitar que nossas conversas se tornem chatas; e
- **Empatia**, porque grandes conversadores se importam com os outros e demonstram isso.

Foco e Aprofundamento abrangem a estrutura da conversa e como podemos fazer escolhas que nos conduzam ativamente a boas direções – rumo a planícies que nos darão as melhores condições de alcançar o que queremos. Enquanto caminhamos juntos por essas planícies, a Leveza nos ajuda a evitar o tédio[22] com momentos de brincadeira e entusiasmo, porque uma boa conversa requer atenção e engajamento mútuos.[23] Ao mesmo tempo, a Empatia explora o poder do respeito e da boa escuta[24] para trazermos à tona o melhor uns dos outros, garantindo não apenas que nos sintamos ouvidos, mas que *sejamos* ouvidos.

Faz sentido passar pelas máximas do FALE nessa ordem, embora na prática elas se reforcem mutuamente. Fazer perguntas pode ajudá-lo a mudar de tema suavemente. Permanecer no assunto pode dar a brecha para uma pergunta difícil que você está morrendo de vontade de fazer. Despertar a Leveza permite incluir questionamentos mais profundos ou mais arriscados. Escolher o Foco tendo em mente os interesses e propósitos de outras pessoas é um ato de empatia conversacional. Ouvir de maneira receptiva e depois se referir a algo previamente mencionado costuma render boas risadas.

É claro que há muitos desafios, como o fato de a conversa ser um ambiente de decisão implacável e incerto, e temos pouco controle sobre como nossos interlocutores jogarão. Então, na segunda metade do livro, exploraremos recursos que testam e ampliam as máximas: como a adição de mais mentes cria um caos de coordenação; como problemas podem surgir a qualquer instante, por quase qualquer motivo; e como lidar com esses momentos ameaçadores é complicado, mas *totalmente possível.*

Por último chegaremos aos pedidos de desculpas. Nas extensas trajetórias de nossos relacionamentos e vidas, dizer "me desculpa" pode fazer a diferença entre a deterioração e o fortalecimento das relações, para saborearmos juntos o mundo social. Em um ambiente em que estamos fadados a cometer erros grandes e pequenos, os pedidos de desculpas podem ser nossa ferramenta mais poderosa[25] para salvar relacionamentos que merecem ser preservados. Somente por meio da conversa podemos construir e manter uma realidade compartilhada[26] com o outro, criando um mundo privado com cada um de nossos interlocutores – mundos que podem se tornar mais íntegros, ricos e gratificantes ao longo do tempo, ou se deteriorar até virar poeira.

Poucos meses depois que minha filha, Charlotte, anunciou sua intenção de me lamber, ela aprendeu a diferenciar as palavras *lambo* e *amo*. Encantador. Agora, quatro anos depois, a palavra "lambo" se tornou uma piada entre nós. Uma noite, quando a estava colocando na cama, eu disse que ela precisava dormir e que tinha que trabalhar neste livro. Até deixei escapar que estava um pouco estressada. Ela se inclinou para me abraçar, em uma tentativa de me reconfortar. Meu coração explodiu. Assim que fechei os olhos para um abraço gostoso, ela me lambeu bem no nariz.

CAPÍTULO 1

O jogo de coordenação

Pense em alguma conversa que você teve recentemente. O que veio a sua mente? Um bate-papo sobre amenidades? Uma grade de rostos no Zoom ou no Teams? Uma sessão de brainstorming? Um primeiro encontro bem meloso? Aquela extensa sequência de mensagens em grupo? Uma troca de ideias com sua mãe? Um diálogo íntimo na cama? Uma conversa fiada com os filhos? Uma reunião de trabalho tensa? Uma brincadeira educada com um vendedor? Uma conversa sincera, de peito aberto?

Todos os exemplos contam. Qualquer troca de palavras entre duas[1] ou mais pessoas conta como conversa. Não apenas no universo sem alma da ciência comportamental, no qual trabalho, mas para a maioria das pessoas no mundo.* O dicionário Merriam-Webster diz que conversa é uma "troca oral de sentimentos, observações, opiniões ou ideias", a Wikipedia a descreve como uma "interação entre duas ou mais pessoas" e segundo o Oxford English Dictionary trata-se de uma troca de notícias e ideias entre duas ou

* Neste livro, vamos focar principalmente na conversa sincrônica, em que as pessoas respondem umas às outras instantaneamente. Eu recomendo que você reflita sobre como os princípios que discutimos – gerenciamento de temas em foco, aprofundamento por meio de perguntas, leveza e empatia – podem (ou não) se aplicar a interações menos sincrônicas (por texto, e-mail, redes sociais, etc.), em comparação com interações ao vivo, com trocas rápidas e dinâmicas.

mais pessoas. Embora nossa compreensão de conversa hoje seja pragmática, a definição nem sempre foi assim.

Há três séculos *conversa* significava algo muito diferente e bastante específico (e nenhum dos exemplos se encaixaria!). Era uma arte elevada, definida por trocas sofisticadas sobre temas nobres: ópera, poesia, política, liberdade. Ocorria entre pessoas específicas, como os aristocratas mais cultos e os escritores e pensadores talentosos da época. Para esses luminares, essa arte constituía, por si só, um tema fascinante de conversas. Eram os primórdios de falar sobre conversar. O que definia uma conversa? Em especial, o que definia uma grande conversa? Que nação a praticava melhor? Tratava-se da Era da Conversa,[2] e quase todo mundo com alguma importância tinha uma opinião.

Os filósofos e intelectuais que abordavam essas questões – David Hume, Adam Smith, Jonathan Swift, Germaine de Staël e Johann Wolfgang von Goethe, para citar alguns – concordavam que a conversa deveria ser "prazerosa" e "agradável"[3] para todos os envolvidos, o que significava que não havia espaço para "opiniões fortes". Em seu ensaio "O espírito da conversa" (1813), a célebre Madame de Staël, que liderava um dos salões mais brilhantes de Paris, comparou a conversa à música e escreveu sobre a primeira: "É uma certa maneira de agir[4] uns sobre os outros, de dar e receber prazer instantâneo, de falar no momento em que se pensa... de provocar, à vontade, as faíscas elétricas que aliviam muitos de seus excessos de vivacidade e que servem para despertar o outro de um estado de dolorosa apatia."

Você pode estar pensando: essa ênfase no prazer mútuo não deveria ser óbvia? Quem deseja uma reunião em que apenas algumas pessoas vão se divertir? Aparentemente, naqueles tempos isso não era óbvio. Na verdade, era algo específico. Conversa significava *iluminação*, uma troca intelectual brilhante e espirituosa entre pessoas que tinham a qualidade intelectual e a elegância social necessárias para concebê-la. Sem dúvida, também significava liberdade em relação à hierarquia rígida e aos rituais que definiam a vida na corte em uma monarquia. Nas décadas anteriores e posteriores à Revolução Francesa, a insatisfação com o governo dinástico era galopante. A conversa surgiu como uma alternativa à velha ordem mundial. Nos salões de Paris, onde homens e mulheres da chamada "república das letras"[5] se reuniam, a conversa não se destinava ao prazer do rei, de acordo com as regras dele. Era praticada para o prazer dos esclarecidos, de acordo com as regras que eles próprios criaram.

As regras de Kant

Paris era o centro dos salões, mas a "conversa polida" fascinava toda a Europa. Na Alemanha, o grande filósofo do século XVIII Immanuel Kant, autor do ensaio que definiu uma época, "O que é o Iluminismo?"[6] (até hoje estudado em cursos universitários no mundo todo), estava entre aqueles que opinavam sobre os benefícios da conversa polida e suas melhores práticas.

Durante a maior parte de sua longa vida, Kant sobreviveu como tutor, professor e bibliotecário, à espera de um cargo universitário em tempo integral. Sua baixa renda o fez morar em pensões – o que significava que, a menos que fosse convidado para jantar na casa de amigos, como era frequente, ele precisava procurar companheiros para comer nos bares. Apesar da reputação de extrema austeridade e autodisciplina,* relatos contemporâneos retratam Kant como um convidado animado e encantador, cuja companhia era desejada pelos anfitriões mais ilustres da cidade. Ele apreciava esses eventos privados, mas, depois de anos jantando principalmente em restaurantes e hotéis, cansou das interações barulhentas e banais das mesas comunitárias. Quando finalmente conseguiu uma posição acadêmica e comprou uma casa, pouco antes de fazer 60 anos, decidiu começar a convidar pessoas para jantares que ele próprio oferecia. Finalmente, poderia escolher os convidados – e as conversas. Se você vai passar a vida inteira em uma cidade pequena e remota, é melhor torná-la fantástica. Foi o que ele fez! Os convites de Kant eram altamente cobiçados. Um convidado animado ficou maravilhado por ter sido escolhido para "sentar-se à mesa com o Rei em Königsberg".[7]

---

* Kant raramente deixava sua pequena cidade natal de Königsberg, onde mantinha uma rotina diária tão rigorosa que seus vizinhos o chamavam de "Relógio de Königsberg".

Além da presença do Grande Homem em pessoa, parte do que tornava esses jantares especiais eram suas regras de conversa.[8] Algumas eram comuns a mulheres e homens de letras que moldaram a Era da Conversa, sem interrupções, sem monólogos, sem temas de trabalho. Mas outras eram específicas de Kant. Os convidados deveriam ser de idades e origens variadas – professores, médicos, clérigos. Nunca menos do que três, mas nunca mais do que nove –, geralmente de cinco a oito pessoas. Pontualmente à uma hora da tarde era-lhes oferecido um "menu de temas" de três passos, começando com um prato leve, que seriam as notícias do dia, o clima e as fofocas.

Durante a refeição principal, eles se voltavam para assuntos sérios, como química, meteorologia, história natural e, acima de tudo, política (por exemplo, o estágio da Revolução Francesa, um assunto que fascinava Kant) – mas nunca política *antes* do jantar. Eles concluíam a refeição com "brincadeiras" leves, que provocavam risadas e que portanto, de acordo com Kant, "ajudavam o estômago no processo digestivo, movimentando o diafragma e os intestinos". Deveria haver bastante comida e vinho, mas nada de cerveja, música, jogos e pausas na conversa. A regra número um era: "nada de sabichões".[9]* Na verdade, ele frequentemente lidava com divergências (sobre a Revolução Francesa ou outros assuntos), pedindo aos convidados que evitassem o tema.

Na visão de Kant, seus jantares privados ofereciam um refúgio da agitação dos restaurantes, eram um porto seguro onde a arte da conversa podia florescer. Aposto que, para alguns de nós, conversar em um bar barulhento teria sido mais fascinante do que os jantares de Kant, mesmo que se abordassem assuntos menos "polidos" ou refinados.[10] Ainda assim, enquanto ele cuidadosamente planejava esses encontros em casa, os europeus que pertenciam à república das letras já estavam chegando à conclusão de que a arte da conversa se encontrava em declínio. Informações vindas dos Estados Unidos,[11] que viviam o grande experimento social e político da democracia, confirmavam lapsos marcantes. A elite do Novo Mundo violava muitas das regras de conversa polida na qual seus colegas do Velho Mundo, inclusive

---

* O que Kant realmente dizia era que para ter um "banquete saboroso" não se deve "deixar que o *Rechthaberei* surja ou persista". O meu exemplar da *Antropologia* de Kant traduz *Rechthaberei* como "dogmatismo" ou, para nossos propósitos, aquele que acha que sabe tudo.

Kant, confiavam plenamente, em especial ao abordar temas considerados vulgares, como dinheiro, trabalho e eles próprios.*

Também em Londres, a conversa estava se tornando mais indisciplinada. À medida que a cidade fervilhava com a agitação do comércio, de novas fontes de riqueza e de novos moradores de todas as classes, a imprevisibilidade da vida social cotidiana era uma fonte de constantes comentários e especulações. Ruas, mercados, lojas, parques e bares: a vida fora dos mundos altamente selecionados dos jantares ou dos salões privados exigia conversas entre pessoas que não tinham as regras, histórias e rituais compartilhados que antes os classificavam e lhes diziam como se comportar. Amigos e estranhos se cruzavam em uma profusão desconcertante, como observou o filósofo escocês Adam Smith, e essa perplexidade exigia observação "contínua" da "conduta dos outros",[12] bem como um "ajuste" e um "compromisso" constantes. Em "uma sociedade de estranhos", onde pessoas de todas as classes se encontravam com mais frequência e em mais lugares do que nunca, conversar não era mais uma questão de seguir regras explícitas. As pessoas descobriam as regras implícitas e improvisavam ajustes. Como elas deveriam se dirigir umas às outras e sobre o que deveriam falar? Por quanto tempo? Qual informação compartilhada poderia ser assumida como certa? Como alguém poderia distinguir uma empregada de sua patroa quando elas se vestiam do mesmo modo, como agora acontecia com frequência? Isso importava? Ufa!

O jogo de coordenação

O estilo de conversa que Smith viu emergir a seu redor era o que os cientistas comportamentais hoje chamam de *jogo de coordenação*:[13] uma situação

* Embora os peritos em conversa por toda a Europa discordassem sobre alguns detalhes da conversa polida – quem a praticava melhor e quais deveriam ser as regras –, todos concordavam em um ponto: os americanos eram os piores. Não se tratava apenas de sotaque, gramática ou perdigotos, deficiências que o aristocrata francês Alexis de Tocqueville e o autor Charles Dickens, outrora da classe trabalhadora, observaram após inúmeras visitas. Os americanos violavam regras fundamentais da conversa polida: falavam sobre negócios em ocasiões sociais – e discorriam incessantemente sobre si mesmos.

em que vários jogadores fazem escolhas simultâneas, mas sem se comunicar. O resultado de um jogo de coordenação depende das escolhas de todos os jogadores, não de apenas um. Alguns desses jogos são considerados *não cooperativos*, como o conhecido Dilema do Prisioneiro, em que dois prisioneiros são interrogados sobre um crime em salas separadas. Eles estariam coletivamente em melhor situação se ficassem em silêncio. Seriam presos, mas não ficariam por muito tempo. O pior cenário seria se denunciassem um ao outro. Nesse caso, ficariam atrás das grades por muito mais tempo. Embora pareça óbvio que o melhor é ficar em silêncio, há outro detalhe: o prisioneiro que delatar poderá sair completamente impune se seu parceiro permanecer calado. Então, cada prisioneiro é tentado a trair o outro. Daí o "dilema".

Em jogos de coordenação *cooperativa*, os jogadores ficam em melhor situação quando escolhem a mesma opção – aparecer no mesmo lugar para um encontro (quando os dois preferem atividades diferentes), como no jogo de coordenação "batalha dos sexos", ou conseguir evitar uma colisão frontal, como no "jogo da galinha". Mas de que modo duas pessoas podem fazer a mesma escolha sem se comunicarem? É por isso que os jogos de coordenação às vezes são chamados de *quebra-cabeças* ou *problemas de coordenação*.

Os quebra-cabeças de coordenação são uma característica familiar e desconcertante da vida cotidiana. Imagine que você está indo em direção a um estranho em uma calçada estreita. Ambos querem dar passagem um ao outro, mas continuam se deslocando para o mesmo lado. Ou imagine que sua ligação caiu. Quem ligará para quem? Ambos querem se reconectar, mas um acaba caindo na caixa postal do outro. Em ambos os casos, os jogadores fazem suas escolhas de modo independente, com base em seus melhores palpites e suposições sobre as decisões do interlocutor.

Os dois casos levantam um número impressionante de perguntas: que atitude eu prefiro? Que atitude eu acho que minha parceira acha que eu prefiro? Ela está ciente, motivada e é capaz de antecipar minhas necessidades e levá-las em conta? Está pensando nisso? Que opção eu acho que minha parceira quer escolher? Qual ela tem maior probabilidade de escolher? Devo ceder a suas preferências ou insistir nas minhas? Quem escolhe? Os pedestres e os que falam ao telefone fazem escolhas independentes (ir para a esquerda ou para a direita, retornar a ligação ou esperar que o outro ligue de volta). O resultado de toda essa leitura mental e adivinhação mútuas – como passar um pelo outro tranquilamente ou colidir, ou deixar várias mensagens de voz frustradas ou retornar perfeitamente à conversa – depende do que cada um escolheu fazer.

Na década de 1950, o economista ganhador do Prêmio Nobel Thomas Schelling ficou intrigado com as tentativas dos indivíduos de se coordenarem. Para sua surpresa, quando ele perguntou qual seria o melhor lugar para encontrar alguém na cidade de Nova York, sem a chance de se comunicar com essa pessoa, uma parcela surpreendentemente alta dos consultados escolheu o estande de informações na Estação Grand Central ao meio-dia. Mesmo sem dizer uma palavra, elas conseguiram se coordenar porque a Estação Grand Central é o que Schelling chamou de "ponto focal",[14] uma solução escolhida por padrão na ausência de comunicação porque se destaca como evidente. Claro, os pontos focais nem sempre funcionam. Outros palpites comuns para o encontro em Nova York incluíram o topo do Empire State Building, a Estátua da Liberdade e o coração da Times Square. Ir para lá significaria perder todas as pessoas que estavam indo para a Estação Grand Central (e se perder em uma multidão de turistas). Em um jogo de coordenação, os graus potencialmente infinitos de adivinhação podem criar uma quantidade absurda, às vezes cômica, outras irritante, de incertezas e questionamentos.

A conversa é o melhor jogo de coordenação, embora não seja o único estudado por Schelling ou qualquer outro teórico dos jogos. Como nos jogos de coordenação clássicos, não temos como falar sobre tudo durante nossas conversas. Mesmo quando estamos ocupados falando, a conversa requer uma quantidade impressionante de leitura de mentes e adivinhações. Temos que pensar no que as outras pessoas querem e adivinhar o que vão fazer, em um esforço para garantir que todos os aspectos corram bem para todos os envolvidos.

Mas as conversas também são bem diferentes das escolhas simplistas que os teóricos dos jogos ponderaram e que Schelling impôs aos participantes. A principal diferença é que a conversa exige *mais*, muito mais. Mais decisões. Mais leitura de mentes. Não se trata apenas de resistir à tentação de delatar ou de chegar ao mesmo lugar ao mesmo tempo (o que já não é fácil). A conversa requer um fluxo *implacável* de decisões de coordenação.[15] Temos que descobrir se a outra pessoa quer falar (esse é um grande *se*).[16] Em caso afirmativo, surge a questão: sobre o quê?[17] Quando há um eclipse solar e a cidade de repente fica escura, é provável que o evento climático também esteja na mente dos outros e, portanto, configure um assunto fácil. Mas será que eles já comentaram isso com todo mundo? Estão cansados do tema? O que virá depois que você tiver se maravilhado brevemente com o eclipse? Consegue supor com segurança que a outra pessoa está acompanhando o Super Bowl, que o evento está no radar dela, que é um ponto focal importante, ou se ela, como você e todo mundo que conhece, está torcendo pelo time da casa? E quanto à próxima eleição? Ela deve estar pensando nisso também, mas sob que perspectiva? Em quem pretende votar e com quais questões se importa? Você deve abordar esses pontos diretamente ou passar longe deles? Como essas escolhas farão a outra pessoa se sentir? O que você espera dessa conversa? O que ela quer? Você tem certeza?

Até conversas íntimas com pessoas que você conhece bem, como familiares, grandes amigos, parceiros afetivos e colegas, exigem uma quantidade surpreendente de decisões em um clima de incerteza.[18] Você deve perguntar sobre a mãe doente de uma pessoa ou isso vai incomodá-la? Não é óbvio. Digamos que você pergunte. Como ela vai reagir? Ficará agradecida e ansiosa para falar sobre o assunto ou triste e irritada? A resposta a essa série de perguntas determinará se você vai permanecer naquele tema ou se mudará – e, em ambos os casos, como fará isso. Recorrerá a uma brincadeira? Pedirá desculpas? Mencionará a decoração chique do bar ou a cerveja quente? Até onde você deve ser íntimo ou formal? Dependendo de como tudo estiver indo, quando deve ir embora?[19]* Para nossos propósitos, chamaremos essas escolhas aparentemente minúsculas de *microdecisões*. Elas incluem todas as escolhas que os falantes fazem, o que dizem e a impressão que passam enquanto falam.[20] Toda microdecisão

* Pesquisas recentes dos psicólogos Adam Mastroianni e Gus Cooney sugerem que quase nenhuma de nossas conversas termina quando alguém quer. Finais de conversa são uma microdecisão final a coordenar, e é por isso que frequentemente parecem estranhos (e insatisfatórios).

aborda seu próprio quebra-cabeça de coordenação, com os próprios pontos focais e vários graus de incerteza.

Kant não tinha tempo para o caos conversacional, então criou regras explícitas para evitá-lo. Suas máximas de conversa à mesa definiam parâmetros específicos, como número de pessoas; puxar assunto falando sobre o clima; política durante o prato principal; e piadas no final, que aumentariam a probabilidade de coordenação e de encontro daquela faísca mútua. Apesar de todas as regras, ele não chegava a roteirizar as conversas. Ao contrário da música de câmara, o gênero popular em sua época, uma conversa não pode ser roteirizada. Ainda assim, quando se sentava à mesa com os convidados, Kant gostava de desdobrar seu guardanapo e anunciar a empreitada conversacional: "Então, cavalheiros!",[21] tal como um violinista principal ou maestro pode dar o comando a uma orquestra.

Hoje é comum nos encontrarmos em situações sem qualquer ocorrência das regras que as pessoas entendiam durante a Era da Conversa. Em nossa própria era, a socióloga Arlie Hochschild chamou a conversa de "o jazz da troca humana",[22] um gênero de música muito diferente. Nosso mundo nos permite imensa liberdade sobre como conversamos e com quem – em uma videochamada, por e-mail, por mensagem de texto, e com pessoas de longe e de perto –, o que só aumenta a incerteza sobre como fazer isso bem. Essa incerteza pode ser estressante: há muitas maneiras de errar. No entanto, também há mais liberdade e oportunidades do que Kant poderia ter imaginado para acertar *de verdade*: divertir-se, ser criativo, fazer o bem uns aos outros e ao mundo. Como músicos de jazz (e bandas de improviso, rappers de improviso e comediantes que interagem com a plateia), podemos aprender os ritmos e padrões previsíveis de conversa e depois, juntos, improvisar para executá-los.

Aprenderemos a enxergar a conversa como o trompetista Wynton Marsalis faz com o jazz, apaixonando-se por suas colisões confusas, usando-as como trampolins para coordenar e criar vínculos. "O jazz incentiva a aceitar as decisões dos outros", disse ele.[23] "Às vezes você lidera, às vezes segue, mas não pode desistir, não importa o que aconteça. É a arte de negociar mudanças com estilo. O objetivo de toda apresentação é fazer algo, aconteça o que acontecer. Fazer algo juntos e estar juntos."

Nossa era da conversa

Para que uma conversa seja boa, à medida que nos movemos pelo mundo, as perguntas com que precisamos lidar vão muito além das sutilezas sociais que filósofos como Immanuel Kant e, mais tarde, especialistas em etiqueta, como Emily Post,[24] ou escritores de autoajuda, como Dale Carnegie,[25] nos recomendaram. Nossas perguntas são sobre pessoas específicas em momentos específicos – perguntas sobre a *mente* delas. Será que aquela pessoa está apenas sendo educada enquanto busca uma forma de sair dali? Ou está balançando a cabeça entusiasticamente enquanto capta cada uma de nossas palavras? Ela foi vaga quando perguntamos sua área de atuação ou estava ansiosa para compartilhar e trocar informações? Aquela risada foi sincera ou mornamente educada? Quando falou "Adorei", ela realmente quis dizer isso?

Teoricamente você poderia apenas pedir aos outros que lhe digam sobre o que querem conversar, ou que esclareçam o que querem dizer, ou que descrevam com precisão como se sentem. Em certos momentos, é possível ser direto. Você pode dizer "Esse papo está me deixando triste. Podemos mudar de assunto?", "Em que você está pensando?" ou "Ok, sobre o que vamos falar agora?". Mas em muitos outros momentos, como nos quebra-cabeças clássicos de coordenação, a comunicação direta não é viável, nem ideal.[26] Parte da magia da conversa depende da sensação de *naturalidade*, a sensação de que vocês, sem esforço e por acaso, tocaram em um assunto envolvente após o outro, que leram intuitiva e precisamente a mente um do outro. Se vocês tornarem as regras de engajamento explícitas, ou as seguirem por pura obrigação, a magia desaparece, e bem depressa.

Como em todos os jogos de coordenação em que a comunicação direta está fora de questão, a conversa requer feitos incríveis de autoleitura, leitura da mente e leitura do ambiente – o processo constante de observação, ajuste e compromisso que Adam Smith observou com entusiasmo. Esses feitos se tornam ainda mais necessários quando nosso mundo social se expande para incluir pessoas que são bem diferentes de nós; cujos hábitos, interesses, preferências e valores são desconhecidos e incertos, e que encontramos em uma variedade de contextos: no metrô, em cafés, salas de espera, festas de aniversário, locais de culto, retiros de empresas e, sim, jantares como os de Kant.

Agindo com palavras

Este é o mundo social moderno para o qual o filósofo da linguagem J.L. Austin voltou sua atenção quando ele e seus colegas começaram a examinar a chamada "linguagem comum".[27] Ele mostrou que nunca vamos conseguir entender a linguagem se assumirmos que sua função principal é descrever o mundo ao nosso redor. Em vez disso, precisamos entender o que os falantes estão *fazendo* com as palavras: pedindo, perguntando, implorando, prometendo, desculpando-se ou tomando outras atitudes? Seu ponto era que as pessoas estão sempre fazendo algo com as palavras.

Pense novamente na conversa que você imaginou no início do capítulo, a que você teve recentemente. O que você estava fazendo com as palavras? O que esperava alcançar? Talvez sua resposta seja: "Eu queria me divertir", "Eu tenho o hábito de responder às pessoas", "Eu precisava desabafar", "Eu queria apoiar meu parceiro" ou "Eu não queria ser rude". E os outros envolvidos? O que estavam fazendo com as palavras?

Algumas pessoas podem protestar contra essa pergunta, por jurarem que não havia um motivo específico para usar aquelas palavras. Mas sempre temos pelo menos um propósito.[28] Estamos sempre fazendo *algo*. Caso contrário, nem nos daríamos ao trabalho de conversar. O mesmo vale para seu interlocutor, que também se importa com pelo menos uma coisa, mesmo que seja manter a expectativa humana de que deve responder (o instinto fundamental de se alternar na conversa). Durante uma conversa, o propósito, ou o que as pessoas estão tentando fazer com as palavras, é o elemento mais fundamental que devemos discernir por meio da autoleitura e da leitura da mente. Enquanto a autoleitura requer alguma consciência do que você está tentando fazer, a leitura da mente significa decifrar como esse processo repercutiu no outro.

Os processos de autoleitura e leitura da mente para determinar propósitos são notavelmente difíceis, pois uma enorme variedade deles pode entrar em jogo na conversa. Seu propósito pode ser colocar o papo em dia com um velho amigo sobre tudo o que aconteceu desde a última vez que conversaram, tomar uma decisão, divertir-se, saber quais são as perspectivas dele, reclamar da vida, guardar um segredo e assim por diante. Os motivos potenciais para o engajamento conversacional são vastos. Acho que é mais fácil visualizá-los no que chamaremos de *bússola conversacional*[29] (veja a figura a seguir).

A bússola conversacional organiza o que tentamos fazer em todas as muitas conversas que compõem nossos círculos sociais. O eixo *relacional* corre de leste a oeste e captura quanto nos importamos em servir ao coletivo versus a nós mesmos. Propósitos muito relacionais buscam criar valor para todos (como quando você quer fazer seu interlocutor rir, ajudá-lo a resolver um problema ou ensinar algo novo), enquanto propósitos pouco relacionais visam reivindicar valor para si mesmo (como quando você quer desabafar, expressar suas opiniões ou encerrar o papo).

A bússola conversacional: Organizando nossos propósitos conversacionais

O eixo *informacional* corre de norte a sul. Captura até que ponto buscamos uma troca precisa de informações. Muitas pessoas assumem que essa é a principal razão pela qual falamos uns com os outros, afinal os seres humanos aprenderam a se comunicar para compartilhar informações. Mas focar demais nesse aspecto pode ser equivocado. Pense em quantas vezes você quis guardar informações em vez de compartilhá-las, tentou evitar tomar uma decisão difícil ou desejou que uma conversa fosse fácil em vez de informativa. Esses são propósitos pouco informativos.

Cada um dos quadrantes da bússola contém motivos apropriados, dignos e virtuosos para diferentes momentos, que se refletem nos rótulos positivos que damos aos quadrantes: Conectar, Saborear, Proteger e Avançar. Vivemos, ou agimos com palavras, em todos os quadrantes.

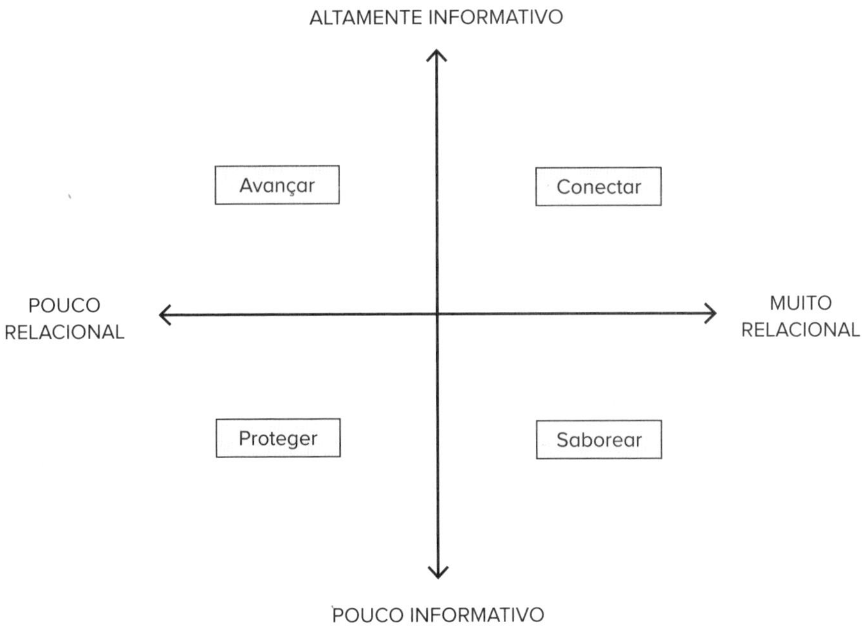

O universo de propósitos possíveis é incomensuravelmente vasto, e não há limite para o número de propósitos por conversa. Pense em um bate-papo com uma amiga: você pode querer transmitir duas ideias simples e uma complicada, ouvir sobre o casamento ao qual ela foi recentemente, convencê-la a tomar conta de seu filho no fim de semana, ajudá-la a decidir o que vestir em um encontro amoroso, evitar ferir seus sentimentos, parecer calorosa e capaz, e rir muito com ela. Além disso, em 15 minutos você precisa encerrar a conversa porque terá uma videochamada de trabalho. A figura a seguir mostra onde eu poderia colocar esses motivos na bússola (embora, em última análise, isso fique a critério do usuário).

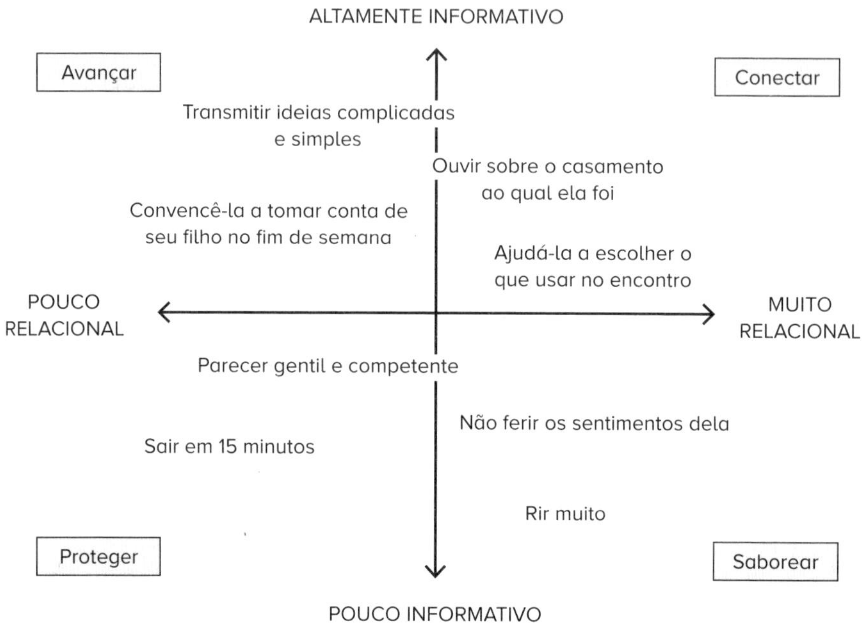

Quanto mais distantes seus motivos estiverem na bússola, mais tensão você sentirá entre eles: é difícil falar sobre tomar conta do seu filho quando você quer ouvir todos os detalhes sobre o casamento; pode ser delicado dar conselhos valiosos sobre moda sem ferir os sentimentos de sua amiga; é desafiador falar sobre tudo e rir muito em apenas 15 minutos; e assim por diante. Quais desses objetivos você vai priorizar e como?

A situação se complica mais quando você percebe que sua amiga tem a própria bússola conversacional (todo mundo tem uma) e que algumas prioridades dela entram em conflito com as suas.[30] No jogo de coordenação de Schelling, em Nova York, as pessoas envolvidas compartilhavam um objetivo comum – encontrar-se ao meio-dia. Mas os jogos de coordenação em geral envolvem objetivos *não cooperativos*, como a tentação egoísta de trair seu companheiro no Dilema do Prisioneiro, e isso também é verdade na coordenação das conversas. Imagine que sua amiga não queira tomar conta de seu filho no fim de semana, nem falar sobre o casamento (muito menos rir disso) porque o noivo não compareceu. Além disso, ela adoraria ter você como estilista pessoal e terapeuta amorosa durante as três horas seguintes (pelo menos), em vez de limitar a conversa a 15 minutos. Quais desejos você deve priorizar e quando? Quantas necessidades de sua amiga você deve atender antes de satisfazer algumas das suas? Como descobrir quais propósitos de vocês são compatíveis e quais não são?

A bússola conversacional pode ajudá-lo a descobrir suas principais prioridades e as do interlocutor antes de uma conversa começar, além de compreender depois por que você se comportou de certa maneira. Passar até trinta segundos refletindo sobre os objetivos de ambos pode ajudar imensamente, mas a bússola não é uma bala de prata. Entender os interesses de todos é apenas um passo para satisfazê-los. Por quê? Porque a cada passo de toda conversa o contexto imediato pode mudar, e sua bússola pode ser reiniciada. Cada novo passo pode alterar um pouco, ou drasticamente, o que é mais importante para você.

Imagine que você está jantando com um bom amigo, quando ele diz: "Acho que você está sendo traído." De repente, o que era uma oportunidade de colocar o papo em dia sobre o fim de semana se torna uma busca para obter o máximo de informações sobre essa possível infidelidade. Ou imagine que você está comemorando uma grande apresentação que fez no trabalho quando um colega diz: "Não gostei dos últimos slides" ou "Não sei se concordo com sua resposta à pergunta de Howard". De repente você estará diante de uma oportunidade de receber feedback construtivo e aprender (ou só ficará irritado com seu colega).

Devemos nos envolver não apenas na autoleitura (entender a nós mesmos) e na leitura da mente (entender nosso interlocutor), mas também na leitura do ambiente (entender o contexto em permanente mudança). A natureza improvisada e em constante transformação da conversa é o que a torna difícil e emocionante.[31] Você nunca sabe exatamente o que vai acontecer e só pode usar os recursos disponíveis, aquilo que conhece, para descobrir.

As máximas de conversa de Grice

Como as pessoas conseguem se coordenar nesse ambiente em constante evolução foi a questão levantada por Paul Grice, contemporâneo de J.L. Austin, um dos pensadores mais influentes de quem você nunca ouviu falar. Grice passou décadas estudando sobre conversas e finalmente apresentou suas conclusões em Harvard em 1967. Em suas palestras, publicadas logo após sua morte como *Studies in the Way of Words* (Estudos sobre o uso das palavras), ele expôs os elementos-chave de sua teoria da conversa.[32] A ideia central era o "princípio de cooperação", uma nova roupagem ousada para o que ele havia chamado antes, simples e modestamente, de "prestatividade". Desde então, esse princípio tem provocado debates intermináveis.

Grice realmente achava que a conversa é motivada por um espírito de cooperação? O que dizer de mentirosos, negociadores, intolerantes e trapaceiros? E nossos propósitos concorrentes e decisões de coordenação não cooperativas? Grice não era tão ingênuo. Ele indicava que a conversa requer no mínimo um elemento de cooperação. Mesmo quando mentimos, temos que nos comunicar com aquela pessoa. Para nos comunicarmos, precisamos cooperar. Assim como a maioria de nós seguraria a porta para alguém que está atrás, também ajustamos as contribuições conversacionais para facilitar que nossos interlocutores as sigam. Nós nos revezamos falando e silenciando. Nós nos acomodamos uns aos outros, pouco ou muito, para termos uma conversa bem-sucedida – mesmo quando as posições ou os propósitos são opostos.

De acordo com esse princípio cooperativo, Grice chamou as suposições que havia descrito como "o que qualquer pessoa decente deveria fazer" de *máximas*. Mas, diferentemente das regras de Kant, que foram projetadas para regular a conversa com diretrizes explícitas, as máximas de Grice tinham a intenção de capturar as regras implícitas que guiam as pessoas de modo tácito. Ele deu a cada máxima um nome imponente. A Máxima da Qualidade: seja verdadeiro. A Máxima da Quantidade: seja conciso. A Máxima da Relevância: seja relevante. A Máxima do Modo: seja claro. Segundo Grice, se fossem perseguidas com afinco, essas máximas resultariam em uma conversa em que haveria apenas a troca de informações necessária; que levaria em conta o tempo e a energia e a atenção de todos;

que não se desviaria do tema; e que eliminaria a obscuridade, a ambiguidade e os mal-entendidos.

Em nossa vida real violamos o tempo todo as elegantes máximas de Grice.[33] Não somos – e não podemos ser – coordenadores perfeitos.* Não precisamos ser especialistas em conversa para perceber que essas máximas não levam em conta a confusão e a irracionalidade das situações. Nem sempre somos *verdadeiros*. Às vezes, priorizamos a gentileza em vez da honestidade porque nossos interlocutores desejam reafirmação e empoderamento, e queremos lhes proporcionar isso ("Você está muito elegante com essa roupa!").[34] Nem sempre podemos ser *concisos* – em alguns casos, precisamos preencher lacunas constrangedoras (como Kant fazia com seus convidados) e, em outros, respostas breves podem despertar desconfiança ou soar rudes.[35] Nem sempre devemos ser *relevantes*,[36] sobretudo porque há muitos assuntos maravilhosos e irrelevantes: "Você já experimentou um *pinot noir* branco ou um tinto frisante como o *lambrusco*?", "Seu zíper está aberto!", "Posso contar sobre o dia em que fomos patinar no gelo?" ou "Adorei sua barba por fazer!". Uma boa conversa envolve uma mistura de relevância (manter-se no assunto) e irrelevância (pular para temas totalmente novos). E não podemos ser sempre *claros*. Nenhum esforço pode garantir que você sempre articulará bem suas ideias, ou que conseguirá eliminar os *hum* ou *ééé...* das falas. Essas muletas linguísticas são importantes,[37] pois alertam nossos interlocutores sobre nossa própria incerteza. Todos estamos elaborando à medida que seguimos em frente.

Uma breve história da espionagem

Na mesma época em que Grice apresentava sua teoria da conversa, outros acadêmicos começavam a registrar conversas reais "no mundo real".

* Não se preocupe. Grice estava ciente de que suas máximas eram irrealistas. Na verdade, ele as criou em parte para destacar a diferença entre não atingir as máximas involuntariamente versus "desrespeitá-las" intencionalmente. Ele sabia que, quando quebramos as regras intencionalmente – sinais sutis, atraentes, inteligentes, únicos e indiretos que nossos interlocutores também entendem –, a conversa em geral está no seu melhor momento.

O renomado sociólogo Erving Goffman foi um dos vários cientistas sociais que, em meados do século XX, tentaram observar como as pessoas comuns interagem.

Goffman era um espião talentoso.[38]* Ao se instalar em pequenas lojas, asilos, cassinos e residências, inferiu rituais que pareciam moldar as interações cotidianas e os esforços intermináveis para manter as aparências (ele se referia a evitar constrangimentos e humilhações). Dezenas de linguistas e sociólogos aderiram ao fascínio de Goffman pelas interações em pequena escala da vida cotidiana.[39] Por fim, essa geração de sociólogos e linguistas criou o que ficou conhecido como Análise da Conversa.[40] Eles gravavam conversas usando um único microfone gigante e depois as transcreviam manualmente. Analisaram esse material para dissecar cuidadosamente hábitos como tomada da palavra, compartilhamento de tempo de fala, conversas sobrepostas – e até mesmo, segundo um estudo recente, marcadores conversacionais[41] – e criaram elaborados métodos de notação.

Seus métodos começaram com foco em conversas casuais, mas, com o tempo, eles passaram a estudar interações em consultórios médicos, tribunais, órgãos de segurança pública, centrais de atendimento e salas de aula. Analisavam uma conversa ou uma pequena coleção de casos de cada vez. Esses estudos meticulosos foram cruciais para destacar como a tomada da palavra é a estrutura fundamental da interação, como as pessoas administram as impressões que causam nos outros e como elas sutilmente sinalizam mal-entendidos e, às vezes, trabalham para desfazê-los. Mesmo assim, esses acadêmicos não conseguiam afirmar se as conversas estavam indo bem ou mal. Para fazer alegações desse tipo você precisa conhecer os propósitos dos participantes, o que eles estão tentando fazer com as palavras.[42] Para fazer alegações sobre aspectos ainda mais amplos, é preciso estudar muitas conversas. Alegações maiores exigiam mais dados.[43]

---

* Para sua pesquisa de pós-graduação, Goffman fixou residência nas remotas Ilhas Shetland. Mais tarde, ele se fez passar por um chefe de mina em Las Vegas, tudo em um esforço para ouvir. No entanto, pouco se sabe sobre seu estilo pessoal de conversa. Notavelmente avesso à divulgação pessoal, ele proibiu que suas palestras fossem gravadas, não permitiu fotos e deu apenas duas entrevistas formalmente registradas. Repudiava pesquisas nas quais os acadêmicos voltavam a atenção para si mesmos – "Só um idiota estuda a própria vida".

No início do século XXI, a Revolução Digital trouxe novas tecnologias para gravar conversas e transcrevê-las em poucos minutos. Essas ferramentas aliviaram grande parte do fardo logístico que limitava Goffman e outros estudiosos. Mais notável ainda, o aprendizado de máquina e outra tecnologia conhecida como processamento de linguagem natural (PLN) permitem que os pesquisadores analisem todos os dados de modo diferente. Essas inovações foram transformadoras. Palavras faladas e digitadas, que antes eram vistas como imprecisas, suaves ou meramente qualitativas, agora podem ser quantificadas. A PLN nos ajuda a tratar palavras como números.[44]

Qual é a grande vantagem desse desenvolvimento científico? A ciência comportamental mostra melhor do que nunca quem somos, como funcionamos e como podemos conversar de modo mais eficaz. Tomemos, por exemplo, o gênero. Em vez de teorizar sobre diferenças de gênero na comunicação ou estudar alguns homens e mulheres conversando, podemos observar milhares de pessoas para saber que homens e mulheres são igualmente falantes (o psicólogo Matthias Mehl descobriu recentemente que ambos os gêneros falam cerca de 16 mil palavras por dia em média)[45] e que homens e mulheres podem se comunicar de maneiras diferentes e em situações diferentes. Por exemplo, a psicóloga Gillian Sandstrom[46] e seus colegas pesquisadores descobriram há pouco tempo que as mulheres fazem menos perguntas do que os homens em seminários acadêmicos, sobretudo quando os homens perguntam primeiro. Em contrapartida, em minha própria pesquisa sobre encontros heterossexuais, descobri que as mulheres tendem a fazer mais perguntas do que os homens. Com base em pesquisas como essa, podemos descobrir por que as pessoas falam de certas maneiras e medir como suas microdecisões conversacionais influenciam os resultados no longo prazo. Os participantes do seminário conversaram depois? Colaboraram entre si? Descobriram ideias inovadoras? Qual é o salário deles? Os que namoraram voltaram a se ver? Eles se casaram? Alguém está feliz?

Esta era de descobertas é muito nova e ainda há *muito* a ser explorado. Mas os pesquisadores começaram a desvendar os segredos do mundo social e já chegaram a algumas respostas concretas. As pessoas precisam jogar o jogo de coordenação em *todos* os quadrantes da bússola conversacional enquanto abraçam a incerteza e a complexidade da conversa.

A conversa real *é* incerta e complexa. As transcrições que meus colegas pesquisadores e eu estudamos são *confusas*. Diferentemente do que vemos em seriados e filmes, conversas reais não têm roteiros organizados. Transcrições de conversas naturais costumam parecer sem sentido, com ideias truncadas e inacabadas, além de terem uma lógica circular e incompleta, pontuada de várias maneiras por expressões de amor e alfinetadas defensivas. Kant ficaria chocado!, mas tudo bem. É como somos uns com os outros. O ato de conversar, que os seres humanos praticam há mais de dois milhões de anos[47] e que todos nós aprendemos desde a infância,[48] é mais complicado do que parece. Ainda podemos nos beneficiar de regras explícitas de engajamento (como as de Kant) e da compreensão do que os falantes racionais podem fazer (Grice), mas agora, mais do que nunca, precisamos de ajuda simples, respaldada pela ciência, para usar as habilidades que já temos na direção certa.

As máximas do FALE

É aqui que entra o FALE. As máximas do FALE (Foco, Aprofundamento, Leveza, Empatia) são lembretes para nos ajudar a navegar com habilidade em direção a nossos objetivos em todos os quadrantes da bússola, especialmente quando muitos de nós tendem a virar na direção errada e se descoordenar. Essas máximas são fruto de dez anos de estudo, mas cada uma também é *intuitiva*: quando você pensa em uma conversa que deu errado, encontra falhas na execução de algumas ou até mesmo na de todas as máximas.

Meu trabalho é analisar se as pessoas podem aprender comportamentos de conversa bem-sucedidos e executá-los na prática. Tenho boas notícias: sim! Já vi isso acontecer repetidamente, não apenas em minhas pesquisas,[49] mas também na atividade docente. No meu curso em Harvard, os alunos praticam a conversa, não em papéis inventados como "comprador de fábrica" ou "dona de casa", mas como eles mesmos. Escolhemos assuntos, fazemos perguntas, consideramos nossos objetivos, apoiamos os outros e discutimos os desafios e oportunidades de aplicar essas habilidades em diversas situações.

Ao final do processo, eu testemunho transformações. Alunos extremamente sérios se tornam um pouco mais descontraídos. Alunos tímidos, tomados pelo medo de falar, começam a participar de conversas em grupo. Aqueles que já são confiantes aumentam sua precisão. Todos fazem isso com mais paciência e aceitação, e com menos julgamentos das deficiências dos outros, demonstrando mais reconhecimento das conquistas dos demais.

Não só observei essas mudanças nos alunos informalmente, como as *medi*. No início e no final de todo semestre, sempre proponho a mesma tarefa: manter uma conversa de dez minutos com um colega sobre uma experiência de vida difícil. No final do semestre, analisamos as transcrições dessas conversas e as comparamos, para que os participantes observem as mudanças de comportamento. Em suas palavras vemos mais confiança, engajamento e conexão. Felizmente, esses jovens se sentem melhor diante da perspectiva ora terrível, ora deliciosa, de conversar.

Você está pronto para se juntar a eles? Então chega de preparativos.

Vamos *começar*.

TRÊS PONTOS PRINCIPAIS DO CAPÍTULO 1

O jogo de coordenação

- A ideia sobre o que é uma conversa foi mudando no tempo e no espaço. Hoje, ela pode ser vista como um **jogo de coordenação**.
- Os objetivos da conversa podem ser dispostos na **bússola conversacional** em dois eixos: informativo e relacional.
- As máximas do FALE – Foco, Aprofundamento, Leveza e Empatia – são lembretes para ajudar as pessoas a alcançar seus objetivos, em uma conversa de cada vez.

CAPÍTULO 2

F de Foco

Estávamos prestes a começar, e a sala se enchia de alunos. Quando iniciei minha apresentação de slides, um homem chamado Josh, sentado perto do palco, me fez uma pergunta.

– Por que você nos pediu um brainstorming de temas ontem à noite?

Ele parecia bastante cético. Eu havia pedido a todos que escrevessem pelo menos cinco temas de conversa com qualquer outra pessoa na turma.

– Foi difícil?

– Não, foi rápido. Mas não sei se gosto da ideia de me *preparar* para uma conversa.

Preparar temas não é demorado, mas sempre deixa alguns alunos desconfortáveis. Despertar o desconforto e a curiosidade deles é meu trabalho, então arqueei as sobrancelhas e sorri como se dissesse: *Gostei do seu ceticismo. Me aguarde.*

Era dia do Círculo de Bate-Papo, um exercício que realizo no início do semestre. Já supervisionei essa atividade muitas vezes e, seja por vídeo ou pessoalmente, é sempre assim: algumas pessoas acham a ideia de planejar uma conversa profundamente desanimadora. Mesmo quem elabora pautas detalhadas para reuniões de trabalho, ou que ensaia com dedicação respostas para entrevistas de emprego, muitas vezes acha que a preparação para uma conversa casual é baseada em falsidade, manipulação e constrangimento, além de ser desnecessária e, pior, improdutiva. Para muitas, a preparação sairá pela culatra, fará com que suas habilidades pareçam artificiais e rígidas – isto é, *ensaiadas*, e provavelmente afastarão o interlocutor.

Para meus alunos, o Círculo de Bate-Papo tem muitos propósitos: permitir que eles se conheçam; acostumar-se a gravar conversas por meio das quais possam aprender mais tarde; praticar uma maior consciência das escolhas de temas próprios e dos outros; e se divertir um pouco. Ainda estamos no terceiro dia de aula – o primeiro grande exercício de todo o curso –, e deixo os objetivos propositalmente ambíguos. Então, assim como Josh, todos estão curiosos: O que será que estamos tramando?

As cadeiras tinham sido dispostas em dois grandes círculos concêntricos, com as do círculo interno de frente para as do externo. Como parte do exercício, eles teriam cinco conversas consecutivas, cada uma com cinco minutos de duração, com cinco interlocutores diferentes. Todas seriam gravadas e transcritas automaticamente em seus celulares. O objetivo principal, expliquei, era *aproveitar o tempo juntos*. Eu disse a eles que no final cada um classificaria o prazer de cada conversa, depois da aula ouviriam tudo novamente e, no encontro seguinte, revisaríamos o que tornou alguns bate-papos mais agradáveis do que outros.

A primeira rodada foi um aquecimento. Eles nem precisaram escolher os temas, pois eu mesma fiz isso. A cada minuto anunciava um novo assunto, como:

> "Se você pudesse se teletransportar para qualquer lugar, para onde iria?"
>
> "Diga algo em que você é bom, mas não gosta de fazer."
>
> "Com que personagem de filme ou TV você acha que faria amizade rapidamente?"

Quando os cinco minutos acabaram, eles abriram o telefone para responder a uma pesquisa de dois minutos. *Até que ponto você concorda com as seguintes afirmações sobre seu bate-papo? Foi agradável. Foi estranho. Nós rimos muito. Controlei os temas em foco. Gostei deles. Abordei um dos temas que preparei ontem à noite. Estava confiante. Meu interlocutor mostrou-se atento.* Eles responderam em escalas de 1 a 7.

Após essa primeira rodada, os alunos do círculo externo se deslocaram para que cada um tivesse uma nova posição e um novo interlocutor. Nas quatro rodadas seguintes, eles ficaram responsáveis por escolher os assuntos. Antes de cada rodada, eu disse que, se quisessem, poderiam recorrer à lista. Como sabia que muitos se sentiam desconfortáveis com a preparação dos temas, também os tranquilizei avisando que não *precisavam* fazer isso. Poderiam simplesmente seguir o fluxo.

Depois de algumas rodadas, quase todo mundo parecia envolvido no exercício, até o cético Josh. No final, eles estavam exaustos, suas cadeiras, todas com rodinhas, estavam totalmente desordenadas. O Círculo de Bate-Papo havia se tornado um Carnaval de Bate-Papo.

– Vocês conseguiram!

Eu estava orgulhosa deles. Manter uma conversa focada por 25 minutos pode ser um trabalho duro. Eles também se aplaudiram. Mesmo sem comida ou bebida, todos se divertiram. Em seguida, colocamos as cadeiras em um grande círculo para fazer um balanço.

Os alunos, assim como em todos os outros anos, estavam surpresos por terem se divertido tanto. Sentiam-se gratos pela chance de conhecer seus colegas um pouco melhor.

No entanto, como acontece sempre, alguns continuaram a rejeitar a ideia de se preparar para a conversa. Alguns admitiram que não levantaram nenhum dos temas pensados na noite anterior porque os esqueceram. Outros, como Josh, não os usaram por outros motivos: não quiseram ou não sentiram necessidade.

Eu os tranquilizei:

– Sem problemas. Não era obrigatório!

Então fiz uma provocação.

– Quando andei pela sala durante o exercício, os alunos com listas de temas para focar não *pareciam* rígidos ou impessoais. Estavam rindo, envolvidos. Pareciam estar se entendendo. O que aconteceu?

As comportas se abriram. Muitos estudantes disseram que ficaram surpresos por terem ganhado tanto com a preparação de temas.

– Eu achava que não mencionaria meus focos planejados, mas estou feliz por ter feito a lista com antecedência – disse uma ruiva com um distintivo "Eu votei" preso na lapela.

– Falei sobre o mesmo assunto em todas as conversas, e foi divertido

– acrescentou outro, vestindo uma jaqueta com zíper da Harvard Business School.

Outro aluno, com óculos grossos, deu uma das respostas de que mais gostei:

– Eu não pensei muito sobre minha lista de temas, mas acabei usando bastante.

– E você, o que achou? – perguntei a Josh, enquanto ele guardava suas anotações no final da aula.

Ele me disse que ainda não estava 100% convencido em relação à ideia de previsão de temas para focar, mas que tinha gostado de uma conversa "incrível" com uma colega sobre o Dr. Manhattan, da série de TV *Watchmen*. Aquela colega estava passando por nós, então perguntei a opinião dela. Para surpresa de Josh, ela disse que esse foco havia sido preparado.

Na aula seguinte, compartilhei os dados dos alunos – as avaliações médias das conversas, incluindo as variáveis que se correlacionavam muito com o prazer. Os resultados foram os mesmos de todos os outros círculos de bate-papo: as pessoas classificaram as conversas com temas preparados como muito mais agradáveis do que as completamente espontâneas.

Ao longo do semestre, os alunos continuaram a praticar a preparação de temas em foco dentro e fora de aula, primeiro como tarefa obrigatória, depois por opção. Repetindo a prática, até Josh viu que uma conversa com uma lista de possíveis temas no bolso tornava a experiência bem melhor. Ao final do curso, mais de 90% classificaram a preparação como um dos três principais aprendizados.

Por que a preparação de temas a serem abordados não resultou na rigidez e na sensação de alienação que Josh temia? Trinta segundos de previsão fariam tanta diferença? Para responder, precisamos entender por que gerenciar temas em geral é tão surpreendentemente complicado.

Compartilhar significados

No poderoso livro de memórias *A trégua*, de 1965, o escritor italiano Primo Levi relatou o árduo retorno a seu país após ser libertado dos campos de concentração nazistas. Ele descreveu o encontro com Mordo Nahum, "o grego", um companheiro judeu que encantou os soldados italianos (seus antigos inimigos). Levi ficou impressionado com os talentos do homem: "Nahum não era um grego comum, ele era visivelmente um mestre, uma autoridade. Em alguns minutos de conversa, havia realizado um milagre, criado uma atmosfera."[1] Ele não apenas "possuía o equipamento certo; ele falava italiano", mas "(o que importa mais, e o que falta em muitos italianos) ele sabia *o que dizer* em italiano. Ele me surpreendeu: mostrou-se um especialista em garotas e espaguete, Juventus e música lírica, guerra e blenorreia, vinho e mercado clandestino, motocicletas e vigaristas." Por meio das mais variadas conversas, Nahum fazia amizade com seus inimigos rapidamente.

Nem todo mundo é tão hábil, claro. Em 1939, poucos anos antes da época em que o grego estava encantando os italianos, a escritora britânica Virginia Woolf relembrou um almoço decepcionante com o poeta Stephen Spender. Sua "mente desarticulada"[2] flutuava sobre temas tão "nebulosos" e "sufocantes" que depois ela mal conseguia se lembrar para anotá-los no diário. "Nós mergulhamos, pulamos e saltamos – da sodomia para mulheres, escrita, anonimato e... esqueci."* O encontro acabou com qualquer potencial de colaboração entre os dois.

Sem dúvida, há muitas razões para o fracasso das conexões, como palavras inadequadas ou distrações. Porém, como foi que o grego criou um bom clima na mais improvável das situações, entre velhos inimigos, enquanto Woolf e Spender, do mesmo país, classe e círculo literário clubista, falharam em se conectar durante um simples almoço?

Tanto Levi como Woolf ressaltam um fator fundamental: o *foco* em certos temas. Assim como nas conversas de meus alunos no Círculo de Bate-Papo, alguns decolaram mais do que outros. A conversa do grego sobre espaguete, vinho, clubes de futebol e motocicletas foi mais memorável do que a fala "nebulosa" de Spender sobre escrita, anonimato e "esqueci" com Woolf.

As palavras que dizemos, digitamos e sinalizamos uns aos outros – o conteúdo *verbal* da conversa[3] – fazem nossas conversas serem conversas. O conteúdo *não verbal* (como expressões faciais, linguagem corporal e

* Gosto de imaginar a preparação dos temas de Spender em um pequeno cartão escrito "sodomia".

gestos) e os elementos acústicos (tom de voz, risadas, velocidade e pausas) também podem importar muito, mas interação não é conversa sem troca verbal, ou melhor, sem *palavras*. Embora possamos analisar gramaticalmente nossas palavras de várias maneiras – em parágrafos, frases, sílabas e assim por diante –, são os temas que nós, como falantes, escolhemos, seguimos, gerenciamos e lembramos.[4] Isso os torna muito úteis quando estamos pensando em melhorar nossa habilidade de conversar. Não se trata apenas de definir o tema central das conversas. Tecnicamente, são trechos relacionados que capturam um significado compartilhado entre os falantes. Diferentemente de palavras e frases, que se desenrolam muito rápido, os temas tendem a se desenvolver em um ritmo um pouco mais lento, o que permite que nossa mente os acompanhe.

Como vimos, a conversa é um jogo de coordenação bastante complexo. Nesse jogo, a escolha dos temas em foco é fundamental. Nós intuitivamente entendemos que o *que* falamos determina *como* a conversa transcorre. Nossa primeira máxima do FALE é o Foco em temas diversos porque isso representa os blocos de construção da conversa, e dominá-los é essencial. Dominar o gerenciamento dos temas, assim como todos os aspectos do jogo de coordenação, exige uma autoleitura sobre o que você quer falar, uma leitura da mente do seu interlocutor para saber o que ele quer falar e uma leitura do ambiente sobre o que vai funcionar.

A falsa escolha de bons temas

Assim como a beleza, o que conta como um bom tema está nos olhos de quem vê. Garotas e espaguete foram bem recebidos pelos novos amigos italianos do rapaz grego, mas poderiam não ter ajudado Spender a envolver Woolf. Uma pessoa pode achar interessante o tema carros antigos, enquanto outras o acham chato, incompreensível ou irrelevante. O mesmo vale para todos os outros assuntos.

Ainda assim, em teoria há tópicos bons – ou não – para abordar com um estranho. Meu colega pesquisador Mike Yeomans e eu descobrimos isso quando pedimos a mil pessoas[5] que classificassem uma lista de cinquenta temas com base em quanto elas gostariam de falar sobre cada um com um desconhecido. Esses temas variaram do inofensivo ("Você leu algo interessante recentemente?") ao intenso ("Quando foi a última vez que você chorou na frente de outra pessoa?"). Os entrevistados preferiram os que ofereciam um caminho claro, sem pisar em possíveis feridas nem desencadear emoções negativas. Optaram por perguntas como "Você gosta de onde mora, ou pretende se mudar daqui a algum tempo?", "Como seria seu dia perfeito?" e "Quais são seus favoritos [músicas, comidas, programas de TV, filmes, livros]?". Ao mesmo tempo, a maioria dos pesquisados compartilhava a intuição de que conversas relacionadas a tristeza e morte são desagradáveis. "De todas as pessoas de sua família, qual morte você acharia mais perturbadora? Por quê?" ficou no final da lista.

Mas é aqui que as coisas começam a se complicar. Os temas que nossos entrevistados consideraram os melhores para uma conversa não eram necessariamente os preferidos na prática. Quando pedimos que conversassem sobre aqueles assuntos, descobrimos algo surpreendente e estimulante. Muitos temas desagradáveis que tinham merecido as classificações mais baixas na pesquisa acabaram sendo os escolhidos. Na verdade, "Quando foi a última vez que você chorou na frente de outra pessoa?", que tinha ficado em penúltimo lugar, acabou sendo o preferido. Um tema triste aparentemente não deixa as pessoas tristes nas conversas.

É quase impossível prever se um foco será bom ou ruim. Especialmente com pessoas que não conhecemos bem, é difícil saber até tentarmos. Nossas preferências relativas a temas de conversa são bem diferentes das preferências relativas a comida, cores, filmes ou sapatos, porque todos os aspectos da conversa são *cocriados*. Se você odiou falar sobre o café da manhã com seu tio ontem, pode achar esse assunto ruim. Mas falar sobre café da manhã com seu amigo da faculdade, outro tio ou até o mesmo tio em um momento diferente pode ser agradável. Quem diria que o tio Fred seduziu a tia Flo com uma omelete de ervas com queijo de cabra em 1971? Quem diria que seu melhor amigo conseguiria fazer você rir muito ao contar sobre a vez em que queimou as torradas na primeira visita da sogra? Não é o assunto café da manhã em si que determina até que ponto gostamos de falar sobre ele; isso depende de nós mesmos, de nossos interlocutores e de todas as particularidades da conversa.

Prefiro gerenciar

Em vez de pensar em temas como sendo bons ou ruins em si, é útil desenvolver alguns com base no relacionamento com seus parceiros de conversa, na ligação deles com aquele foco e sobretudo nos objetivos de todos.[6]

Minhas pesquisas mostram que manter uma boa conversa não depende de escolher bons tópicos e sim de tornar qualquer tema agradável por meio do *gerenciamento*. Em toda conversa, buscamos sempre assuntos mutuamente gratificantes. Esse processo implacável de gerenciamento de temas em foco – escolhê-los e direcioná-los – é mais uma razão pela qual o jogo de coordenação é tão complicado. Toda vez que alguém fala é por ter decidido permanecer no tema, introduzir um novo, retornar a um antigo ou tentar alguma combinação dessas opções. Essas microdecisões, ou seja, como conduzimos a conversa e como escolhemos aceitar e rejeitar as propostas do interlocutor, determinam que tesouro somos capazes de descobrir durante nosso tempo de conversa (porque, é claro, não se trata apenas de escolher os temas, mas também de decidir o que dizer sobre eles).

Preparado para o sucesso

A preparação é útil sobretudo para fazer o gerenciamento de temas em foco.[7] Pense nisso como um código de trapaça que pode ajudá-lo a navegar no enigma da coordenação.

A maioria de nós, como Josh, meu aluno cético, se opõe à ideia de fazer brainstorming com antecedência. Bons conversadores não planejam, certo? Eles são por natureza talentosos, intuitivos, empáticos, carismáticos, perspicazes. São geneticamente predispostos a criar conexões graduais e espontâneas, enquanto nós precisamos nos esforçar. Meus alunos costumam expressar admiração pelas pessoas carismáticas e consideram essa característica natural: "Meu amigo é muito tranquilo. Ele sempre parece saber o que dizer. Eu queria ser como ele." Essa linha de pensamento – observar os outros prosperarem e atribuir isso ao talento natural, não à dedicação – é o que chamamos de Mito da Naturalidade: quando alguém exibe sua habilidade, achamos que *é* fácil e que deveria ser para nós também.

O Mito da Naturalidade potencializa muitos problemas, incluindo nossa resistência à preparação de temas. Minhas pesquisas mostram que, antes de uma conversa, 27% das pessoas relatam passar pelo menos cinco minutos (muitas vezes bem mais) decidindo o que vestir,[8] enquanto apenas 18% dizem pensar sobre o que vão falar. Algumas acreditam que pensar nos temas com antecedência afetará a conversa, porque estarão muito concentradas em tentar se lembrar da lista. Elas temem esquecer tudo e acabar ficando atordoadas e confusas, gerando pausas e lacunas constrangedoras. Mais da metade (53%) dos entrevistados considera a previsão de temas desnecessária. Confia que saberá sobre o que falar, sobretudo em conversas casuais com pessoas que conhecem bem. Pouco mais de um terço acha que a preparação fará a conversa parecer forçada, como se estivessem ticando uma lista ou seguindo um roteiro rigoroso (34%). Impressionantes 50% avaliam que o brainstorming de temas em foco diminuirá o prazer de conversar, enquanto apenas 12% supõem que aumentará.

Portanto, a grande maioria de nós aposta inteiramente na capacidade de escolher o que dizer na hora, durante o caos da conversa, com aspectos do contexto e nossos objetivos mudando a cada momento. Os psicólogos chamam esse tipo de processamento rápido, instintivo, automático e emocional de "pensamento do sistema 1".[9] É nosso sistema operacional padrão. Durante as conversas, ele orienta o gerenciamento dos temas em focos. Não percebemos, mas tomamos decisões intuitivas sobre temas *toda vez que falamos*. A cada momento de toda conversa escolhemos permanecer no assunto, desviar sutilmente ou mudar de repente para outro, decidindo o que dizer sobre ele. Nossos interlocutores estão fazendo o mesmo.

A parte complicada é que nosso sistema 1 de pensamento, embora poderoso, muitas vezes nos desvia do caminho. Instintivamente pegamos qualquer coisa que nos venha à mente. O problema é que esses temas podem não produzir a melhor conversa (longe disso). Falamos sobre o que passa pela cabeça, como dia ensolarado, frio ou chuvoso, sobre alguém em volta ou o aperitivo que acabou de chegar em vez de escolhermos perguntas, histórias e ideias com as quais de fato nos importamos. Falamos sobre o que sabemos, queremos saber ou que é fácil em vez de tentar descobrir o que nosso interlocutor sabe ou pode querer saber, ou abordar assuntos mais complicados, ou até tentar temas sobre os quais *ambos* tenham curiosidade. Tentamos provar o tamanho da nossa bondade[10] ou que estamos certos[11] (nosso egocentrismo natural),[12] em vez de tentar saber o que podemos aprender com o interlocutor, ou o que produzirá mais engajamento. Guiados pelo Mito da Naturalidade, ou a crença de que devemos confiar no próprio instinto, corremos o risco de nos deixar levar pela conversa de maneira intuitiva *demais*, em vez de identificar o que poderia funcionar melhor para atingir nossos objetivos.

É tentador não fazer previsão nenhuma por causa da ilusão de que a conversa deve fluir fácil e sem esforço. Mas uma conversa não é fácil ou sem esforço nem para o Supergrego de Primo Levi ou os amigos carismáticos que meus alunos admiram. Uma boa conversa, assim como uma boa atuação, escrita, produção musical, acrobacia ou qualquer outra performance habilidosa, requer uma combinação de instintos e esforço deliberado, mesmo que este último seja invisível para os espectadores. Os psicólogos chamam esse esforço mais lento, deliberado e lógico de "pensamento do sistema 2". Para nos tornarmos grandes conversadores, precisamos aproveitar tanto o sistema rápido de julgamento 1 quanto o sistema deliberativo 2. Precisamos falar intuitivamente no momento, mas também pensar estrategicamente sobre a conversa como um todo. Refletir mais sobre uma conversa costuma gerar confiança e tranquilidade, que nos ajudarão a agir com intuição no momento. A questão macro é: Quais são nossos objetivos? A micro é: Quais temas nos ajudarão a chegar lá?

Na prática, isso significa que precisamos confiar um pouco mais no sistema cerebral deliberativo 2. Para meus alunos, pensar em um foco com antecedência, como o Dr. Manhattan em *Watchmen*, tornou suas conversas melhores. Embora a tranquilidade e a empolgação possam acontecer espontaneamente, é mais provável que elas surjam mediante deliberação e premeditação. Isso é verdade por causa de um fenômeno que os psicólogos chamam de "descarga cognitiva",[13] reduzindo os requisitos de processamento de informações de uma tarefa por meio de ações físicas (como registrar ideias ou fazer anotações) para reduzir a demanda cognitiva. É extremamente difícil gerenciar assuntos no meio de uma conversa, enquanto você está tentando ouvir e responder[14] e fica em pânico pensando sobre "o que vamos falar depois?". É muito mais fácil fazer um brainstorming de temas orientados para um propósito antes, quando temos tempo para envolver nosso sistema 2 de pensamento. A preparação, por sua vez, libera espaço mental durante o bate-papo para estarmos mais atentos, menos tensos e mais fluentes.

Quando as pessoas determinam com antecedência os temas em foco, a conversa costuma ganhar em qualidade.[15] Em estudos nos quais trabalhei, os participantes que pensaram em possíveis temas, *mesmo que por apenas trinta segundos*, tiveram conversas mais fluidas, especialmente nos muitas vezes incômodos pontos de transição entre os assuntos. Quem tinha se preparado fez pausas mais curtas e usou menos disfluências como *hum, né* e gaguejos. Eles também se *sentiram* mais tranquilos e confiantes. Estar um pouco mais tranquilo – mesmo que só um pouco – faz uma grande diferença. Pesquisas mostram que a maior fluência (ou fluxo) conversacional, sobretudo nas transições entre um assunto e outro, melhora o sucesso do networking[16] e a sensação de química e conexão. Somos capazes de construir relacionamentos melhores, nos quais todos se sentem mais à vontade e menos constrangidos.

A preparação melhora até a precisão e a relevância das informações trocadas. É mais provável que nos lembremos do que precisamos falar para alguém se planejarmos isso. Preparar tópicos também nos faz cobrir *mais* temas,[17] o que pode trazer seus próprios benefícios, principalmente quando o papo está morno e os participantes estão perdendo o interesse. Além disso, torna a mudança de assunto mais fácil e suave (menos afetada, com lacunas ou redundante), o que propicia essa variação e a descoberta de temas agradáveis para os dois interlocutores.

Sempre pensando no futuro

Não importa se o brainstorming de temas para abordar durante uma conversa ocorre naturalmente ou não. A previsão é amiga de todos nós.

Não estou me referindo a uma previsão esporádica de temas em foco para conversas importantes ou de alto risco. Recomendo que a preparação seja *habitual* antes de *cada* interação previsível. Eu sei, dá trabalho. Mas funciona. Saber que a previsão é útil torna as pessoas mais propensas a pensar sobre suas próximas conversas e os interlocutores, e a refletir sobre como evitar situações desagradáveis. A previsão leva você a pensar no interlocutor e, como veremos ao longo deste livro, quase todos os segredos para conversar melhor têm a ver com aprender mais sobre a perspectiva do outro.[18]

Tanto nas pesquisas quanto nas aulas, descobri que, apesar do ceticismo inicial, as pessoas *realmente* adotam a previsão de temas quando experimentam seus benefícios. Fazem anotações para si mesmas em seus calendários do Google. Reservam um tempo extra para refletir antes das reuniões. Preenchem planilhas cheias de temas promissores para desenvolver com estranhos. Sabem que não *precisam* abordar o que foi preparado, mas ficam tranquilas por terem alguns prontos para quando forem necessários. Se você adquirir o hábito de pensar nos temas em foco, não estará sozinho.

O grande poder da conversa fiada

Entre as muitas pessoas que estão perdendo os benefícios da previsão de focos estão Hugo e Josie.* Hugo chegou recentemente à Califórnia vindo da França e seu inglês é muito bom. Josie está na pós-graduação em Stanford. Eles estão em um encontro-relâmpago de quatro minutos:

JOSIE: O que você está achando da Califórnia?
HUGO: Maravilhosa.
JOSIE: É mesmo?
HUGO: Linda.

Ai. Respostas de uma única palavra são difíceis. Josie fez uma pergunta aberta, e Hugo não lhe deu nada com o que trabalhar. Sem recursos, Josie oferece algumas informações sobre lugares que Hugo poderia visitar, como Palo Alto, São Francisco. Mas Hugo passa para o mais clássico de todos os recursos de conversa:

---

* Todas as conversas deste livro são reais! Mas os nomes e alguns detalhes sobre os participantes dos estudos de pesquisa e conversas particulares foram alterados para proteger a privacidade deles.

HUGO: O clima é ótimo.

JOSIE: Hoje nem está tão bom. No ano passado estava muito melhor.

Ah, não, você pode pensar, *clima não*. Sim, meus amigos, o clima. E eles continuam:

JOSIE: Como está o clima agora lá na França, onde você mora?

HUGO: Mais quente do que aqui.

JOSIE: É mesmo?

HUGO: Mas chove com mais frequência. É como a Inglaterra e...

JOSIE: Chove o tempo todo?

HUGO: No sul é muito quente. No sul, no centro-sul, o clima é bem agradável.

Você pode estar pensando: *que conversa chata*. Mesmo hoje, em um mundo de tornados e furacões devastadores, tempestades de neve onde e quando não deveriam acontecer, e estações secas tão longas e áridas que regiões inteiras pegam fogo por meses a fio, poucos assuntos têm uma reputação pior do que o clima. É o clichê definitivo, o epítome da monotonia. É uma falha de conversa não reconhecida, mas gritante, por parte de todos os envolvidos e de qualquer estranho que esteja ao alcance da voz. Em termos conversacionais, falar sobre o tempo é um pesadelo que condena todos a um ciclo interminável de conversa fiada e palavras para preencher lacunas, que rende pouco e parece não levar a lugar nenhum.

Esse, de fato, foi o destino sombrio de nossos personagens do encontro-relâmpago. Quando, mais tarde, o pesquisador pediu a Josie e Hugo que avaliassem a conversa, ambos deram péssimas notas. Não haveria um segundo encontro.

A troca entre eles captura a tortura particular[19] que muitos de nós sentimos em conversas casuais. O fluxo do trânsito, o fim de semana, o horário de sono do bebê são alguns dos assuntos que nos fazem procurar desesperadamente uma saída, mesmo quando as duas partes desejam se conectar.

A maioria de nós teme a chamada conversa fiada. Algumas pessoas até dizem, tão logo são apresentadas, que odeiam isso. (A propósito, criar laços por uma aversão compartilhada à conversa fiada pode ser uma boa maneira de escapar dela, embora nem sempre.) Há muitos bons motivos para se sentir assim, como Josie e Hugo podem atestar.[20]

Mas espere um minuto. Por mais que a tentativa frustrada de conversa de Hugo e Josie pareça provar esse ponto, quero oferecer um contraponto: a conversa fiada não foi o problema naquela situação.

A conversa não correu bem por muitas razões, entre elas o fato de Hugo dar respostas curtíssimas e fazer poucas perguntas, problemas difíceis de superar. Mas o beijo da morte não foi a conversa fiada em si – afinal, eles tinham acabado de se conhecer e não sabiam nada um do outro. Foi a gestão de foco desajeitada. Eles ficaram presos em uma espiral de destruição de conversa fiada,[21] ficando de alguma forma incapazes de passar dela para um nível mais alto, embora tudo de que precisassem estivesse bem ali. A conversa fiada é uma porta de entrada para algo melhor, mas nem Hugo nem Josie giraram a maçaneta para abrir a porta e passar por ela.

Ao contrário da crença popular, a conversa fiada é *crucial*. É o campo de provas inicial, seguro e genérico que muitas vezes nos permite passar para uma conversa mais profunda.[22] Ela nos permite falar com estranhos e novos conhecidos sobre os quais sabemos pouco, além de nos reconectar com pessoas que conhecemos bem. Também é essencial quando estamos em um grupo com preferências e relacionamentos variados. Alguém pode querer perguntar sobre o AVC recente da mãe de uma amiga, enquanto outra pessoa se sentiria mais confortável falando sobre observação de pássaros. Um discurso que gera identificação pode manter a conversa viva, sem margem para suposições ou favorecimento dos interesses de ninguém. O segredo é pensar na conversa fiada como um meio para atingir um fim, não como um fim em si mesmo.

Você também pode pensar nela como parte de uma categoria mais ampla: diversos temas que você pode abordar com *qualquer pessoa*. Sua universalidade é o que a torna poderosa. É possível falar com todo mundo sobre clima, grandes eventos atuais, comida, sono ou o que quer que esteja acontecendo em seu entorno. Qualquer interlocutor poderá se envolver nesses temas comuns. Quando você reflete sobre isso, percebe que eles são comuns porque são os mais fáceis de abordar. Os temas habituais da conversa fiada são o que nosso sistema 1 de pensamento reúne do ambiente atual. Mesmo assim, qualquer um deles, quando bem administrado, pode direcionar um bate-papo para um lugar melhor.

Aqui tudo fica mais divertido. Esses exemplos que soam familiares não são os únicos universalmente relacionáveis; são apenas um pequeno subconjunto. *Tópicos sobre os quais podemos falar com qualquer pessoa* também incluem assuntos importantes e abstratos relativos à experiência humana, como "O que tem atraído sua atenção?" ou "O que tem acontecido de bom na sua vida?". Em virtude da capacidade de chamar a atenção de um interlocutor e do envolvimento do ego, esses assuntos tendem a nos afastar da conversa fiada. O clima e o que você acabou de comer são os degraus mais baixos da escada da conversa, sim, mas podem ajudá-lo a sair depressa desse lugar.

Pensar sobre a conversa fiada a partir do sistema 2 desbloqueia um mundo de possibilidades. De repente, estamos em outra área, onde a previsão pode render dividendos,[23] pois manter temas mais interessantes e de referência à mão aumenta a autoconfiança. Munidos de bons assuntos podemos ultrapassar mais depressa o trânsito e o clima.

Quando você começa a fazer um brainstorming de ideias para sua coleção de temas universais, percebe que as possibilidades são infinitas. Alguns alunos até escolheram reuni-los em planilhas. Eu também conto com alguns habituais, como "Quem te fez rir recentemente?" e "Que músicas boas você tem ouvido?"*

Podemos tirar inspiração de *tudo*. Mike, diretor de estratégia de uma empresa de tecnologia do Texas e marido de uma colega, me disse que prepara tópicos ouvindo *This American Life* durante seus trajetos diários. Cada episódio do programa de rádio, agora disponível em podcast, tem um tema, como "Trabalho melhor com prazos curtos", "Um dia na praia" e "Malditos sentimentos". O apresentador, Ira Glass, e uma equipe de jornalistas criam histórias a partir de entrevistas sobre o assunto daquela semana.

Mas Mike, diferentemente (imagino) da maioria dos outros 3,5 milhões de pessoas que ouvem o programa toda semana, não acompanha *This American*

---

* Poder levantar esses assuntos com qualquer um não significa que você deve abordá-los com todos. Mesmo temas relacionáveis são sensíveis ao contexto. Grandes notícias, por exemplo, podem parecer um assunto óbvio. Sem dúvida é bom prestar atenção no que acontece no mundo. Mas hoje todos recebem notícias variadas de fontes diferentes, com curadoria diferente, com perspectivas diferentes. Essas diferenças podem ser uma fonte estimulante de conversas, ou criar um abismo desde o início.

Life apenas para proveito pessoal. O programa povoa a mente de Mike com uma série de histórias interessantes, fatos oportunos e ideias incisivas que servem para *conversar com os outros*.

Em um dos episódios, "Casa no lago Loon",[24] a história foi sobre um grupo de pré-adolescentes que encontrou em uma floresta uma casa misteriosa e coberta de mato que havia sido abandonada com o saleiro ainda à mesa, louça suja na pia, o convite para um baile na cidade e um vestido de babados pendurado no armário. Mike converteu aquilo em uma pequena história portátil. "Posso te contar uma história que ouvi no rádio?", perguntará a um colega (geralmente durante uma pausa na conversa técnica). Ele fornecerá alguns detalhes e, em seguida, perguntará algo como: "Por que você acha que eles *foram embora*?"*

O bom resultado do hábito de ouvir *This American Life* levou a outros tipos de preparação. Mike usa, por exemplo, as perguntas do final da série *Inside the Actors Studio*, como "Qual é seu palavrão favorito?" e "Que som você odeia?" Ele não esconde que pega as histórias e aberturas de podcasts e programas de TV. "Depois que você começa, não importa de onde as perguntas vieram", explica. Ele tem razão. O que importa é para onde elas *vão*. O mundo dos temas em foco, incluindo as conversas fiadas (sim, até o clima), é cheio de possibilidades.

Caça ao tesouro

A estratégia de Mike, de ouvir *This American Life*, mostra o poder oculto da conversa fiada, mas não resolve um problema crítico: como evitar um *loop* nas conversas. A questão é que até os assuntos mais interessantes e amplamente relacionáveis podem prender as pessoas numa espiral de

* Outros episódios também podem servir como iniciadores de conversas não convencionais. O episódio "Mapping" acompanhou pessoas que fazem mapas rastreando marcos não tradicionais, como rachaduras em calçadas ou casas de estrelas de Hollywood. Mike perguntaria a um interlocutor: "O que você gostaria de mapear?" ou "E se mapeássemos cheiros em vez de ruas?". Esse início levou a conversas sobre como os colegas veem as cores e como os amigos da mulher dele percebem a realidade.

tédio como aconteceu com nossos amigos californianos Josie e Hugo. Ninguém quer falar para sempre sobre como dorme ou o que aconteceu na casa abandonada da floresta. Há um limite, inclusive quando se trata das brilhantes escolhas de focos dos palestrantes especialistas em *This American Life*.

Não fique muito tempo em uma conversa fiada, mesmo que esteja boa. O segredo é saber mudar de assunto antes que fique chato e pareça uma tarefa. Para isso, como sempre, você deve ser um caçador de tesouros.

Pense na conversa como um vasto oceano pontilhado por infinitas ilhas de assuntos. Grandes conversadores querem descobrir novos territórios; o desconhecido representa risco, mas também oferece a possibilidade de recompensas. Navegar pelos mares calmos e bem mapeados da conversa fiada parece seguro, e podemos usar essa sensação para começar a explorar ilhas promissoras. É fácil ficar no barco por muito tempo, admirando as ilhas a distância, só que assim você nunca obterá nenhum tesouro.[25] Será necessário correr algum risco, desembarcando e explorando novos territórios.

Aqui está o segredo da conversa fiada: podemos usá-la como um trampolim para conversas maiores, melhores e mais interessantes. Esse espaço exploratório nos ajuda a procurar oportunidades de escalar em direção a assuntos mais significativos, especialmente com desconhecidos ou pessoas com quem compartilhamos pouco até ali. Falar sobre o clima pode levar à descoberta de que um interlocutor estava fora da cidade, o que pode engatilhar um papo agradável sobre o Taiti. Para Josie e Hugo, não teria sido necessário um salto dramático para ir do clima na França para a infância naquele país. Ou do clima na Califórnia para o banco favorito de Josie no campus, para segredos de infância, diferenças culturais, esperanças e medos, música ou onde e quando eles têm suas melhores ideias. A conversa fiada, quando bem administrada, é um ritual comum que dá a nosso cérebro o tempo e a oportunidade de formular perguntas e ideias melhores e mais profundas. "O mais banal discurso cotidiano",[26] escreve o colunista da revista *The Atlantic* James Parker, pode, de repente, "lançá-lo de cabeça no vazio ardente" da "alma" de outra pessoa.

Escalando para cima e para baixo

Sair da conversa fiada para algo mais significativo exige alguma habilidade. É muito raro que um comentário sobre a garoa emende com uma conversa profunda sobre como o relacionamento de uma pessoa com a mãe é fundamental para entender suas escolhas de vida. Há muitas etapas no meio, nas quais descobrimos os temas que podem nos levar aonde queremos chegar.

É útil organizar nossas infinitas opções em uma hierarquia, ou uma *pirâmide de focos*, com os mais relacionáveis na parte inferior e os mais personalizados no topo.

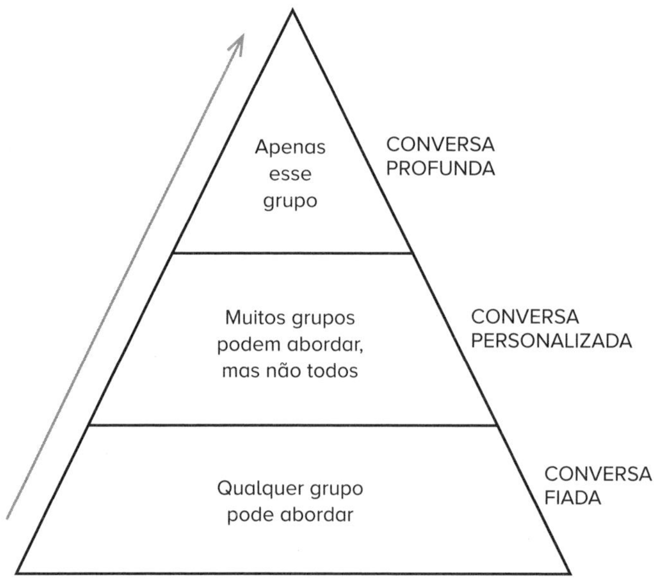

A pirâmide de focos: passando de conversas fiadas para conversas profundas e vice-versa

Na base da pirâmide de focos estão temas sobre os quais todos podem falar, rotulados como conversa fiada. A base costuma ser um ponto útil para começar, e pode até ser o lugar certo para permanecer, como em breves interações com garçons ou vizinhos, por exemplo. Mas como esses assuntos são despersonalizados, permanecer na base da pirâmide também pode soar impessoal, insatisfatório, superficial ou até desumanizador.

Nesse caso, o ideal é subir na pirâmide, saindo do nível básico à medida que percebermos que podemos passar por ciclos de baixo para cima (e vice-versa).[27] Alguns temas são mais adequados para conversas personalizadas do que para as profundas, mas nem sempre estamos no mesmo momento. Devemos ter alguma ideia de quão alto nós e nossos interlocutores queremos escalar, além da certeza de que, não importa o que acontecer, não ficaremos muito tempo na base.[28]*

Dar o salto de uma conversa fiada para temas mais personalizados exige habilidade, mas é mais fácil do que pensamos pular do clima na França para crescer no país ou para o fascinante rap francês, ou do clima na Itália para ópera ou motocicletas. Isso tem a ver com sondar ou entender a relação do interlocutor com o tema – sua experiência pessoal, conhecimento ou grau de interesse ou curiosidade.[29] Pesquisas recentes sugerem que tentar tornar os focos mais concretos pode ajudar.[30] "Qual é o significado da vida?" e "Quais são as novidades?" são perguntas muito abstratas e amplas e seu interlocutor pode não saber como responder. "O que você mais ama no seu apartamento?", "Quando você começou a tomar café?" e "Como você aderiu à prática de ioga?" são mais concretas. Esses assuntos permitem uma conexão fácil e dão ao outro espaço para explorar e ascender, sem serem assustadoramente abertos a ponto de ele ficar perdido.

No momento em que a discussão sobre o clima na Califórnia e na França estava murchando, Josie poderia ter feito uma pergunta mais concreta e pessoal, como "Você gosta da Califórnia porque ela lembra de onde você é?".

Perguntas de acompanhamento são ótimas para conduzir conversas em uma direção mais concreta (há muito mais sobre elas no próximo capítulo), mas revelações também funcionam. Quando Josie disse "chove o tempo todo" com uma pitada de decepção, Hugo poderia ter revelado algo como "Eu acho bem gostoso quando chove". Esse tipo de informação pessoal leva a conversa sutilmente para cima na pirâmide de focos, porque tende a

---

* Como veremos no Capítulo 4 – L de Leveza –, podemos tornar a base da pirâmide mais ou menos gratificante. O sucesso de qualquer foco é moldado pela emoção subjacente. O significado da vida pode parecer conversa fiada se discutido de modo direto, enquanto falar sobre panquecas pode ser especial ou significativo se envolver entusiasmo.

desencadear um movimento recíproco[31] e porque subimos na pirâmide com o encorajamento da vulnerabilidade e da confiança.[32]

Um bom conversador está sempre atento a detalhes pessoais, que são concretos e incluem o ego. Se seu interlocutor tem filhos, você pode falar sobre eles ou sobre crianças em geral ("Como as crianças de 9 anos são hoje?"). Se a pessoa trabalha, você pode perguntar sobre sua atividade ("O que você tem feito de interessante no trabalho?" ou "Como você chegou a esse emprego?"). Pontos em comum são focos especialmente ricos. No exercício do Círculo de Bate-papo, os temas que meus alunos preparam – "A Harvard Business School correspondeu a suas expectativas?", "O que você fez nas férias?" – tendem a compensar o pouco conhecimento sobre os colegas. O fato de estarem na mesma instituição incorpora um terreno comum fértil.

Como já vimos, o topo da pirâmide de focos não é o destino para todas as conversas. O meio tem muito a oferecer, sendo um ótimo lugar para saber mais sobre alguém, conhecer um pouco seus gostos e preferências e deixar a personalidade do outro brilhar ao falar sobre o que lhe interessa. Não precisamos chegar ao topo sempre, mas algumas das recompensas mais profundas estão lá.

Quando conseguimos ultrapassar as conversas fiadas e personalizadas, chegamos ao topo da pirâmide, que inclui temas sobre os quais vocês querem e podem conversar. Ali há motivações mais importantes para se conectar, saborear, proteger e avançar. Não são assuntos sobre os quais qualquer um poderia falar; são adequados a determinadas pessoas, para aquele ponto em comum, em um determinado momento, em busca de um conjunto de objetivos.[33] Talvez seja algo que vocês já discutiram antes para fortalecer o relacionamento, um segredo que seu interlocutor quer compartilhar[34] ou um problema que ele está enfrentando e ao qual você tem condições de dar suporte.[35] Para os falantes de primeira viagem (desconhecidos), cujos objetivos giram em torno de se aproximar sem constrangimentos,[36] chegar ao ápice pode significar encontrar um foco sobre o qual qualquer um dos participantes da conversa tenha algo emocionante, engraçado ou perspicaz para compartilhar.

Quanto ao casal daquele encontro-relâmpago, se Hugo admitisse o quanto estava com saudades de casa, Josie poderia compartilhar algo que a ajudou a lidar com a distância da família e que também poderia ser bom para ele. Se

Josie falar sobre um restaurante de que gosta, Hugo pode se mostrar interessado em conhecê-lo. Se Hugo mencionar uma banda indie que lhe interessa, e ela estiver curiosa sobre isso, talvez eles possam combinar de assistir a um show dessa banda no segundo encontro. Chegar ao topo não significa que seu interlocutor não vai ou não pode falar sobre esses temas com outras pessoas. Significa apenas que ele se sente interessado, feliz e seguro o suficiente para abordá-los com você. Ser capaz de encontrar e discutir temas do pico da pirâmide revela a potência do relacionamento, e discuti-los o fortalece ainda mais.

PREPARAÇÃO PERSONALIZADA

Premeditação, ou pensar antecipadamente sobre o mundo de seu interlocutor, é a chave para alcançar o topo da pirâmide de focos (conversa profunda).[37] Quando meus alunos passaram a dar credibilidade à ideia de premeditar os temas, eles começaram a se perguntar sobre as pessoas que poderiam encontrar:

- O que abordamos na nossa última conversa que eu possa retomar?[38]
- O que aconteceu na vida deles desde a última vez que nos falamos que eu possa ou deva me lembrar de perguntar? Pode ser algo como: "Você ia começar as aulas de violão. Como está indo?"
- O que pode estar na mente do outro agora e que seria divertido, produtivo ou importante discutir?
- O que *eu* posso compartilhar sobre minha perspectiva ou minha vida que possa ser interessante, divertido ou útil para meu interlocutor?
- O que posso acompanhar que me remeta a essa pessoa – como notícias, memes, vídeos do YouTube, programas de TV, o que quer que seja – de modo a me lembrar de levantar esses focos quando a vir?

Vamos em frente

Depois que Hugo e Josie chegaram ao oitavo turno de fala consecutivo, ainda falando sobre o clima, não é difícil imaginar como eles estavam se sentindo. *Argh*. Recentemente ouvi essa conversa no escritório:

– Você gosta de M&M?
– Gosto, sim.
– Reese's Pieces?
– Sou alérgico a manteiga de amendoim.
– Almond Joy?
– É aquele de coco com ou sem nozes?
– O Mounds não tem nozes.
– Ah, acho que nunca provei nenhum dos dois.

Um comentário passageiro em meados de outubro sobre amar o Halloween, ou seja, um assunto cheio de potenciais caminhos para subir na pirâmide, ficou retido em manteiga de amendoim e chocolate. Talvez aquelas pessoas tenham perdido a chance de desviar o tema em foco e falar sobre as fantasias preferidas na infância, ou se acreditavam em fantasmas, ou a história angustiante dos julgamentos das bruxas de Salem, o que teria sido mais proveitoso. Mas aqui elas ficaram no mundo dos doces da conversa fiada:

– Twix?
– Só se estiverem frescos. Senão o caramelo gruda nos meus dentes.
– É verdade.

Você provavelmente conhece a sensação de estar em uma conversa à beira do abismo. O suco já foi extraído daquela laranja, restaram o bagaço e as sementes. Você pode supor que seus interlocutores não apenas sabem que a conversa está estagnada, como estão cientes de que você também acha isso. Ou talvez você suspeite que ninguém mais percebe a aridez do papo, e está claro que precisa trazer uma nova laranja suculenta imediatamente.

Até agora abordamos a parte do *quê*, mas o *quando* é igualmente importante.[39] O ponto ideal é um pouco como o ciclo de amadurecimento de uma fruta. Ainda não... ainda não... ainda não... até que, no segundo seguinte, está perfeita... e depois passou do ponto. O timing e a duração dos assuntos têm tanto impacto em nossos sentimentos quanto eles próprios. As conversas não duram para sempre, e devemos escolher quais objetivos perseguir, por meio de que temas e por quanto tempo. Quando um foco fica estagnado, nosso interesse e engajamento diminuem.[40] Assim, não conseguimos perseguir nossos objetivos de modo eficaz.

Quando devemos mudar de foco, e como? No melhor dos cenários, a troca é ininterrupta. São saídas fáceis, em vez de curvas fechadas e abruptas. Às vezes, os envolvidos percebem que um assunto acabou, mas não sabem como passar para o próximo (surge um silêncio desconfortável)[41]. É pior quando uma pessoa sente que um assunto acabou, mas seu interlocutor, não. Embora seja simples ter a intuição de que precisamos mudar de assunto, nem sempre somos bons em captar esse sentimento no outro.

Quando um assunto perde força, uma solução é partir para outro. Afinal, um assunto não morre se você sair dele enquanto ainda houver algum conteúdo. Meus colegas pesquisadores e eu fizemos um estudo usando pares de estranhos:[42] pedimos que alguns deles mudassem de foco com muita frequência – e tentassem passar por 12 temas determinados em dez minutos – e pedimos que outros pares abordassem a mesma lista no ritmo que quisessem. A pergunta que tentávamos responder era: O que leva a melhores conversas: mudar o foco com mais frequência para permitir a abordagem de mais temas (mesmo que isso signifique deixar um pouco de energia para trás) ou deixar as conversas seguirem seu fluxo natural?

Descobrimos que as pessoas que trocavam constantemente de assunto gostavam muito mais das conversas. Em média, classificam-nas com seis pontos em sete em termos de prazer, enquanto quem seguiu o ritmo natural deu cinco em sete. Considerando muitas conversas, a diferença de um ponto em sete é grande. Você quer viver uma vida de cinco em sete ou de seis em sete?

A associação entre mudança de foco e prazer na conversa também se aplica à vida real. Em um conjunto de dados de mais de 1.600 conversas on-line de trinta minutos, a maioria das pessoas achou que abordou "a quantidade certa" de assuntos, porém mais gente sentiu ter discutido poucos temas (20%) em vez de muitos (11%), e o impacto negativo no prazer foi significativamente maior do que de muitos. A boa notícia é que o pior cenário de "poucos temas em foco" é facilmente evitável. Em nossos experimentos de mais troca, descobrimos que os falantes conseguiam mudar de assunto com mais frequência quando tentavam: pares que foram instruídos a fazer isso com mais frequência abordaram uma média de nove temas em dez minutos, enquanto os que mudavam naturalmente trataram de apenas cinco. Quando são estimuladas a trocar de tema com mais frequência, as pessoas conseguem fazer isso com facilidade, o que melhora a experiência.

Mas aqui temos um problema. Se estamos tentando subir na pirâmide de focos e nos aprofundar naqueles que apenas um grupo específico poderia discutir, como chegaremos lá se continuarmos mudando de assunto? Será que a variedade prejudica a profundidade?[43]

Não. Meus colegas pesquisadores e eu ficamos surpresos ao concluir que as pessoas que mudavam de tema com frequência, ampliando suas conversas, não sofriam perda da profundidade. Aqueles que gerenciam os temas em foco com habilidade vão fundo, encontram tesouros bem depressa *e* mudam para novos assuntos sem as lacunas nem demoras que causam incômodos.

Então, se mudar de tema leva a conversas melhores, por que não adotamos essa prática com mais frequência? Você pode responder: "Porque você acabou de nos contar que isso funciona." Ok, pode ser. Mas também há razões mais intrínsecas. Nosso pensamento padrão do sistema 1 tem pelo menos parte da culpa. Nossa mente intuitiva nos leva a escolher assuntos facilmente acessíveis, a omitir os menos óbvios que seriam ótimos para discutir, a sair a tempo de bons temas e a nos demorar em outros. Mas também é uma questão de leitura mental defeituosa. Até que ponto somos bons em perceber quando nossos interlocutores acham que um foco perdeu a graça? Será que estamos perdendo pistas valiosas que eles estão nos dando sobre seu interesse crescente ou decrescente nos temas que estamos abordando?

Percebendo o (des)interesse dos outros

Minha equipe de pesquisa queria entender até que ponto as pessoas leem bem as dicas dos interlocutores quando se trata do nível de interesse em um foco, para checar se elas avaliam bem vários sinais de envolvimento.[44] Descobrimos que as pessoas tendem a observar algumas pistas, como perguntas de acompanhamento, corretamente. No entanto, costumam se concentrar demais em alguns comportamentos e menos em outros. Suponha que você pergunte como estão os pais do seu interlocutor, ele responda e depois replique a pergunta – "Como estão os *seus* pais?" Você pode dar um peso excessivo a essa pergunta, tomando-a como um sinal de que o interlocutor está interessado no assunto quando, na verdade, não está. Muitas vezes, perguntas replicadas são apenas um reflexo do que vocês discutiram, um sinal confiável de que o interlocutor gosta do tema e quer continuar nele.

Uma conversa animada não deve parecer um monólogo para uma plateia educadamente silenciosa. Isso não significa que não haja espaço para contar histórias, ou que em determinadas partes um falante ocupe mais tempo. Entretanto, quando um bate-papo está indo bem, focos e histórias tendem a ser "conarrados"[45] – os ouvintes intervêm, fazem perguntas, riem e oferecem pistas positivas, como *sim*, *um-hum*, *isso mesmo* e *não me diga!*

Precisamos prestar mais atenção nesses sinais de conarração, porque eles são indicadores importantes do interesse do outro. Na ausência deles, é provável que você esteja apenas monopolizando o tempo de fala, sem interesse e envolvimento mútuos. Se o envolvimento de qualquer uma das partes estiver diminuindo, é hora de mudar de assunto.

Existe mais uma razão para nossa troca imperfeita de foco: a cortesia. Às vezes, reconhecemos os sinais de que devemos mudar, mas os ignoramos porque não queremos ser rudes, ásperos ou desconcertantes. Suspeito que isso tenha acontecido na conversa com nossos participantes do encontro-relâmpago. Josie podia estar morrendo de vontade de ouvir sobre a infância de Hugo, mas também tinha medo de se afastar muito do tema inicial, temendo parecer abrupta ou intrusiva. Não seria esquisito perguntar? Não! A maioria das pessoas geralmente é muito cautelosa na troca de assunto, por razões encantadoras mas equivocadas. Parece mais seguro e respeitoso deixar seguir.

A boa notícia é que é possível melhorar sua capacidade de entender seus interlocutores, se você souber o que observar. Se não tiver certeza de quando mudar para um novo foco, procure três sinais confiáveis e práticos de que o tema está estagnado e perdendo o sabor:

- Silêncios mútuos mais longos (pausas)
- Risadas educadas mais frequentes (uma reação visceral para preencher as pausas mais longas)
- Redundâncias (as pessoas repetem o que já disseram)

Imagino que no almoço sem graça de Virginia Woolf e Stephen Spender houve todos esses três sinais. Mas a presença de apenas um já indica que é hora de mudar. Por outro lado, existem sinais confiáveis de que um foco pode estar indo melhor do que você pensa: um parceiro rindo genuinamente significa que está se divertindo, e o fato de ele ter levantado ou retomado um tema significa que deseja discuti-lo.

Entendo que ficar de olho em sinais de que é hora de mudar de assunto parece dar muito trabalho. Você pode estar se perguntando: *Como faço isso? Como penso no que dizer, depois digo, ouço a resposta, processo as palavras e presto atenção em dicas sutis sobre como o outro está reagindo?*

A essa altura, espero que a resposta não o surpreenda mais (nem Josh, meu aluno cético): premeditação! Quando se trata de ler os sinais comportamentais diferenciados de um interlocutor (leitura da mente), os limites computacionais da mente humana nos colocam em grande desvantagem: nosso cérebro só consegue lidar com uma certa quantidade de situações. Essa é mais uma razão pela qual é tão poderoso pensar à frente. Fazer isso libera espaço mental, permitindo-nos ler os sinais não ditos. Se a pessoa levantou o tema e voltou a ele, entenda como "não mude". Mas se algum de vocês está começando a se repetir, isso é um sinal de "hora de mudar". Também é possível fazer um grande favor ao interlocutor: indicar se está ou não gostando de um foco. Um pequeno feedback pode ajudar muito, poupando o outro de algum trabalho de leitura da mente.

Os mestres da conversa, ou pessoas que são especialmente bem-sucedidas em meus estudos de gerenciamento de temas em foco, pensam com antecedência sobre o que elas e seus interlocutores desejam obter de uma conversa, escolhem temas para alcançar esses objetivos e não hesitam em mudar o plano quando o assunto acaba. Assim, eles alcançam amplitude *e* profundidade. A maioria de nós, se puder pensar com certa antecedência e souber mudar de assunto com um pouco mais de confiança, descobrirá que também pode "criar uma atmosfera"[46] como o Supergrego de Primo Levi.

Tornando os assuntos interessantes

Um dia, alguns anos atrás, Carolina, minha amiga da faculdade me ligou. Ela é destemida e não hesita em levantar temas polêmicos. Em apenas um mês, iniciou trocas de mensagens em grupos das seguintes formas:

"Não é irresponsável que Elizabeth Holmes tenha tido um bebê durante o julgamento? Parece uma tática para conquistar simpatia."
"Fico incomodada com pessoas que se preocupam com a segurança do uso de panelas antiaderentes."
"O feminismo, no geral, tem sido positivo ou negativo?"

Carolina me ligou durante a quarentena na pandemia. Ela estava em casa, no Oregon, enquanto eu dava uma volta escapista pelo quarteirão. Atendi antes do segundo toque.

– Alô!
– O que você sabe sobre malha vaginal?

Eu caí na gargalhada. Conhecia algumas mulheres que precisaram de malha para reparar seus órgãos pélvicos após o parto, e tinha ouvido algo sobre uma ação coletiva relacionada ao tema, na... Austrália, talvez?

Para muita gente, essa introdução seria desestimulante – audaciosa, meio repulsiva e possivelmente uma porta de entrada para um mundo de estresses, reclamações e bate-papo intrusivo (ou apenas chato) sobre ter filhos. Mas eu não reagi mal, longe disso. Mãe de três, entendo o desgaste físico da gravidez e do parto, e adoro a maneira como Carolina conduz uma conversa. Era a *cara dela*.

– Oi, que bom ouvir sua voz! – falei.

Era verdade. A presença dela, mesmo por telefone, era um bálsamo.

– Digo o mesmo! Olha, eu preciso da sua ajuda. Tenho que decidir se vou consertar minhas partes femininas agora ou ter outro bebê primeiro.

Perguntei como ela estava se sentindo em relação a ter o terceiro filho. Ela não tinha certeza. Carolina sempre quis uma família grande, mas acabara de mudar de carreira. O segundo filho nasceu quando ela estava na Escola de Negócios. Ter um terceiro em um novo emprego seria difícil.

Ela mudou rapidamente daquele foco chocante para um apelo por conselhos de planejamento familiar. Essa mudança nos levou a uma discussão sincera sobre os desafios e recompensas da maternidade para as mulheres que trabalham fora de casa. Nós duas precisávamos discutir esse assunto, por conforto, apoio e escapismo.

Conversamos sobre o esforço enlouquecedor para convencer dois pequenos seres humanos a calçarem seus sapatos enquanto você luta para colocar os tênis de um ser humano ainda menor. Depois a conversa seguiu para como evitar marcas de tinta em roupas, o prazer inebriante de relaxar com um bebê dormindo nos braços, a profunda alegria quando o filho mais velho faz uma piada boa pela primeira vez.

Passamos para nossos casamentos, férias e dificuldades da pandemia. Quando virei a última esquina do quarteirão, ela despejou:

– Estou tendo alguns problemas com minha mãe e meu irmão.

De todas as coisas surpreendentes que minha amiga vem falando ao longo dos anos, essa foi provavelmente a mais inesperada. Ela perdeu o pai aos 18 anos, pouco antes de nos conhecermos na faculdade, e sempre foi muito próxima da mãe e do irmão. Começou a chorar enquanto explicava que eles se sentiam muito distantes, que estavam tendo dificuldade de perdoá-la por se mudar para o Oregon e que a pandemia piorara tudo. Foi de partir o coração ouvir aquilo, mas me senti grata por ela ter compartilhado o problema comigo. Eu disse que tudo bem se os conflitos familiares estivessem atrapalhando sua decisão sobre ter outro filho. Ela disse:

– Obrigada, Al. Te amo.

De volta à porta de casa, com meus filhos fazendo a maior barulheira lá dentro, tive que desligar. Separadas por décadas e milhares de quilômetros, eu ainda me sentia muito próxima de Carolina. Uma boa conversa nem sempre exige a escolha de bons assuntos. Até os mais ridículos podem se tornar significativos. Se você e seu interlocutor perseguirem objetivos que valorizam, de vez em quando chegarão a algo revelador, real e gratificante (especialmente se pensarem antes, como suspeito que Carolina fez antes de ligar para pedir meu conselho).

Pouco mais de um ano após aquela conversa, Carolina teve o terceiro filho. Ela postou algumas fotos do bebê. Não havia menção à malha vaginal, e sua mãe e seu irmão apareciam radiantes ao lado.

TRÊS PONTOS PRINCIPAIS DO CAPÍTULO 2

F de Foco

- Os temas são os blocos de construção da conversa.
- A conversa fiada não é um inimigo. Ficar preso em um único foco por muito tempo, especialmente nos que estão na base da pirâmide, sim.
- A preparação dos temas em foco é sua melhor amiga.

CAPÍTULO 3

A de Aprofundamento

Carrie Fisher tinha apenas 2 anos quando seus pais se separaram, sendo o maior escândalo nos tabloides da época.[1] Sua mãe era Debbie Reynolds, estrela de *Cantando na chuva*; seu pai era o cantor pop Eddie Fisher. Durante anos, seus pais foram próximos do ícone de Hollywood Elizabeth Taylor. Reynolds e Taylor eram amigas de infância. Quando o marido de Taylor morreu em um acidente de avião, em 1958, Fisher correu para confortá-la e decidiu ficar lá, deixando Reynolds sozinha com seus dois filhos pequenos, Todd e Carrie.

Carrie entrou no negócio da família na adolescência, desempenhando um papel coadjuvante de sua mãe no musical da Broadway *Irene*. Quando ela estava na faixa dos 20 anos, sua interpretação da Princesa Leia nos filmes da série *Star Wars* a levou ao estrelato. Já famosa, Fisher lutou contra o transtorno bipolar e o abuso de drogas. Em meados da década de 1980, ela quase teve uma overdose de tranquilizantes e precisou ser internada em uma clínica de reabilitação. Mais tarde, admitiu que havia usado cocaína no set de *Star Wars: O império contra-ataca*. Sua reputação despencou, e a carreira de atriz naufragou. Mas, no final da década, ela voltou a conseguir bons papéis e buscou inspiração em sua própria vida tumultuada. Escreveu um romance, *Postais do abismo*, sobre mãe e filha no show business, claramente baseado em sua história.[2]

Em 1990, ela transformou o livro em um roteiro de sucesso[3] e escreveu outro romance semiautobiográfico, *Surrender the Pink* ("Renda-se ao rosa", em tradução livre).[4]

Naquele ano, Fisher foi como convidada ao programa *Fresh Air,* na National Public Radio.[5] A produtora executiva, Terry Gross, apresentava o programa diário havia 15 anos, tendo estreado dois anos antes de Fisher se tornar a Princesa Leia. Gross tinha 39 anos, quase seis a mais que ela. Na entrevista, Gross e Fisher falaram sobre o novo filme de Fisher, seu novo livro, o relacionamento com a mãe, saúde mental e a luta contra as drogas. Ouvindo a gravação hoje, fica claro que as duas são conversadoras habilidosas, principalmente em gerenciamento de temas em foco. Até mesmo alguns tópicos que poderiam ser considerados sensíveis ou ofensivos foram abordados.

Após uma pergunta relativamente tranquila sobre os tipos de papel que Fisher costumava interpretar, Gross sentiu que tinha permissão para levar a conversa ao topo da pirâmide de focos.

– Quase ter sofrido uma overdose e depois se recuperado da dependência de drogas mudou sua forma de atuar? E no modo como os diretores te viam, você notou alguma diferença? – perguntou.

É uma pergunta chocantemente íntima, mas Gross a fez com um carinho e uma franqueza de desarmar o espírito. Fisher respondeu da mesma forma, descrevendo como sua má reputação persistiu no universo cinematográfico. Gross reagiu à revelação de Fisher com um discreto "Um-hum" e, para evitar se demorar muito em um foco pesado, desceu na pirâmide e perguntou sobre o início da carreira. A atriz fez piadas irônicas, e Gross riu muito. Para os ouvintes, uma conversa assim entre duas profissionais é sempre um ótimo entretenimento, e por isso elas estavam lá. Quanto mais interessante a conversa for para os ouvintes, mais Gross pode elevar sua reputação como entrevistadora e aumentar seu público, e mais Fisher pode atrair gente para comprar seu livro.

Porém, mesmo nesse contexto público, algo maior e talvez íntimo pareceu acontecer entre elas. A entrevista poderia não ter sido tão boa. Uma das razões para o sucesso foi a habilidade de Gross em fazer perguntas. Seus questionamentos guiaram os temas, levaram a revelações e aparentemente a aproximaram de Fisher. Cada pergunta era um convite para ela se mostrar mais. "Por que você não estrelou seu próprio filme? Você poderia falar mais sobre isso? Quais eram as divergências com sua mãe? Como o fato de ser fotografada desde criança afetou a maneira como você se sente diante das câmeras? Você olha para essas fotos hoje em dia? Sério, você as guarda em algum lugar? Como foi sua audição para *Star Wars*? Você já se arrependeu de ter abandonado a escola? Você ainda canta? Comparada com a época de sua mãe, o que há de diferente em Hollywood atualmente?" As perguntas forneceram um excelente arcabouço para a conversa, um arcabouço que ganhou corpo com as respostas de Fisher.

Essa foi a primeira de três entrevistas, ao longo de quase três décadas, que Gross fez com Fisher. A seguinte foi em 2004,[6] a terceira em 2016.[7] As três abrangem a vida de Fisher dos 33 aos 60 anos, explorando com cada vez mais detalhes os temas que definiram sua vida: Hollywood, os pais famosos, *Star Wars*, feminismo, casamento, divórcio, dependência de substâncias químicas, filmes, escrita e saúde mental. Ao mesmo tempo, as entrevistas refletem a evolução do relacionamento de Fisher e Gross, que ficaram mais próximas e à vontade a cada nova conversa.

Em 2016, Fisher publicou seu terceiro livro de memórias, *Memórias da princesa*, baseado no diário que ela escreveu durante as filmagens do primeiro filme da saga *Star Wars*. Fisher tinha se esquecido do diário até encontrá-lo décadas depois em uma caixa. *Memórias da princesa* descreve os primeiros dias de gravação e relata sua experiência com o estrelato repentino. Mas sem dúvida a maior revelação, a que apareceu em todas as notícias sobre o livro, foi a de que a atriz teve um caso no set com seu colega de elenco Harrison Ford. Fisher estava com 19 anos na época. Ford tinha 33 anos, era casado e pai de dois filhos.

Em novembro, Fisher foi ao programa *Fresh Air* novamente para promover o livro. Foi uma de suas últimas aparições públicas. Quase um mês após a entrevista ir ao ar, ela faleceu de um ataque cardíaco.

No início da entrevista, Gross aborda o que deve ter sido o elefante na sala.

– A história do livro que mais se destaca é a do caso com Harrison Ford quando você estava fazendo *Star Wars* – disse Gross. – Você contou a ele que escreveria sobre isso antes de publicar o livro?

– Sim – respondeu Fisher.

– Fico aliviada ao ouvir isso.

Gross riu. Fisher a tranquilizou dizendo que ela não teria publicado aquele livro de memórias sem avisar a Ford.

– Mesmo assim, não importa se eu contei a ele ou não, provavelmente armei uma emboscada para mim mesma. E fui eu quem escreveu – explicou Fisher.

Gross resolver ir mais fundo:

– Você apenas comunicou a ele ou pediu permissão?

– Não. Eu disse: "Achei os diários que mantive durante o primeiro filme, e provavelmente vou publicá-los." Ele só levantou o dedo e disse: "Um advogado!" – revelou Fisher.

Gross riu. Qualquer pessoa que conhecesse o senso de humor de Ford conseguiria imaginar o tom do diálogo. Fisher explicou que ela enviou o livro para ele antes de publicá-lo e lhe deu a chance de retirar o que quisesse – mas nunca recebeu uma resposta.

Fisher leu uma passagem do diário original, então Gross continuou falando do caso, buscando detalhes mais ricos.

– Seu relacionamento com Han Solo, Harrison Ford no filme, é do tipo será que rola? Eles se odeiam, mas é porque eles realmente gostam um do outro, sabe? Você está tendo esse tipo de relacionamento na tela, e na vida real está tendo um caso. Como o caso de vocês afetou a química na tela?

– Acho que isso nos deixou mais à vontade um com o outro – respondeu Fisher. – Foi mais fácil fazer piadas com ele. Mesmo que eu estivesse insegura, acabava me sentindo melhor porque estávamos tendo um caso. Sei lá.

Na entrevista, parece que ela estava trabalhando em seus pensamentos naquele instante, como se a pergunta de Gross tivesse despertado alguma ideia nova.

– Havia química ali, e dá para ver isso – observa Fisher. – Então eu não sei o que veio primeiro, se a química no filme ou a química no mundo real.

Embora Fisher tivesse incluído em suas memórias o caso com Ford, o questionamento de Gross na entrevista lançou uma nova luz sobre uma das histórias de amor mais épicas de todos os tempos na tela. A pergunta pareceu dar um pouco de leveza à conversa. Agora que as questões urgentes tinham sido resolvidas, elas podiam simplesmente conversar.

Enquanto ouvimos, há um clima de nostalgia. Elas riem das emoções adolescentes exageradas de Fisher, do diálogo desajeitado de *Star Wars* e do infame penteado da Princesa Leia. Nas três décadas que se passaram após a primeira entrevista, a voz de Fisher ficou mais rouca, e seus pensamentos pareciam se voltar mais para o passado. A voz de Gross se tornou mais grave e calorosa. É fácil imaginá-las como duas velhas amigas, relembrando histórias do passado.

Entretanto, perto do fim da conversa, Gross faz uma pergunta que as leva a um tema que não haviam discutido em nenhuma das entrevistas anteriores: o cachorro de Fisher, Gary.

– Que tipo de cachorro ele é? – indagou Gross.

– Um buldogue francês – contou Fisher. Acontece que Gary estava no estúdio com Fisher. Ela o achava confortante e o levava para todos os lugares. – Ele está lambendo a minha mão agora. É muito bom tê-lo por perto.

– Meu Deus, consigo até escutar as lambidas! – disse Gross, de repente.

Ela riu. Na gravação, as lambidas rápidas de Gary são bem audíveis.

– Isso é que é uma lambida barulhenta – comentou Gross.

– Ele tem uma língua muito grande – disse Fisher.

As duas riem. Elas conversam por mais um tempo sobre Gary, guiadas pelas perguntas de Gross – ele é um cão de terapia certificado, ela o encontrou em uma "loja de animais terrível" em Nova York, ele é muito bem-comportado.

– Não acredito que ainda estou escutando as lambidas – observa Gross depois de um tempo.

Pouco depois, elas encerram a conversa. Enquanto se despedem, Gross manda seus cumprimentos a Gary.

– Vou lambê-lo por você – disse Fisher.

Foi um final apropriadamente alegre para trinta anos de ótimo papo.

Momentos como esse são uma prova da imensa habilidade de Gross como entrevistadora. Graças a sua preparação meticulosa,[8] sua capacidade de improvisar perguntas perspicazes e suas décadas de experiência, ela faz com que seus convidados se sintam seguros para falar com sinceridade. Mas também são uma prova do poder das perguntas de produzir conversas ricas e surpreendentes.

A de Aprofundamento

No jogo de coordenação, se cada foco é uma peça do jogo, as perguntas são as mãos que pegam essas peças, as rolam entre os dedos e as empurram pelo tabuleiro. O aprofundamento por meio de perguntas é a ferramenta mais poderosa que temos para gerenciar os temas em foco.[9] É alçado ao nível de uma máxima porque, sem perguntas, as conversas correm o risco de se resumir a monólogos paralelos entre os falantes.[10] Por outro lado, o aprofundamento permite que os interlocutores respondam, interajam e construam, em uma dinâmica que inclui colaboração e cocriação. Além disso, prepara o outro para fazer novas revelações, que é o caminho mais claro para entender sua mente.[11] A revelação, por sua vez, pode levar a novas perguntas para que uma boa conversa flua entre perguntas e respostas. As conversas de Gross e Fisher foram bem-sucedidas porque as questões levantadas acabaram suscitando mais informações. Perguntar é a maneira mais básica de conhecer as perspectivas dos outros[12] – algo fundamental para atingir nossos objetivos em todos os quadrantes da bússola conversacional.

Felizmente, a capacidade de fazer perguntas é um dom evolutivo singular.[13] Primatas cativos, como os bonobos, aprenderam a se comunicar surpreendentemente bem com seres humanos usando símbolos chamados lexigramas, que representam palavras humanas.[14] Eles conseguem responder a perguntas e identificar objetos. Mas nem mesmo os primatas mais bem treinados são capazes de fazer perguntas básicas. Enquanto isso, em todo o mundo, crianças fazem suas primeiras perguntas ainda na fase do balbucio, conseguindo pedir leite, comida e objetos, apontar e fazer sons com entonação de pergunta, muito antes de começarem a usar frases ou sentenças. Mesmo que seja apenas para pedir ajuda ou permissão, fazer perguntas é uma parte fundamentalmente humana da conversa. Ela reflete nosso interesse pela mente dos outros. É o que torna a conversa humana possível – e extraordinária.

Pergunte mais

As pessoas nem sempre pensam no papel que as perguntas vão desempenhar em uma conversa, talvez porque sintam que precisam saber o que dizer, que devem ser bem informadas, interessantes e assertivas. Porém, em minhas pesquisas, observei que fazer mais perguntas – em encontros-relâmpago, ligações de vendas, audiências de liberdade condicional, apresentações empresariais e entrevistas de emprego – resulta em todos os tipos de desfechos positivos.[15] O benefício mais óbvio é que os questionadores obtêm mais informações.[16] Quando você pergunta, as pessoas respondem, e você fica sabendo de algo que desconhecia. Terry Gross, por exemplo, obteve informações sobre a reação de Harrison Ford ao livro de memórias de Fisher ("Um advogado!") pressionando a entrevistada com uma pergunta: "Você apenas comunicou a ele ou pediu permissão?"

Fazer mais perguntas aumenta a troca de informações,[17] mas também tem um benefício menos óbvio e muito importante: melhora o relacionamento. Pessoas que fazem mais perguntas são *mais queridas*.[18]

Em certo estudo, meus colegas pesquisadores e eu reunimos pares de estranhos e pedimos que tentassem se conhecer em conversas de 15 minutos. Observamos uma tendência natural a fazer perguntas. Cada falante tendia a fazer 6,5 perguntas em média. Então, realizamos um experimento com um grupo separado de estranhos. Antes das conversas, nós demos uma instrução diferente para cada grupo. Para uma metade, orientamos que fizessem muitas perguntas (mais de nove em 15 minutos), e para a outra pedimos que fizessem poucas perguntas (menos de quatro em 15 minutos). Não dissemos que tipos de pergunta, nem demos outras instruções. Eles podiam falar sobre o que quisessem, como quisessem, para maximizar o prazer da conversa.

Aqueles que faziam muitas perguntas foram significativamente mais apreciados por seus parceiros do que os que faziam poucas. Perguntar mais *aumentou* a boa impressão.

Também notamos esse efeito em outros contextos. Em vinte encontros-relâmpago entre heterossexuais, os participantes que fizeram apenas uma pergunta a mais em cada uma das situações conseguiram converter mais um desses encontros em uma segunda chance. Uma pergunta adicional por encontro significou uma probabilidade 5% maior de atrair um parceiro. Embora os homens sejam muito mais propensos a concordar com segundos encontros no geral, fazer mais perguntas foi igualmente eficaz tanto para os participantes do gênero masculino quanto do feminino. Imagine o sucesso que eles teriam se passassem tanto tempo criando perguntas quanto reservando lugares, escolhendo roupas ou procurando informações sobre o outro na internet.

O temido ZP

Embora perguntar aumente o conhecimento, o prazer e a simpatia, pesquisas revelam que a maioria das pessoas não faz isso o suficiente.[19] Mesmo em contextos próprios para sondar informações, como reuniões, encontros, entrevistas de emprego, expediente, as pessoas geralmente questionam muito pouco.

A casamenteira profissional Rachel Greenwald chama os piores casos de "ZPs", ou aqueles que fazem zero pergunta. Rachel já viu de tudo. Às vezes eu estudo pessoas em encontros amorosos e a maioria já esteve em uma situação assim, mas Rachel ganha a vida organizando, estudando e orientando milhares desses participantes. Segundo ela, não é preciso ser um profissional da área para entender o problema com os ZP. Todos nós conhecemos algum: a mulher que fala sem parar sobre os filhos; o idoso que conta várias histórias sobre sua vida; o chefe que faz uma reunião só para falar com os funcionários; o parceiro que encontra você à noite e nem pergunta: "Como foi seu dia?" Em determinado ponto você percebe que a pessoa não fez uma única pergunta, e a conversa se torna um jogo potencialmente frustrante ou distrativo. "As pessoas dizem que a curiosidade matou o gato, mas quando se trata de namoro, a curiosidade é o rei: são os ZP que matam o encontro. Zero pergunta significa zero segundo encontro", afirma Rachel.

Felizmente, a maioria de nós não é ZP, mas não respire aliviado ainda. Provavelmente somos mais do que imaginamos. Seja conversando com amigos, indo a primeiros encontros ou negociando no trabalho, as pessoas *superestimam* demais a quantidade de perguntas que fizeram nas conversas.[20] Em uma pesquisa, negociadores, por exemplo, estimaram que mais da metade de suas falas incluíam uma pergunta. Na realidade, isso aconteceu em menos de 10% das vezes, ou menos de um quinto do que imaginavam. Encontramos o mesmo padrão em conversas entre amigos e em primeiros encontros também.

Mesmo quando perguntamos bastante, muitas vezes não notamos os imensos benefícios dessa iniciativa. Quando meus colegas pesquisadores e eu pedimos às pessoas que estimassem o quanto um interlocutor gostava delas, aquelas que fizeram muitas perguntas[21] não acharam que eram mais apreciadas do que aquelas que fizeram poucas, e não só porque estavam distraídas conversando. Pessoas de fora que leram transcrições de conversas também não viram relação entre o aprofundamento e suas recompensas. No caos da conversa, é difícil ver relações concretas entre microdecisões e seus resultados, entre fazer perguntas e descobrir coisas ou ser apreciado. A invisibilidade dessas relações ajuda a explicar por que as pessoas questionam pouco: elas não percebem o quanto o outro gosta de responder muitas perguntas (e não gosta de poucas). Elas não estão tendo um feedback claro.[22]

Ser questionado é bom – muito bom. Faz você sentir que o outro quer saber sobre sua vida e ouvir suas melhores ideias. Você sente que ele se importa com você e deseja reencontrá-lo. Não à toa Carrie Fisher foi ao *Fresh Air* três vezes. Terry Gross é uma excelente entrevistadora, o que encoraja a maioria de seus convidados a voltar.

Embora Gross seja uma grande inspiração, não precisamos ser tão fenomenais quanto ela. Para começar a melhorar nossas conversas cotidianas, devemos apenas fazer *mais* perguntas.[23] Elas não têm que ser impactantes, brilhantes ou incisivas. Apenas existir.

Perguntas delicadas

Mesmo em conversas em que queremos fazer perguntas, e sabemos que isso vai ser bem-visto, muitas vezes hesitamos. Tememos parecer invasivos ou indelicados. Mas será que o medo de fazer perguntas delicadas tem sentido? Para explorar essa questão, um grupo de cientistas comportamentais comparou as previsões de pessoas sobre como suas perguntas seriam recebidas com relatos de como aconteceu na realidade.[24]

Primeiro, eles criaram uma lista de perguntas que esses indivíduos gostariam de fazer a um colega de trabalho. Em seguida, avaliaram se consideravam cada pergunta muito ou pouco delicada. Entre as menos delicadas estavam "Você é uma pessoa matinal?", "De qual estação do ano você mais gosta?" e "O que você acha de música pop?" Na outra ponta da escala havia "Você já traiu?", "Qual é sua posição sobre o aborto?", "Quanto você ganha?" e "Você já teve pensamentos sexuais com alguém do mesmo sexo?".

Em seguida, os pesquisadores perguntaram se os participantes estariam dispostos a fazer a colegas de trabalho algumas das perguntas mais e menos delicadas e em que medida eles achavam que seus interlocutores se sentiriam desconfortáveis respondendo, em uma escala de um a sete. Os resultados confirmaram que as pessoas tendem a ser relutantes em fazer perguntas que pensam causar desconforto. Os participantes estavam duas vezes mais dispostos a perguntar de maneira anônima (70%) do que se identificando (35%), mas, mesmo no anonimato, eles se mostraram significativamente menos dispostos a fazer uma pergunta se achassem que ela deixaria o outro desconfortável.

Mas aqui está a pergunta fundamental: será que os interlocutores *realmente* se sentiriam desconfortáveis? Será que aqueles momentos seriam tão constrangedores quanto imaginavam?

Para descobrir, os pesquisadores reuniram duplas – algumas delas conhecidas entre si, outras não – para conversar. Em cada dupla, eles designaram aleatoriamente uma pessoa para fazer perguntas delicadas ou perguntas neutras. Após as conversas, pediram a cada participante que respondeu que avaliasse a conversa e o questionador.

Entre conhecidos, as expectativas se mostraram completamente equivocadas. Fazer perguntas delicadas não apenas teve menos reações negativas do que o esperado, como na verdade não teve *nenhuma* consequência negativa. Aqueles que responderam perguntas como "Quanto você ganha?" ou "Você já teve um caso?" gostaram da conversa e de seus interlocutores tanto quanto gostaram daqueles que fizeram perguntas neutras como "Como você vai para o trabalho?" Perguntas delicadas também não causaram nenhum problema na conversa. Os interrogados riram, hesitaram, mudaram a formulação, responderam e fizeram perguntas de acompanhamento tanto quanto os outros.

Então, ao que parece, amigos conseguem lidar com perguntas delicadas melhor do que pensamos. Mas e os estranhos? Sim, as expectativas também estavam equivocadas. Fazer esse tipo de pergunta não teve consequências negativas entre estranhos, quer as conversas ocorressem pessoalmente ou por mensagem de texto. Em cinco experimentos com mais de 1.400 pessoas, os pesquisadores nunca encontraram nenhuma evidência de que questões delicadas sejam mais arriscadas do que as corriqueiras. Perguntas que parecem delicadas na verdade não são recebidas assim – algo que não podemos descobrir sem perguntar.

Não é que perguntas delicadas *nunca* tenham impacto negativo. É que isso não acontece com a frequência que imaginamos, e, quando acontece, o impacto tende a não ser tão grande quanto pensamos.

Lendo o ambiente

Mas, como sempre, o sucesso depende do contexto. Algumas circunstâncias tornam perguntas delicadas mais arriscadas em termos de danos ao relacionamento, então faz sentido ser cuidadoso. Por exemplo, é mais perigoso fazê-las quando os falantes estão em terreno instável – a confiança entre eles já foi quebrada antes; estão com alguma questão mal resolvida ou um conflito sério; têm níveis diferentes de poder que fazem as perguntas parecerem coercitivas; ou estão em grupos grandes, em que o desejo de privacidade e a probabilidade de constrangimento aumentam.

Considere a típica e inquietante pergunta "Você está grávida?". Eu me considero sortuda por ter tido um lugar na primeira fila do show de perguntas "Você está grávida?" por quase três anos, ao longo de três gestações. Que comédia!

As mulheres ficam grávidas por cerca de nove meses, mas não *parecem* grávidas durante todo esse tempo. Em minhas gestações, o medo das pessoas de me perguntarem "Você está grávida?" foi mudando notavelmente. No início da gravidez, uma época em que os médicos descrevem a silhueta feminina como "encorpando", a pergunta pode parecer pouco lisonjeira, quase equivalente a um "Você engordou". Então, aqueles que suspeitavam, mas não me conheciam bem, tinham medo de perguntar, enquanto quem era mais próximo demonstrava felicidade, me abraçava e fazia tudo por mim. À medida que minha gravidez se tornava mais óbvia, às vezes eu achava estranho quando as pessoas não perguntavam nada, especialmente se não tínhamos mais nada para conversar. Essa relutância em fazer perguntas se tornou uma evitação ostensiva, tão concreta que era constrangedora. No oitavo ou nono mês, as pessoas pareceram ter medo de *não* perguntar. Eu era bombardeada com perguntas como "Como você está se sentindo?" e "Quando é o parto?" Foi fascinante observar o grau de medo das perguntas se alterando ao longo de nove meses.

A maioria de nós teme fazer perguntas que possam parecer invasivas.[25] Temos receio de ofender o interlocutor, alardear falsas suposições ou desconhecimento e, por isso, optamos por ficar em silêncio. No meu caso, as pessoas sentiam muito mais receio de perguntar se eu estava grávida do que seria razoável. Fazer indagações ousadas pode ser um sinal de intimidade, de que a pessoa se sente confortável o suficiente para perguntar aquilo.

Em raras ocasiões senti que a pergunta "Você está grávida?" era um tabu por um motivo específico. No início da minha primeira gravidez, fui a um churrasco com vários colegas de trabalho. Uma mulher ousada gritou do outro lado de uma sala com cerca de trinta colegas:

– Por que você não está bebendo, Alison? Você está *grávida*?

Eu ri e, um pouco desconcertada, desviei do assunto com uma piada. ("Estou apenas tentando ficar mais saudável!") Fiquei envergonhada por ter um assunto privado exposto em uma sala cheia de colegas, entre eles alguns que precisariam me ajudar a lidar com as implicações da licença-maternidade, isso sem falar em qualquer pessoa que pudesse estar tentando ter filhos sem sucesso.

Eu não me importaria se ela tivesse me perguntado em particular ou até mandado uma mensagem sutil mais tarde de "É para dar parabéns?". Na mesma festa, uma amiga próxima notou que eu não estava bebendo álcool e perguntou discretamente se eu estava grávida. Fiquei empolgada em responder que sim. A pergunta em si não era o problema, mas o contexto. Mesmo assim, essa experiência não arruinou meu relacionamento com essa mulher. Na verdade, minha lembrança dessa história foi mais difícil de evocar do que as memórias de muitas perguntas mais serenas e alegres que me foram feitas nos bastidores. Momentos fugazes de constrangimento ou tensão na conversa tendem a passar rápido e são esquecidos com mais facilidade.

Os benefícios das perguntas delicadas muitas vezes superam os riscos, porque ascender ao topo da pirâmide de focos, onde nos concentramos em temas que refletem a realidade única compartilhada entre nós e nosso interlocutor, frequentemente requer perguntas desse tipo. Josie e Hugo, nossos amigos condenados ao fracasso, teriam tido mais chances se tivessem se afastado da conversa superficial sobre o clima e ousado um pouco nas perguntas.

Precisamos nos aprofundar e ser específicos para ter assuntos empolgantes. A própria definição de "personalizado" no topo da pirâmide significa que devemos nos tornar *pessoais*, compartilhando informações sobre nossa vida e nossos sentimentos; nosso conhecimento único (ou a falta dele); preferências, trabalho, opiniões e ideias. Tornar-se pessoal nos deixa vulneráveis.[26] Isso nos expõe, potencialmente, a julgamentos e à exploração. Mas também nos abre para a confiança, o prazer e o amor, para nos sentirmos de fato compreendidos, respeitados e valorizados.[27] Embora aconteça de cair ou tropeçar de vez em quando, não devemos permitir que o medo de deixar nossos interlocutores desconfortáveis seja um obstáculo para as conexões verdadeiras.

Perguntando bem

No início de minhas aulas de negociação (um curso anterior ao FALE), eu costumava segurar uma nota de 100 dólares e pedir aos alunos que competissem por ela. Quem me convenceria a lhe entregar a nota novinha? Eu estava falando sobre influência social, ensinando a usar os poderes da persuasão, evitando ameaças, incentivos e enganos. A primeira dinâmica da aula foi tentar vender uns aos outros os benefícios do sabonete com cheiro de bacon ("Perfeito para vegetarianos que sentem falta do cheiro de carne", "Sua vida amorosa será ótima como nunca", "Você será a estrela do parque de cães"). Em seguida, passamos por vários outros exercícios,[28] explorando táticas como o poder das radicais (mas justificáveis) ofertas iniciais, o poder da aversão à perda (as pessoas querem preservar o que já possuem), o poder de fazer concessões para desencadear a reciprocidade, o poder de agregar perdas e separar ganhos e o poder da prova social (quando muitas pessoas querem algo, todo mundo quer mais). Mas deixei minha demonstração favorita para o final. Como eles me convenceriam a lhes entregar os 100 dólares?

Eles tentaram de tudo sem o mínimo constrangimento. Criaram argumentos lógicos impressionantes. Me prometeram flores, babá e assistência para pesquisas, disseram que doariam o dinheiro para alguém que precisasse mais, afirmaram que investiriam em nome de toda a turma e distribuiriam dividendos. Como em qualquer bom mercado, não faltaram barulho e energia na sala, com suspiros e risos a cada nova sugestão. Fiquei ouvindo em silêncio, segurando a nota.

Por fim, uma aluna de fala mansa levantou a mão e disse:

– Professora Brooks, eu poderia, por favor, ficar com ela?

Sorri e caminhei lentamente em sua direção. Ajoelhei e curvei a cabeça enquanto entregava o dinheiro à nova realeza questionadora. Enquanto a maioria ria e aplaudia, alguns gritavam:

– *O quê?!*

– *Assim não vale!*

Eles ficaram morrendo de inveja, indignados por terem ignorado a estratégia mais simples.*

Algumas vezes, os alunos não resolvem o enigma. Como os potenciais namorados pouco atraentes do ZP, eles simplesmente não pensam em perguntar. E isso apenas em uma demonstração em sala de aula, com um objetivo definido (obter uma nota de 100 dólares). Pode ser ainda mais difícil atinar para as perguntas certas durante uma conversa ao vivo, quando as perguntas servem para muito mais do que apenas *pedir* algo. As perguntas de uma conversa podem perseguir os motivos mais variados, desde pedidos egoístas até expressões altruístas de interesse. Elas podem, ao mesmo tempo, solicitar informações[29] enquanto (às vezes, de maneira imperfeita) revelam os motivos de quem pergunta.[30] Podem ser profundamente responsivas, com cada pergunta reagindo a uma fala ou série de falas anteriores. Elas controlam o fluxo de nossas conversas, nos direcionando para o passo

---

* O vencedor humildemente precisa devolver o dinheiro quando o exercício termina, ou depois da aula (levando em conta que os professores não podem dar presentes em dinheiro). O verdadeiro prêmio é vencer o jogo.

seguinte, e o foco seguinte.[31] Elas nos ajudam a ganhar tempo quando não sabemos o que dizer, podem determinar a qualidade de nossas conexões e, em última instância, de nossos relacionamentos. Com todas essas diferentes funções, em meio ao caos de coordenação de uma conversa em tempo real, há muita margem para erros. Não é de se admirar que nos esqueçamos de fazer perguntas nos momentos certos, assim como meus alunos se esquecem de pedir a nota de cem dólares.

Para lidar com essa complexidade, é importante entendermos os *tipos* de pergunta que temos à disposição. Além de nos ajudar a perceber sua ausência e funcionar como um lembrete, isso aumenta a chance de recorrermos às perguntas certas nos momentos certos. Idealmente, queremos uma tipologia que leve em conta a natureza fluente e em desdobramento da conversa e que classifique as perguntas pelo papel que desempenham no contexto. Tal tipologia pode nos ajudar a entender como ser mais responsivo e mais generativo sobre que caminho seguir.

Quando meus colegas pesquisadores e eu analisamos conversas de 15 minutos entre trezentos estranhos para tentarem se conhecer, detectamos quatro tipos dominantes de pergunta:[32] *introdutórias, replicadas, de mudança de foco e de acompanhamento*. O gráfico na página 88 mostra com que frequência as pessoas fizeram cada tipo de pergunta.

Então, como distinguimos esses tipos de pergunta? *Perguntas introdutórias* são o que parecem – "Qual é seu nome?", "Como vai, tudo bem?" ou "Quais são as novidades?". Elas são os pontos de partida para o bate-papo informal e ajudam os falantes a se orientarem em relação ao outro naquele momento. Essas indagações comuns e habituais estão na base da pirâmide de focos e podem ser úteis, mas o ideal, assim como nas conversas fiadas, é passar por elas rapidamente. Como estou prestes a fazer.

As *perguntas replicadas* repetem uma pergunta que acabou de ser feita, como em "Estou bem. E você?". Nem sempre precisam ser sinceras, mas costumam ser usadas mais por cortesia do que por curiosidade real – e o receptor dificilmente percebe a diferença.

Assim como as perguntas introdutórias, as replicadas tendem a ser ditadas pelas normas da conversa. Você indaga algo, então sinto que é adequado perguntar algo em troca. Como elas não refletem necessariamente curiosidade e preocupação autênticas, os interlocutores não devem se demorar nas respostas – e os questionadores podem querer descobrir uma forma melhor de retribuir, em vez de apenas repetir, palavra por palavra, uma pergunta que alguém fez.

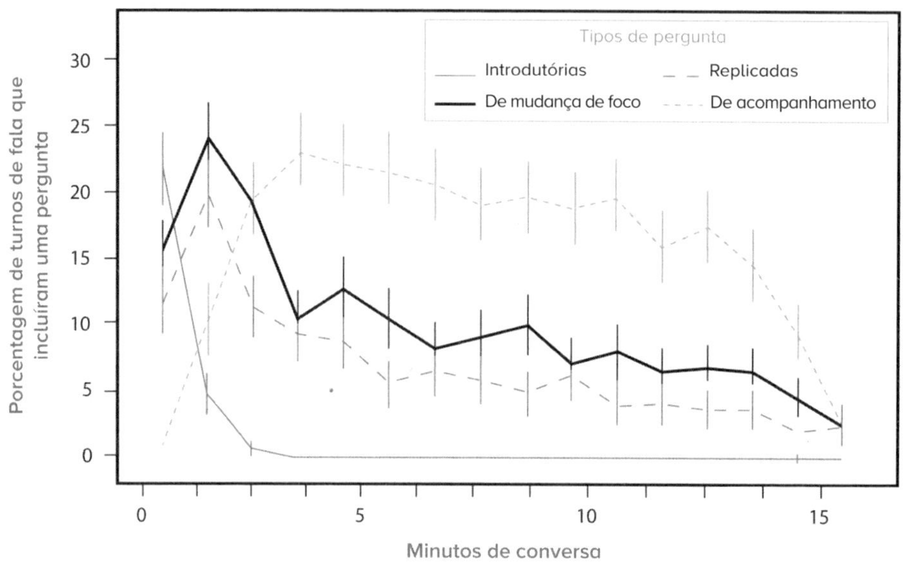

Como as pessoas fazem diferentes tipos de pergunta ao longo do tempo

Essa pesquisa nos fornece razões concretas para passar rapidamente pelas perguntas introdutórias e pelas replicadas. Lembra quando falei que perguntar gera mais simpatia? Antes de fazer uma série rápida de perguntas introdutórias ou replicadas para aumentar suas "curtidas" na conversa, saiba que isso não acontece com *todas* as perguntas. A simpatia *não* é desencadeada por perguntas replicadas ou introdutórias. Isso pode não significar muito quando se trata de perguntas introdutórias, que são necessárias e importantes (assim como a conversa fiada). Mas fazer mais perguntas reversas também não aumenta a simpatia.[33] Mais uma razão, portanto, para fazê-las raramente, naqueles momentos em que de fato queremos ouvir as respostas, e não apenas por educação ou conveniência.

Mesmo assim, as perguntas replicadas persistem mais profundamente em uma conversa do que poderíamos esperar. Em nosso estudo, descobrimos que, enquanto a incidência de perguntas introdutórias diminuía rapidamente, as replicadas, apesar de seus benefícios limitados, decaíam mais lentamente e continuavam a ser feitas em uma taxa moderada ao longo da conversa. Isso porque é fácil fazer esse tipo de pergunta, principalmente quando você não sabe bem o que dizer. Elas mantêm a conversa fluindo com pouco esforço ou criatividade. Também são boas quando você quer mesmo ouvir a resposta, mais perto do topo da pirâmide de focos ("Como vai *seu* relacionamento com sua mãe?"). Mas você não deve confiar muito nelas, nem por muito tempo, e muito menos sem adicionar alguma reviravolta interessante. Temos outras ferramentas melhores em nosso arsenal de questões.

Pronto para um novo foco? *Perguntas de mudança de foco* iniciam algo novo e, assim, encerram o antecedente. No capítulo anterior, falamos sobre quando e como mudar de assunto – as perguntas de mudança de foco são o recurso mais comum. Aqui está um exemplo de um dos meus estudos. Dois estranhos estão se conhecendo. O primeiro faz uma pergunta introdutória:

– Como foi seu dia?

Ao que o interlocutor responde:

– O trabalho foi um pouco estressante, mas, no geral, foi bom.

É uma configuração padrão que levaria a uma pergunta replicada ("E como foi o *seu* dia?"), mas esse falante muda de foco:

– Você viu que a Nasa pousou um novo robô em Marte?

Como não caiu na armadilha de uma pergunta replicada e em seguida mudou de assunto, o falante subiu na pirâmide de focos.

Elaborar perguntas que mudam de foco é uma excelente habilidade, que deve ser praticada. Quando pensamos em um assunto, nosso cérebro pode ficar mais eficiente em formular questões sobre ele. Por exemplo, *almôndegas*: "Você gosta de almôndegas?", "Você já fez almôndegas?", "Sua família tem uma boa receita de almôndegas?", "Você já provou almôndegas ruins?", "É estranho que eu tenha feito tantas perguntas sobre almôndegas?". Sempre que estiver pensando em temas a abordar, seja antes ou no meio da conversa, você pode recorrer a perguntas como uma maneira fácil de introduzir um novo assunto para revigorar o papo.

Quando meu colega pesquisador Mike Yeomans e eu medimos a frequência das perguntas de mudança de foco ao longo do tempo, descobrimos que as pessoas perguntavam mais no início da conversa, depois cada vez menos, à medida que se acomodavam em temas que pareciam interessantes. Faz sentido. Mas também pode ser uma oportunidade perdida. Como vimos, muitas pessoas poderiam mudar de assunto com mais frequência. Perguntas de mudança de foco são a maneira mais confiável para isso.

O incrível questionador

Embora as perguntas de mudança de foco sejam nossas amigas, as *perguntas de acompanhamento* são verdadeiras super-heroínas. Elas representam o oposto das perguntas de mudança de foco: nos mantêm no assunto, investigando com mais profundidade algo que um interlocutor disse. Elas nos ajudam a explorar um tema no momento em que ele está sendo abordado ou retomá-lo em outra oportunidade. No caso das almôndegas, um interlocutor pode fazer uma pergunta de acompanhamento, como "Sua avó tinha muitas receitas especiais?", "Você sabe preparar todas as receitas dela?" ou "Qual é sua receita de família favorita?".

Esse tipo de pergunta ajuda no aprofundamento em um tema, às vezes bem rápido. Em nossos estudos (aqueles que mostraram que mais perguntas resultam em mais simpatia), quando incentivamos as pessoas a perguntar mais, as questões adicionais foram principalmente de acompanhamento. Esse foi um dado crucial pois provou que os benefícios de fazer mais perguntas são impulsionados *quase inteiramente* pelo aumento da quantidade de perguntas de acompanhamento. Elas oferecem afirmações: "Ouvi você dizer que gosta de almôndegas. Com muito molho?". Elas desbloqueiam um aprendizado mais profundo: "Por que você ama almôndegas? Quem faz suas almôndegas preferidas? Quando foi a última vez que você comeu almôndegas excelentes?" Essas perguntas são pessoais e de validação, ou seja, fazem as pessoas se sentirem ouvidas ao mostrar que, de fato, elas *foram ouvidas*.

Em um exercício chamado Acompanhamento Infinito, eu desafio meus alunos a manter uma conversa *somente* com perguntas de acompanhamento. Quando decidem levar esse desafio para fora da sala de aula, eles têm permissão para fazer declarações também, em nome da fluidez da conversa, mas devem sempre responder ao que o interlocutor disse com uma pergunta de acompanhamento. O objetivo é levá-los a fazer mais perguntas de acompanhamento e mostrar como isso é fácil e poderoso.

Em certo sentido, o exercício transforma cada aluno em uma versão de Terry Gross, envolvendo-se de maneira inquisitiva com qualquer interlocutor. Em geral, o outro não percebe o jogo. Quando nos fazem uma pergunta, nossa mente fica tentando descobrir como responder, ocupada demais para perceber o "jiu-jítsu" conversacional a que estamos sendo submetidos. Meus alunos, agora mestres desse jiu-jítsu, ficam surpresos ao notar como ficou fácil realizar acompanhamentos intermináveis, a quantidade de coisas que aprendem sobre o interlocutor no processo e como isso é divertido e envolvente para todos. Como a experiência deixa claro, perguntas de acompanhamento podem ser usadas com consistência ao longo de uma conversa. Fazer isso toda vez que conversamos pode parecer um pouco excessivo, mas, como meus alunos podem atestar, não é tão louco quanto poderíamos imaginar.

Grandes conversadores encontram o equilíbrio certo entre perguntas de mudança de foco (para pular para novas ilhas de temas) e perguntas de acompanhamento (para explorar as ilhas quando já estão lá). Embora em geral seja conveniente mudar de assunto sempre que a conversa começa a ficar lenta, isso não impede o uso de mais perguntas de acompanhamento – é possível usar os *dois* recursos.

Ironicamente, fazer muitas perguntas desse tipo não significa ficar no mesmo assunto o tempo todo. Elas podem levar o interlocutor por um caminho interessante, abrindo novos mundos e temas, mesmo que tenham resultado de algo dito anteriormente. Esse é outro poder dessa ferramenta tão útil: mudar de assunto disfarçadamente. Enquanto uma pessoa faz a pergunta de acompanhamento, a outra responde, passando suavemente de almôndegas para a Itália, de lá para a herança familiar, até chegar a uma longa e fascinante linhagem de cientistas, médicos, cantores de ópera e hereges escandalosos.

Aprendendo com os mestres

Embora quase qualquer pergunta de acompanhamento consiga manter uma conversa viva, não é tão fácil saber como fazer aquelas que levarão ao melhor tesouro. Aqui, podemos seguir os passos de Terry Gross, que usa perguntas de acompanhamento com grande habilidade. Quando o assunto não está rendendo, ela tenta uma ou duas perguntas de acompanhamento. Se ainda assim nenhum tesouro é revelado, ela costuma adotar uma direção diferente, pulando para um tema não relacionado.

Podemos aprender abordagens mais úteis com outros mestres na arte de perguntar, como a apresentadora americana Oprah Winfrey, que frequentemente sonda seus entrevistados com perguntas de acompanhamento a respeito de emoções, do estilo "Como você se sentiu com isso?"; ou Barbara Walters, que usava esse tipo de pergunta para explorar cenários do passado, presente e futuro, pedindo que seus entrevistados viajassem no tempo para revisitar decisões, refletir sobre seus sentimentos atuais ou fazer previsões sobre o futuro. Walters entrevistou a ex-estagiária da Casa Branca Monica Lewinsky em 1999:

BW: Se você pudesse voltar no tempo, teria tido um caso com Bill Clinton?[34]

ML: Há dias em que me arrependo de ter me envolvido, e há dias em que me arrependo de ter confiado em Linda Tripp.

BW: Monica, você ainda está apaixonada por Bill Clinton?

ML: Não... Às vezes tenho sentimentos de afeto, às vezes ainda sinto orgulho dele e às vezes eu o odeio profundamente e, hum, ele me dá nojo.

BW: O que você dirá a seus filhos quando os tiver?

ML: Que a mãe deles cometeu um grande erro.

Perguntas de acompanhamento sobre passado, presente e futuro ajudam os falantes a examinar decisões e sentimentos sob vários ângulos. Elas tiram as pessoas de sua miopia natural (focando no presente), o que pode levar a novos insights e possibilidades fascinantes. "Você está de férias agora?... O que tem feito?... Onde passou as últimas férias?..., Onde pretende passar as próximas?" O enquadramento de passado, presente e futuro ajuda a extrair sentimentos de nostalgia, reflexão e esperança em uma rápida sucessão.

Uma razão pela qual Gross, Winfrey e Walters parecem tão confiantes, mesmo em ambientes tensos e tratando de assuntos difíceis, é que elas são mestres do acompanhamento. Sabem que não precisam de uma habilidade específica – o conhecimento profundo de um tema em foco – para se sentirem confortáveis em abordá-lo, porque podem fazer perguntas de acompanhamento. É sua grande ferramenta do improviso, *especialmente* quando elas não entendem ou não sabem o que dizer. Diferentemente de quando preparamos os temas, as perguntas de acompanhamento podem nos ajudar a manter a conversa viva à medida que avançamos. Em caso de dúvida, se você não souber o que dizer, faça como Oprah Winfrey, Barbara Walters ou Terry Gross: continue perguntando. O segredo de uma boa conversa não é saber, mas aprender. É estar interessado (em seu interlocutor), não ser interessante.

Por que tantas perguntas?

Nas minhas aulas, depois de aprender sobre o poder aparentemente ilimitado da mudança de foco e das perguntas de acompanhamento, alguém sempre expressa o mesmo receio: "Tenho medo de fazer muitas perguntas e ser irritante."

Às vezes, essa observação vem de um aluno que não é dos Estados Unidos. Quando isso acontece, reconheço que a receptividade a perguntas e a ideia de quem deve fazê-las e respondê-las varia de acordo com as culturas. A nuance cultural é crucial na leitura do ambiente. A emergente ciência da conversa ainda não tem evidências concretas sobre as normas da comunicação ao redor do mundo.

Nos Estados Unidos, temos algumas evidências com as quais trabalhar. Quando você achar que deve fazer mais perguntas, tanto de mudança de foco como de acompanhamento, é razoável se questionar: existe um ponto em que *muitas* perguntas se tornam *demais*?

Voltemos a nosso estudo sobre encontros-relâmpago.[35] Meus colegas pesquisadores e eu olhamos para essa questão, tentando descobrir qual seria a hora certa de parar de perguntar. A resposta foi interessante: não chegamos a conclusão nenhuma! Na verdade, quem fez cada vez mais perguntas teve *cada vez mais chance* de receber convites para segundos encontros. A constatação foi a mesma em nossos estudos sobre estranhos se conhecendo: fazer muitas perguntas melhorou a conversa e tornou o questionador mais apreciado. Essas descobertas sugerem que, em muitas conversas cotidianas, o ponto de inflexão do "demais" pode ser bastante alto, talvez inalcançável.

Como em tudo relacionado à conversa, o ponto da virada provavelmente depende do contexto. Em encontros-relâmpago e diálogos casuais entre novos conhecidos, os interlocutores têm *muito a aprender* uns sobre os outros, e seus objetivos, como ter educação, falar sobre si mesmos, divertir-se, obter informações sobre a outra pessoa e evitar momentos constrangedores, em geral se alinham. Mas algumas conversas podem ter pontos da virada mais baixos: são mais tensas, competitivas, conflituosas, incertas ou suspeitas. Em tais contextos, as perguntas podem soar menos como uma demonstração de interesse do que como uma tentativa de criticar, confrontar ou especular – e responder poderia representar uma desvantagem estratégica.

Imagine, por exemplo, uma namorada que faz perguntas para tentar descobrir o motivo da hesitação do namorado em irem a uma festa juntos. Será que ele acha que estará muito cansado do trabalho? Haverá alguém lá de quem ele não gosta? Uma antiga paixão? Será que ele sente vergonha dela? Ela quer entender para que eles possam tomar uma decisão justa, mas seu questionamento o deixa cada vez mais na defensiva. A conversa termina em frustração e raiva, e eles não chegam nem perto de um plano satisfatório.

Conversas tensas, com um número excessivo de perguntas, não acontecem apenas em casa. Pense em um vendedor ligando para um cliente em potencial. O vendedor quer obter o máximo de informações que puder e, em seguida, usá-las para persuadir o possível cliente a continuar a conversa ou concordar em comprar; ele quer manter a oportunidade viva enquanto ainda for promissora. O cliente, por sua vez, quer produtos e serviços úteis, que atendam a suas necessidades, por um preço que ele possa pagar. Esses dois conjuntos de objetivos estão parcialmente alinhados (o vendedor quer vender, o cliente quer comprar) e parcialmente em conflito (o vendedor quer um preço alto, o cliente quer um preço baixo). É uma negociação, uma dança delicada de troca de informações e construção de relacionamentos. Revelar demais pode prejudicar a posição de cada parte. Se um vendedor souber o máximo que um cliente pode pagar, por exemplo, é provável que defina o preço de seus produtos baseado nesse valor, se estiver na "zona de um possível acordo".

Por essas razões (e muitas outras), o contexto de vendas pode ser competitivo, desagradável, opositivo e irritante. Então, faria sentido que um vendedor (ou uma mulher tentando persuadir o namorado a acompanhá-la a uma festa à qual ele não quer ir) fosse mais cuidadoso na hora de fazer muitas perguntas do que alguém em um encontro-relâmpago.

Eu trabalho para uma empresa chamada Gong, que busca resolver problemas como esse – quantas perguntas as pessoas devem fazer? – gravando e analisando um grande número de ligações de vendas reais. Isso permite que as empresas entendam quais estratégias de vendas estão funcionando e quais não, permitindo, em última análise, que os vendedores melhorem suas abordagens. Mas, para nossos propósitos, o que é empolgante em trabalhar com a Gong é que podemos ver como a formulação de perguntas se desenrola em um contexto complicado entre muitas pessoas. Podemos aprender a fazer como os vendedores e clientes que alcançam os melhores resultados.

Um dos muitos comportamentos que a Gong analisa é a formulação de perguntas. Eles constatam que fazer mais perguntas é benéfico: quem pergunta mais obtém mais informações úteis durante as primeiras chamadas, convence seus clientes a falar com eles novamente e, em última análise, converte mais ligações em vendas.[36] Mas, ao contrário de nossos estudos sobre encontros-relâmpago e negociações, os dados da Gong mostram um ponto de virada. Em uma amostra, por exemplo, fazer mais de vinte perguntas a cada dez minutos foi pior do que fazer de 15 a vinte. Quando os clientes são bombardeados com perguntas, é grande a chance de que se sintam irritados e fiquem na defensiva.

Entretanto, vamos refletir um pouco. Se pararmos para pensar, vinte perguntas a cada dez minutos é uma *quantidade considerável de perguntas*. São em média duas por minuto, em uma ligação – um ritmo implacável. É difícil imaginar tantas perguntas nas conversas casuais ou íntimas em que temos nos concentrado.

No entanto, mesmo nesse ritmo implacável, fazer mais de vinte perguntas a cada dez minutos foi melhor do que fazer menos de dez. Em ligações de vendas, assim como na maioria das conversas, o perigo real é fazer poucas perguntas.*

---

* A Gong também descobriu que os vendedores mais eficazes tendem a distribuir suas perguntas uniformemente ao longo das ligações, com um fluxo constante de acompanhamentos, enquanto os vendedores comuns tendem a concentrar suas perguntas no início do contato.

Existe pergunta ruim?

Você provavelmente já ouviu algum professor dizer: "Não existem perguntas ruins!" para encorajar os alunos a perguntar mais. Adoraríamos que essa afirmativa fosse verdadeira, mas não é, e precisamos estar cientes disso. Existem *padrões ruins de questionamento* porque são contraproducentes quando se trata de atingir nossos objetivos de conversa (a menos que você queira fazer seu interlocutor pensar que você é um idiota ou convencê-lo a terminar com você). Um participante de um de nossos estudos perguntou a seu interlocutor:

– Você ganhou algum concurso ultimamente?

– Não – respondeu o outro.

Então, o autor da pergunta disse rapidamente:

– Eu ganhei o Escolha um Presente, que vai ser em dezembro!

Ou seja, ele também ganhou o prêmio de pior pergunta da conversa. (Eu acabei de inventar esse prêmio e o concedi; o troféu está a caminho.) Ele fez uma pergunta estranhamente específica com o único e óbvio propósito de ter a chance de se gabar. Esse é um hábito desagradável, mas comum, que meus colegas pesquisadores e eu chamamos de *boomerasking*, ou perguntas-bumerangue, em homenagem ao egocêntrico bumerangue, que vai e volta. Motivados pelo desejo de revelar informações egocêntricas sem parecer egoístas, quem usa as perguntas-bumerangue indaga algo do tipo "Como foi seu fim de semana?"[37] apenas para depois dizer: "Legal, legal. Bem, eu passei o fim de semana saltando de paraquedas com o Harry Styles."

Em nossos conjuntos de dados de conversa, as perguntas-bumerangue são comuns – e problemáticas. Elas transmitem falta de consciência, de interesse genuíno e de atenção à resposta do interlocutor. Os questionadores não escutam os outros o suficiente, não reconhecem suas revelações o suficiente ou as duas coisas. Eles anulam todos os benefícios que uma pergunta deve trazer e conseguem o oposto. É verdade que essas pessoas nem sempre são maldosas, mas é o impacto, não a intenção, que importa no final. Mesmo que a pergunta tenha nascido de uma curiosidade real, o respondente, cuja fala é rapidamente ignorada, vê a sequência como pouco curiosa e indiferente, uma vez que o questionador não parece sincero. Nossos estudos mostram que, se quisermos nos exibir, reclamar ou simplesmente compartilhar informações, é melhor fazer isso explicitamente, em vez de se valer de subterfúgios para parecer ter um interesse sincero.

As perguntas-bumerangue são apenas um exemplo de como esse tiro pode sair pela culatra, transmitindo a impressão de que seus motivos são pouco admiráveis. Perguntas que surgem mais de nossas inseguranças ("Você gostou do jantar que eu fiz?") ou de um desejo subconsciente de julgar alguém ("Dave, você gostou do jantar que a Clara fez?") não têm o mesmo efeito daquelas que nascem de curiosidade e preocupação verdadeiras ("Clara, como você preparou esse prato?").

Não é que essas perguntas sempre revelem nossas mais profundas e obscuras más intenções, embora sirvam para tal.[38] Entretanto, elas *sugerem* más intenções, mesmo que não seja o caso. As perguntas revelam nossos objetivos, mesmo quando não pretendemos ou nem sequer estamos conscientes deles. Perguntas que surgem de motivos não virtuosos, pouco claros ou conflitantes correm o risco de passar uma impressão negativa. Se você achar que uma pergunta ou série de perguntas pareceu revelar uma motivação egoísta ou desagradável, pode ser útil consultar a bússola conversacional. Pergunte a si mesmo: O que eu pretendia com aquela pergunta? Esse é o tipo de pessoa que eu quero ser?

Quando fazemos perguntas delicadas, geralmente temos medo de ofender o destinatário, mas, quando elas são ruins, nós parecemos ruins (e podemos provocar um climão). Enquanto perguntas delicadas motivadas por curiosidade e cuidado tendem a ser mais bem recebidas do que imaginamos, perguntas ruins – com motivos egoístas ou insinceros – não caem bem. A diferença está na percepção do destinatário[39] quanto à intenção positiva ou negativa: *será que a pessoa está interessada e se importa com minha perspectiva ou está perguntando só por obrigação? Será que ela quer me constranger? Ou usar minha resposta para tirar alguma vantagem estratégica?*

Além desse tipo de pergunta, alguns outros costumam ser mal recebidos. Perguntas do tipo "te peguei!", como "Você disse que sabe todas as capitais dos estados americanos, então qual é a capital de Nebraska?" ou "Você disse que se importa com os direitos dos gays, então quando foi a última vez que apoiou um projeto de lei LGBTQIAPN+?", são extremamente ameaçadoras. Quem as ouve sente que o autor da pergunta quer provar que eles estão errados, ou fazê-los parecer e se sentir incompetentes. Essas perguntas podem ser úteis em debates políticos, mas em conversas cotidianas e privadas fazem com que os questionados se sintam *pressionados* ou *testados* – em um teste no qual eles podem ser reprovados. E isso os leva a deduzir que há intenções maliciosas.

Da mesma forma, repetir uma pergunta de maneira ligeiramente diferente pode colocar seu interlocutor na defensiva. Perguntar de novo é diferente de fazer sondagens sutis por meio de perguntas de acompanhamento. A repetição faz o questionador parecer um cachorro que não larga o osso de jeito nenhum.

Mas nem *sempre* perguntas repetidas, perguntas "te peguei!" e perguntas-bumerangue são ruins. O que importa é como esses padrões de questionamento são percebidos pelo ouvinte. Algumas pessoas podem não ter nenhum problema em serem questionadas sobre capitais de estados, ou podem ver a repetição de uma pergunta como uma oportunidade de pensar mais profundamente no assunto. Talvez elas fiquem felizes por seu interlocutor ter voado com Harry Styles. Embora provavelmente seja melhor evitar perguntas que possam soar insinceras ou agressivas, no contexto certo – como com amigos próximos, em relacionamentos calorosos e de confiança – até perguntas "ruins" podem cair bem (e talvez ter um grande efeito cômico).

Abertas e fechadas

Você precisa de uma pequena pausa? Está perto da cozinha? Durante o intervalo, prefere uma bebida gelada ou um biscoito? Em um texto escrito, essas perguntas podem parecer instigantes. Em uma conversa, porém, essas questões que oferecem um conjunto predefinido de respostas (perguntas fechadas) em vez de um espaço ilimitado para falar livremente (perguntas abertas) devem ser usadas com muita cautela. Quando você pergunta a um amigo, "Você já foi àquele restaurante novo?", só há duas respostas possíveis: sim ou não. Perguntas fechadas podem ser um problema porque dão a impressão de que você não está de fato interessado na informação, que deseja ter uma conversa curta e *pro forma*. É possível formular essa pergunta de modo aberto: "O que você acha do novo restaurante mexicano?" Uma pergunta aberta dá ao outro liberdade para responder como quiser, ser criativo ou levar o foco para uma direção diferente.

Os falantes são bons em entender esses sinais: em média, respondem a perguntas abertas com o dobro de palavras que usam para perguntas fechadas.[40] Mas esse tipo de pergunta não é de todo ruim. Elas podem ser úteis quando um falante quer saber algo rapidamente, como ao perguntar "Você viu o episódio mais recente de *O conto da aia*?" antes de começar uma crítica cheia de spoilers. Elas nos ajudam a extrair informações muito específicas. Mas, se você quiser tornar a conversa divertida e tranquila, além de conhecer mais seu interlocutor, é melhor fazer perguntas abertas, promovendo assim um diálogo mais amplo e interativo.

Na prática, às vezes pretendemos fazer uma pergunta aberta, mas por impaciência, entusiasmo ou ansiedade acabamos fornecendo um conjunto de opções: "Por que você é escritor? Você cresceu querendo ser escritor ou isso apenas aconteceu?". Ao restringir o conjunto de respostas, transformamos a pergunta aberta em fechada, com duas respostas possíveis. Essas são o que a especialista americana em conversa Anita Pomerantz chamou de "respostas candidatas".[41] Embora possam ser úteis ao interagir com crianças, para adultos elas são irritantes. Devemos confiar em nossas perguntas e deixar que as pessoas as respondam, sem conduzir (ou sufocar) o outro.

Junto com colegas, estudei perguntas abertas e fechadas durante negociações, contextos de conversa definidos por discordâncias e que, como ligações de vendas, podem provocar hesitação em perguntar e responder.[42] Um dos estudos envolveu uma dramatização entre o editor executivo e o gerente de publicidade de um jornal de médio porte, uma simulação que reflete típicas negociações de orçamento. Enquanto o editor executivo estava preocupado em melhorar a qualidade do jornal, o gerente de publicidade queria aumentar a receita do seu setor.

Nós monitoramos o comportamento de centenas de pessoas nessa dramatização de negociação. Pessoas que fizeram perguntas mais abertas ("Para você, o que é mais importante?", "Onde você gostaria de começar?", "Como você vê isso?", "O que você quer dizer?", "Qual seria uma outra solução?", "Como isso funcionaria?", "Você pode me explicar mais?") conseguiram mais informações, agradaram mais e tiveram maior probabilidade de descobrir oportunidades de fazer negociações ou concessões produtivas.

Em um experimento de acompanhamento, instruímos aleatoriamente os negociadores a fazer mais perguntas abertas. Descobrimos que elas de fato geram esses resultados positivos. Idealmente, os conversadores em uma ampla gama de contextos – tanto cooperativos quanto conflitantes – obtêm melhores resultados quando fazem mais perguntas abertas, de acompanhamento e de mudança de foco.

Por que você pergunta?

Se fazer perguntas de acompanhamento constitui um superpoder, é nossa responsabilidade usá-lo para o bem. Fazer tais perguntas, além de perguntas abertas e de mudança de foco, pode parecer arriscado, transformando o questionamento em um truque ou uma jogada cínica para obter algum ganho pessoal. E se você *não quiser* fazer uma pergunta de acompanhamento sobre o fim de semana do interlocutor? Será que deve fingir, para que a conversa seja bem-sucedida? A ideia de manipular a conversa, especialmente para ganho pessoal, nos deixa muito desconfortáveis; fica parecendo artificial, manipulador ou enganoso. E a maioria de nós se preocupa (um pouco ou muito) em ser (e, ironicamente, parecer) autêntico e honesto.

Mas essa linha de raciocínio é outro tentáculo que se projeta do Mito da Naturalidade (veja o Capítulo 2). Aprendemos a acreditar que bons conversadores só fazem perguntas fascinantes, cujas respostas estão loucos para ouvir. Na verdade, frequentemente eles continuam perguntando só para evitar que a conversa morra.

O mais notável sobre manter uma conversa viva é que momentos fugazes de insinceridade podem levar a manifestações autênticas, e essa é uma boa maneira de chegar lá.[43] Para pessoas com boas intenções no geral é aceitável fazer *qualquer pergunta*, por mais básica ou banal que seja, para manter uma conversa viva e evitar o temido ZP. Na verdade, é *ótimo*. Fazer uma pergunta educada sem um interesse profundo não precisa parecer um truque sem sentido ou uma manipulação cínica. Perguntar, por si só, é uma forma de cuidado, um reconhecimento da mente única do interlocutor e da disposição contínua do questionador de se envolver com a resposta, seja ela qual for. Isso demonstra comprometimento em desenterrar um tesouro juntos.

Aqui está a melhor notícia: a conversa *vai* continuar. Não importa o que você pergunte, seu parceiro responderá de uma forma ou de outra, e você poderá continuar o papo a partir da resposta dele. Perguntar "Como foi seu fim de semana?", mesmo que você não se importe tanto e saiba que é uma pergunta sem graça, pode levar você a saber que seu parceiro pertence a um grupo de escalada, um clube do livro ou algo que você admira. Então, você pode perguntar sobre essa experiência, com quem ele escala, do que mais gosta na atividade e conselhos sobre como começar. Você nunca sabe quando uma pergunta despretensiosa desencadeará curiosidades interessantes ou levará a um tesouro valioso. É como começar com uma conversa fiada e chegar a algo mais profundo – é preciso manter o jogo de coordenação vivo em nome das melhores recompensas.

TRÊS PONTOS PRINCIPAIS DO CAPÍTULO 3

A de Aprofundamento

- Faça **mais perguntas**. Até mesmo questionamentos sem sinceridade são uma forma de demonstrar atenção. Mas atenção: perguntar demais pega mal.
- Não faça perguntas-bumerangue.
- Faça perguntas de mudança de foco para mudar de tema e perguntas de acompanhamento para saber mais e manter a conversa viva.

CAPÍTULO 4

L de Leveza

Você já viu um casal desconhecido e teve certeza de que estava em um primeiro encontro? As perguntas investigativas, os sorrisos persistentes, os flertes sutis (e às vezes explícitos). A maneira como as pessoas se apresentam quando estão tentando impressionar alguém. Nossa, e aqueles momentos constrangedores, quando uma piada não tem graça ou um assunto não rende? Seus ouvidos ficam atentos, você olha de soslaio enquanto o espetáculo se desenrola. Quer ouvir a próxima fala. Você, e talvez a pessoa a seu lado, se diverte com a escuta intermitente, mesmo que finja estar alheio. *Ele ainda está falando sobre criptografia? Ele não percebe que ela está de saco cheio? Eles estão muito nervosos! Estão se esforçando!*

Agora imagine sentar perto de mil primeiros encontros. Isso faz parte do meu trabalho, uma das melhores para mim. Os cientistas estudam encontros românticos, atração interpessoal, seleção sexual e casamento há muitas décadas.[1] Mas nunca abordaram uma parte importante do enigma: como as pessoas falam entre si. A nova ciência da conversa dá um passo à frente ao registrar e analisar as transcrições de encontros-relâmpago,[2] para que possamos ir além de *quem* é atraente para descobrir o *porquê* dessa atração. Com seus altos riscos, os encontros-relâmpago são uma maneira maravilhosa de ver em ação muito do que aprendemos até agora.

Já analisamos alguns encontros-relâmpago, como nosso malfadado casal Josie e Hugo, que conversaram sobre o clima, no Capítulo 2. Mas e os bons encontros? Como o papo influencia a atração interpessoal? As pessoas sabem quando o outro está interessado nelas?

O maior conjunto de dados de conversas de pares românticos foi compilado por uma equipe de pesquisa liderada pelos cientistas de Stanford Daniel McFarland, Dan Jurafsky e Rajesh Ranganath. Prestando um grande serviço à ciência e ao mundo, eles conduziram três sessões de 1.100 encontros-relâmpago em um restaurante da Califórnia, em 2005, o ano em que *Hollaback Girl*,[3] de Gwen Stefani, era a música mais popular no rádio nos Estados Unidos, Brad Pitt e Jennifer Aniston se divorciaram[4] (e Brad rapidamente se uniu a Angelina Jolie) e o presidente americano George W. Bush tomou posse para seu segundo mandato. Os participantes, estudantes de pós-graduação heterossexuais, usavam faixas com microfones nos ombros, voluntariando-se em troca da promessa de endereços de e-mail de qualquer participante que gostasse deles. Os encontros aconteceram em um restaurante com muito barulho de fundo, assim como a maioria dos encontros para jantar. Só que cada um desses encontros durava apenas quatro minutos. É o cenário ideal para qualquer um que já *desejou* que seu encontro durasse apenas quatro minutos, mas também é a maneira perfeita, ainda que condensada, de estudar primeiros encontros.

Os alunos não se conheciam. Chegavam à situação sem qualquer preparação ou conhecimento prévio. Não haviam sido apresentados por amigos em comum. Nenhum perfil on-line fora visto com antecedência, até porque isso ocorreu antes dos aplicativos de namoro. Eles se inscreveram com o objetivo de conhecer pessoas novas, sem a garantia de encontrar interesses em comum, apenas com a esperança de que isso pudesse acontecer.

Dois participantes, Tom e Cassie, sentaram-se frente a frente a uma das muitas pequenas mesas do barulhento restaurante. Eles já haviam passado algum tempo na sala e conversado com outras pessoas, então sabiam o que fazer. Assim que o cronômetro disparou, tinham quatro minutos para se conhecer. Depois, deveriam mudar de par.

Antes mesmo de o cronômetro começar, os dois trocaram algumas palavras rápidas, brincando sobre quanto se sentiam ineptos na situação.

– Eu acho que não estou me saindo muito bem em nada disso – disse Cassie.

– É, eu já me atrapalhei – disse Tom. – Estraguei os primeiros cinco ou seis.

Eles riram, e ela perguntou se ele tinha água.

– Ah, eu não recebi – respondeu ele. – Não sei como todo mundo tem água, menos eu.

Eles riram de novo.

Ainda esperando o cronômetro começar, os dois continuaram.

– É como um carrossel em movimento – disse ela. – Sinto como se estivesse apenas recitando as falas de um roteiro.

Tom concordou.

– Então você não pretende se tornar uma profissional de encontros-relâmpago? – observou ele.

Eles riram de novo.

A campainha tocou – chegou a hora de se conhecer (como se ainda não tivessem começado).

– Agora podemos conversar – anunciou Tom. Mas, em vez de ir direto a algum assunto novo, ele retomou a dificuldade em comum. – É muito estranho falar em um gravador – comentou. Ele estava desperdiçando um tempo precioso. – Não acho que eles estejam obtendo bons dados – lamentou.

Eles riram de novo. Até agora, ele havia acertado na conversa com quatro piadas inofensivas. Talvez encorajado pelas risadas, introduziu um novo tópico: estava se especializando em ciência da computação.

– Sério? – respondeu Cassie.

Ela não o teria imaginado nessa área.

– O que você pensou que eu estudasse? – indagou ele.

Ela não sabia ao certo. Tom revelou que estudara inglês na graduação. Ela também, e até deu aulas de inglês por um tempo.

Cassie retornou à pergunta dele.

– O que eu pensei que você estudava, hmm... – disse ela, refletindo. – É, tipo inglês.

– Eu não gosto de computadores. Eu odeio, na verdade – admitiu ele.

– Eu também.

– São chatíssimos.

Eles riram de novo. Essa troca os fez soar tanto românticos, por estudarem Letras, quanto práticos, por buscarem algo mais lucrativo, tudo envolto em uma piada autodepreciativa sobre ele odiar computadores, talvez mostrando que seu coração estava mais alinhado com o dela do que poderia ter parecido a princípio.

Eles trocaram mais algumas informações: ela estava estudando direito, e ele, computação porque não queria fazer doutorado sobre as tecnicalidades de *Hamlet*. Ela sentia falta de dar aulas.

Então ela perguntou de onde ele era.

– Flórida – respondeu Tom.

– Eu também sou do Sul – disse Cassie. – Embora a Flórida não fique realmente no Sul, mas...

– É, não – concordou ele. – A Flórida é apenas um lugar esquisito. – Ele usou a autodepreciação para concordar com a posição dela. Ele queria saber de onde ela era. – Você é do Texas? – indagou.

– Não. Eu odeio o Texas.

– Louisiana?

– Não.

– Você disse Sul.

– Sim – concordou ela.

Era um jogo divertido.

– Geórgia? – indagou Tom.

– Está chegando perto – respondeu ela. – Mas *Texas*?

Ele murmurou algo.

– Eu *detesto* o Texas – afirmou Cassie.

– Eu achava que Austin era um lugar bem legal – disse ele.

– Sério? Já ouvi isso antes.

– Se bobear a Flórida é pior que o Texas – comentou ele. – Na verdade, a Flórida é horrível.

– Eu sou de... – começou ela.

Mas Tom continuou tentando adivinhar.

– Tennessee?

– Não.

– Carolina do Sul?

– Não.

Eles continuaram por um tempo, até que ele desistiu.

– Então, de onde você *é*?

– Carolina do Norte – revelou enfim. – A melhor Carolina.

– Isso é verdade – concordou Tom.

Eles trocaram algumas ideias sobre onde cresceram, as complexidades do Sul e... o tempo acabou. O encontro foi um sucesso. Em uma consulta individual, ambos disseram ao pesquisador que queriam ver o outro novamente. Receberam os e-mails um do outro. Também se avaliaram muito bem em métricas de sucesso do encontro, como a química entre eles.

Há um risco em analisar demais essa conversa com base apenas no diálogo.[5] Pelo que sabemos, eles se acharam extremamente atraentes e poderiam ter trocado *hums* e *ahs* por quatro minutos e mesmo assim quereriam se ver de novo. Mas a conversa, estudada mais de perto e comparada às de todos os outros encontros-relâmpago, fornece pistas sobre a química do casal.[6] Embora tenha sido um papo arriscado, sem contexto prévio, eles criaram uma conexão por meio da experiência compartilhada do ambiente de encontros-relâmpago. Ela humildemente admitiu que não estava indo muito bem, ele concordou e havia estragado as primeiras cinco ou seis oportunidades. Ao encontrarem uma realidade em comum, eles riram aliviados e confortados. Depois, brincaram sobre a falta de água. Riram de novo. "É tão constrangedor..." Riram mais uma vez. Seria possível que a admissão de constrangimento estivesse tornando o encontro menos constrangedor?

Ao começar a compartilhar informações sobre suas formações e de onde eram, encontraram um ponto em comum mais substancial, subindo na pirâmide de focos. Embora não estivessem estudando inglês *naquele momento* nem fossem do mesmo estado, ambos preferiam inglês a computadores, e ambos cresceram no Sul. Se mapeássemos os temas, veríamos que a conversa começou com uma série de piadas menores e inofensivas mas bem-sucedidas, e assim eles descobriram um ponto em comum. Veio então a cereja do bolo: uma brincadeira improvisada na hora. À medida que se aprofundavam no ponto em comum, os dois se mostraram divertidos, transformando a descoberta em um jogo. Ele perguntou qual especialização ela achava que ele fazia, comparando-a à realidade. Ela o fez adivinhar de onde era, segurando a verdade como um prêmio. Os dois ficaram brincando e, com isso, acabaram ganhando.

O poder da leveza

Um dos maiores desafios de um primeiro encontro é não ficar sem assunto. Se isso acontecer, o encontro morre. Até uma pausa de dois segundos durante um encontro de quatro minutos pode fazer você sentir que a noite será longa (ou pelo menos os quatro minutos serão longos). A perspectiva de um silêncio constrangedor[7] ou de a energia despencar é aterrorizante, e a experiência se torna *aflitiva* – embaraçosa, alarmante, desmoralizante.

A vida normal pode não ser sempre tão arriscada quanto um encontro-relâmpago, mas parece que as conversas geralmente são. Talvez você tenha levantado um assunto interessante, mas o papo ficou preso em detalhes mundanos. Talvez sua equipe esteja tentando abordar algo importante, mas a discussão foi se dispersando e ninguém pensa em soluções. A conversa de sua reunião informal começa a perder ritmo, e todos parecem estar buscando uma saída. Em outra situação, uma amiga está triste por causa do fim de um relacionamento e precisa que alguém levante seu ânimo para ajudá-la a seguir em frente. Os discursos em um velório estão cada vez mais tristes, e você tem certeza de que o falecido preferiria algo mais para cima. Seus colegas de trabalho não saem de um bate-papo improdutivo. Pais de primeira viagem não conseguem escapar de relatos sobre cochilos e horários de alimentação. Como podemos sair dessa monotonia diária?

Para fazer essa mudança, vale a pena pensar mais profundamente em nossos sentimentos. Nesse caso, os estudiosos acham útil pegar a complexa constelação de emoções humanas[8] e colocá-las em um gráfico em duas dimensões simples: excitação (sinais físicos de energia altos *versus* baixos, como frequência cardíaca) e valência emocional (prazer *versus* desprazer). Todas as emoções, sejam elas vivenciadas durante uma conversa ou fora dela, podem ser representadas em um gráfico de emoções. Veja onde alguns sentimentos comuns se enquadram:

Ao falarmos sobre o poder da leveza, queremos nos concentrar em dois quadrantes: o inferior esquerdo e o superior direito.

Vamos começar pelo primeiro. Estamos deprimidos, tristes, entediados. Decididamente, *não* estamos energizados. *Bocejo*. O que acontece quando as conversas tomam esse rumo? Para começar, nós nos desligamos, mesmo sem ter essa intenção. Nossa mente divaga.[9] Fazemos menos contato visual.[10] Nossas palavras se tornam menos positivas e mais neutras, ou até negativas (menos *incrível*, *legal*, *uau* e mais *que chato*, *droga*, *péssimo*).[11] Falamos menos, o que significa que interrompemos menos,[12] mas também que há pausas mais longas entre os turnos de fala e menos momentos de riso autêntico e oportuno.

No quadrante superior direito, somos o oposto. Aqui, sensações de participação e prazer florescem. Nós nos inclinamos para a frente e correspondemos ao olhar do outro.[13] Recebemos feedbacks positivos, como *sim*, *wow* e *ah!*[14] Respondemos mais rapidamente.[15] Até interrompemos com mais frequência, mas é porque estamos animados para descobrir o que vai acontecer.[16]

A desconexão com o assunto representa uma ameaça séria (implacável) a todas as conversas, enquanto o engajamento canaliza o poder da atenção mútua e nos faz sentir conectados e vivos. É nisso que nossos participantes estavam mirando. É nisso que todos nós miramos a maior parte do tempo, em todos os tipos de conversa.

Aqui entra a terceira máxima da conversa bem-sucedida: a leveza. Grandes conversadores se esforçam para chegar ao quadrante superior direito, e a leveza é uma das melhores ferramentas para isso. Como o fermento que transforma um disco de massa de pão denso em algo crocante e fofo, ou o hélio que mantém um balão de festa suspenso alegremente, ou o estouro de um champanhe borbulhante que desperta empolgação em um jantar, a leveza é qualquer movimento de conversa – brincalhão, engraçado, inesperado, caloroso – que transmite energia positiva. A flutuação e a efervescência mantêm nossa mente engajada e nossos sentidos preparados, movendo-nos do quadrante inferior esquerdo para o superior direito.

A leveza nos leva além de temas e perguntas de aprofundamento porque se concentra ainda mais em perseguir objetivos relacionais. Não queremos apenas trocar informações úteis ou colocar em cena o jogo de coordenação; queremos nos divertir enquanto fazemos isso. Nossa casamenteira profissional Rachel Greenwald, especialista em conversas envolventes, gosta de falar sobre um "elevador de humor" em que subimos e descemos enquanto conversamos. Quando o elevador se move para andares inferiores, precisamos apertar os botões para subir. Como a brincadeira e a diversão são contagiantes, podemos levar nossos parceiros conosco. Isso se chama leveza.

A busca da leveza, em busca de mais

A característica mais poderosa da leveza é que ela vai além de manter nossas conversas vivas. Ela também nos ajuda a perseguir muitos outros objetivos de conversa: trocar ideias de modo eficaz, dar e receber conselhos, persuadir as pessoas a concordarem com nossas opiniões, fazer e responder perguntas difíceis, sinalizar e conquistar status, transmitir informações de uma forma memorável.

Isso ocorre porque o prazer oferecido pela leveza traz aquela efervescência, aquele brilho, faz com que nos comportemos (e pensemos) de modo diferente. Como o economista Andrew Oswald e seus colegas mostraram, quando você faz pessoas se sentirem mais felizes, elas se tornam 12% mais produtivas: respondem a mais perguntas, são mais cuidadosas e dão mais respostas certas.[17] Da mesma forma, a psicóloga organizacional Teresa Amabile mostrou que o sentimento de felicidade aumenta a criatividade[18] e faz a pessoa ter mais ideias – com uma proporção maior de sugestões viáveis.[19] Em meu trabalho, descobri que, quando as pessoas se sentem animadas (em vez de ansiosas ou entediadas), elas fazem discursos mais longos e persuasivos e acertam questões de matemática mais difíceis. Elas até cantam melhor – mais alto, com mais ritmo e no tom certo.

"Não há melhor gatilho para o pensamento do que o riso",[20] escreveu o ensaísta alemão do início do século XX Walter Benjamin, e isso não é só porque a leveza alivia a ansiedade e o tédio. Quando estamos felizes e engajados, nossa atitude mental se modifica.[21] Ampliamos o escopo de atenção. Consideramos mais opções, o que melhora a criatividade e facilita a tomada de decisões. Nosso corpo também sente isso. Uma boa risada pode aliviar a tensão física e relaxar os músculos por até 45 minutos, e diminuir a pressão arterial significativamente.[22] Está provado que ter sentimentos positivos frequentes ajuda a reduzir o estresse, reforçar a função imunológica, aliviar a sensação de dor e aumentar a resistência a doenças e até a longevidade.[23]

A leveza faz mais do que nos animar e desbloquear o que temos de melhor. Ela reflete, revela e reforça sentimentos autênticos de *segurança psicológica* e *confiança*. A segurança psicológica, ou a certeza de que você não será punido ou humilhado por expressar ideias, perguntas, preocupações ou erros em um grupo (veja o Capítulo 6), está enraizada no prazer interpessoal.[24] Sentimo-nos seguros quando nós, e todos em volta, revelamos um espírito lúdico. A segurança psicológica (e a confiança em grupos de duas pessoas) é um sentimento positivo atrelado à crença de que não há problema em dizer ou fazer algo, mesmo que isso possa nos tornar vulneráveis a julgamentos negativos. Quando infundimos leveza em uma conversa, comunicamos essa segurança, permitindo que todos os interlocutores revelem mais, compartilhem mais e cocriem mais. É um círculo virtuoso: a brincadeira nos faz sentir confiantes de que é seguro brincar. Essa sensação de segurança nos ajuda a perseguir todos os objetivos, em todos os quadrantes da bússola conversacional.

Minha amiga e cientista comportamental Leslie John explorou essa ideia manipulando o fator diversão em ambientes humanos. Ela distribuiu biscoitos de chocolate, colocou música ou usou uma fonte de texto divertida – ou não. Isso influenciava muito em quanto as pessoas revelavam sobre si mesmas, um claro sinal de segurança psicológica.[25] Quando os indivíduos eram solicitados a preencher uma pesquisa em um site colorido e extravagante, por exemplo, tinham uma probabilidade 1,9 vez maior de revelar informações pessoais – incluindo números de documento e histórico sexual – em comparação com aqueles cuja interface da pesquisa era séria e oficial. E a revelação (como vimos nos Capítulos 2 e 3) nos aproxima, desencadeia revelações mútuas e nos ajuda a subir a pirâmide de focos juntos.

Onde está a graça?

Apesar dos inúmeros benefícios da leveza, de alguma forma a maioria de nós esquece de usar esse recurso ou hesita em usá-lo.[26] Assim como não fazemos perguntas com a frequência que poderíamos, não usamos a leveza o suficiente. Aos 23 anos, 84% das pessoas relatam ter sorrido e gargalhado muito no dia anterior. Aos 50 anos, essa porcentagem cai para 68%. O número chega a um nível ainda menor, de 61%, por volta dos 80 anos. Depois há um pequeno aumento desse nível, seja porque os idosos são mais felizes ou porque pessoas mais felizes vivem mais de 80 anos (ou ambos).

À medida que envelhecemos, perdemos o hábito de fazer brincadeiras, talvez porque seja mais difícil colocá-las em prática. É difícil monitorar em que quadrante emocional nos encontramos quando nosso cérebro está tão ocupado ouvindo, planejando o que dizer em seguida e lidando com as duras realidades da vida adulta. O barulho! O trânsito! Papel higiênico! Aquecimento global! Seguro de vida! Isso sem falar nos muitos contextos adultos (leia-se: locais de trabalho) que bloqueiam a leveza.

Então, a leveza vai desempenhando um papel cada vez menor em nossa vida à medida que envelhecemos. Pessoas de todas as idades subestimam seus benefícios, o que nos faz subutilizá-la nas conversas. Quando nos sentimos focados, entediados e sérios, lutamos para reunir a energia cognitiva para sair da estagnação. Mesmo quando queremos melhorar o humor, tememos que os outros interpretem nossas tentativas de leveza como sinais de frivolidade, incompetência ou desrespeito.[27] Achamos que durante uma conversa que inclui assuntos sérios em um contexto sério os brincalhões não serão respeitados. Mesmo quem acha que leva bastante leveza aos ambientes (ou se preocupa por usá-la demais) provavelmente leva menos do que pensa.

A questão da leveza é divertida. Ela dá vida não só às nossas conversas, como também a *todos nós*. No encontro arrebatador entre Tom (o cara da Flórida) e Cassie (a garota da Carolina do Norte), podemos ver laços recíprocos de felicidade, revelação, aceitação e confiança surgindo diante de nossos olhos. A transcrição da conversa contém rastros divertidos de acompanhar. O comportamento deles se alinha com a teoria de "ampliar e construir" da psicóloga Barbara Fredrickson,[28] que afirma que as emoções positivas evoluíram como adaptações psicológicas que aumentaram as chances de sobrevivência e reprodução dos ancestrais humanos. Enquanto as emoções negativas estreitam o foco das pessoas em relação a ações específicas e urgentes que preservam a vida (lutar ou fugir), as emoções positivas ampliam a gama de pensamentos e ações evocadas (brincar, experimentar e explorar), inspirando mais ideias, flexibilidade, atração interpessoal e longevidade. Os comediantes de improviso vivem com o mantra "Sim, e", que reflete uma mentalidade de sempre ampliar e construir sobre o que seus colegas artistas dizem e fazem.[29] "Não, mas" e até mesmo "Sim, mas" podem encerrar conversas em um piscar de olhos. Os princípios de ampliar e construir – "Sim, e" – sustentam os jogos de flerte dos encontros. São exatamente o necessário para uma boa conversa.

Você quer ser comediante?

Estamos na metade do semestre do curso FALE. Os alunos praticaram a preparação e o gerenciamento de temas em foco, formulando e respondendo a perguntas difíceis e evitando o temido efeito bumerangue. Hoje é o primeiro dia de uma nova seção: leveza. Como meu estilo de ensino é descontraído, eles aparecem na aula animados para uma oficina de humor ou alguma outra travessura que eu certamente planejei. Como todo mundo, gostariam de ser mais engraçados. Eu sei que esperam aprender algumas fórmulas secretas para ser engraçado.

Começo a aula de braços abertos.

- Bom dia!

- Bom dia - respondem eles, sorrindo de volta.

- Preciso dizer algo importante logo de cara: não tenho como fazer vocês serem engraçados.

Eles riem. Devo estar brincando. Certo?

Infelizmente, não. É muito difícil dar qualquer tipo de lição específica sobre como ser mais engraçado. A questão é que o bom humor é *extremamente* sensível ao contexto. Quantos comentários sarcásticos você se sentiria confortável para fazer tanto diante de seus pais como de seus amigos desde o ensino médio, seus colegas de trabalho, seu médico e sua nova paixão? Em uma conversa íntima com um grupo durante o jantar, em uma sala de reuniões, em uma conversa pública com vários estranhos? As piadas que você contou na semana passada, ou no ano passado, teriam graça hoje?

A natureza sensível ao contexto é o que dá poder, brilho e eletricidade ao humor. O sociólogo Erving Goffman destacou que, por ser sensível ao contexto, o humor é irreproduzível ("você tinha que estar lá"), como uma dádiva personalizada para os presentes. "Uma vez que o jogo de palavras nunca mais será tão revelador, um sacrifício foi oferecido à conversa... por um ato que mostra em que medida o interlocutor está atento à interação." Que nobre! Mas não posso dar aos alunos conselhos universais sobre como se tornarem conscientes de cada momento único em cada interação única. Isso, como digo em sala de aula, iria contra a natureza do humor.

A natureza altamente dependente do contexto torna a criação de comentários engraçados difícil e intimidadora. Ninguém quer magoar os outros - ou ser demitido. Ninguém quer ser o único a fazer uma piada sem graça. Esse é um dos motivos pelos quais subutilizamos a leveza nas conversas.

Mas aqui está a boa notícia: a ansiedade que cerca o humor conversacional é exagerada.[30] Minha pesquisa com os cientistas comportamentais Maurice Schweitzer e Brad Bitterly descobriu que as pessoas *super*estimam a quantidade de comentários sem graça que fazem, tal como sua gravidade - nós evocamos comediantes que foram cancelados e momentos de conversas pungentes em que o humor deu errado. E as pessoas *sub*estimam a quantidade de vezes em que são agradáveis, contribuindo para o bom clima, aproximando as pessoas, aumentando as percepções de competência e status.

Em minhas pesquisas, descobri que gerentes designados aleatoriamente para fazer uma piada em uma conversa tinham mais de 9% de probabilidade de serem votados para posições de liderança por seus colegas. Chefes com *qualquer* senso de humor se mostraram 27% mais motivadores e admirados do que aqueles desprovidos dessa característica, e seus funcionários, 15% mais engajados. Esquecemos como até o humor leve pode ser satisfatório. Por isso, atenção: o risco incremental de piadas individuais fracassarem é muito menor do que o risco agregado de uma conversa ser entediante e desinteressada, e o de viver uma vida séria, chata ou infeliz.

Mas nossas preocupações não são totalmente irracionais. O segredo do humor é como acertar o ponto ideal. O sucesso depende do que estamos buscando. No caso do humor, pode ser mais benéfico procurar se divertir do que tentar ser engraçado.

Vá com calma

Não posso ensinar as pessoas a serem mais engraçadas, mas posso mostrar que *tipos* de humor funcionam na busca de objetivos importantes, como entretenimento e conexão. Em sala de aula, digo aos alunos que trabalharemos estruturas úteis para a leveza, o que levará à compreensão das mentalidades adotadas pelas pessoas engraçadas. Quando digo isso, a esperança volta ao rosto dos alunos.

Os psicólogos Peter McGraw e Caleb Warren sugerem a Teoria da Violação Benigna do Humor[31] para nos ajudar a entender os riscos (e o ponto ideal) do humor. A teoria deles indica que as pessoas acham graça no ponto médio: nem situações muito benignas (chatas, rotineiras) nem muito radicais (assustadoras, delicadas, intensas, agressivas, inapropriadas). Por exemplo, descer escadas seria benigno; cair da escada e quebrar um braço seria uma violação; e fingir cair da escada, com braços e pernas cruzados, e pousar ileso, em uma pose tola de dança, seria uma violação benigna.

Encontrar o ponto ideal da violação benigna pode ser bem difícil em uma conversa, porque ela se desenrola muito rápido e porque o ponto ideal é um alvo em movimento. É ainda mais complicado se considerarmos que todos nós temos estilos de humor diferentes. Então, uma observação que pode parecer uma violação benigna vinda de Olivia, que é doce na maior parte do tempo, pode parecer comum vinda do sarcástico Josh. O que pode parecer engraçado para Sam, amante do estilo pastelão, pode soar ridículo para Jane, fã da sátira política.

Pesquisas sobre estilos de humor indicam que todos nós temos tendências e níveis de conforto próprios em várias dimensões do humor, começando pelo modo como nos posicionamos.[32] Algumas pessoas gostam de fingir arrogância para efeito cômico e usam o humor para sinalizar sua competência ("Nossa, eu sou bom nisso"), enquanto outras usam o humor autodepreciativo de maneira brilhante para parecerem humildes ou desarmados ("Este vestido de boneca me faz parecer uma criança de verdade"). Da mesma forma, existem os extrovertidos e sociáveis, que iluminam o ambiente como o sol ("E aí, galera?!"), enquanto outros são mais discretos, adicionando pequenos toques de brilho aqui e ali. Você deve conhecer exemplos de cada tipo.

Mas o fundamental no humor conversacional não é tanto o estilo, mas sim os objetivos pretendidos em relação aos interlocutores. Seja no estilo de falsa arrogância ou falsa humildade, exagerado ou sutil, podemos usar o humor para estimular os outros ou para diminuí-los. Essa distinção está ligada à classificação do humor como *afiliativo* ou *agressivo*. O humor afiliativo é destinado a ser engraçado para todos, para unir as pessoas (em vez de separá-las ou fragmentá-las em categorias). O agressivo envolve humilhações ou insultos direcionados a um ou alguns indivíduos. O humor afiliativo aumenta a segurança psicológica (uma condição prévia para tudo que há de positivo), enquanto o humor agressivo a diminui. Em caso de dúvida, seja gentil.

A piada sou eu

No começo de sua carreira política, quando tinha 34 anos, o ex-congressista americano Ric Keller fez uma piada em um evento de campanha. Ele era o último de uma longa lista de palestrantes. Depois de ouvir todos os outros, ele abriu o discurso com uma piada improvisada:

– Eu me sinto como o sétimo marido de Elizabeth Taylor em sua noite de núpcias.[33] Tecnicamente, eu sei o que devo fazer. Mas não sei como tornar isso interessante para vocês.

Foi um comentário brega, com certeza, mas teve seu mérito: arrancou risadas do público, que estava ansioso por uma voz real e com mais frescor, após horas ouvindo comentaristas políticos sérios. Não estou dizendo que uma única piada o levou ao sucesso, mas Ric acabou vencendo a eleição e passou oito anos no Congresso.

Aqui reside o poder de uma das principais formas de humor afiliativo: a autodepreciação. Muitas vezes pensamos mal de nós mesmos, e não deveríamos jogar essa autodepreciação no lixo! Ela funciona melhor quando líderes e membros de grupos de alto status compartilham algo que superaram ou críticas que receberam no início da carreira. No caso de Ric, ele era novo no cenário político, o que tornou sua autodepreciação particularmente corajosa. Mas ele foi se aprimorando ao longo dos anos, abraçando a própria vulnerabilidade mesmo quando se tornava cada vez menos vulnerável.

É importante observar que Ric não provocou os outros palestrantes que vieram antes dele, nem a plateia. Ele poderia ter feito piadas sobre como os outros eram chatos ou se portar como aqueles comediantes que zombam de celebridades e uns dos outros. Mas o humor que diminui os outros é, na verdade, o exterminador da leveza. Ele tem a capacidade de nos levar na direção errada no gráfico de emoções, pesando o clima do ambiente em vez de aliviá-lo. Por isso costuma ser melhor evitá-lo, especialmente o "ataque para baixo", com piadas sobre alguém de menos status.

Claro, pode ser tentador invocar nosso Don Rickles interior, o lendário comediante de piadas ofensivas considerado a única pessoa capaz de rir de Frank Sinatra na cara dele.[34] Uma das minhas charges favoritas da revista *New Yorker* mostra um pai ajoelhado e instruindo seu filho: "Se você não conseguir dizer nada de bom, diga algo inteligente mas devastador." São poucas as ocasiões em que podemos zombar de alguém que amamos de tal forma a fazer com que a pessoa participe da piada e no final das contas isso nos aproxime.

Mas é uma linha sutil. Se você está buscando leveza e avaliando entre ser gentil-mas-brega ou inteligente-mas-devastador, fique com a primeira opção. Por quê? Porque, quando se trata de leveza, é menos prejudicial fracassar por ser muito benigno do que por ser muito agressivo.[35] Enquanto o risco de ser muito benigno é que as pessoas ficam entediadas e seguem em frente, o risco de ser muito agressivo é ferir os sentimentos do outro – ou a autoimagem. Todo mundo gosta de rir, não de ser ridicularizado. A dor de momentos fugazes de humor agressivo pode demorar a passar, ou não passar nunca.

FAÇA-OS RIR

Eu digo que é impossível ensinar alguém a ser engraçado, mas pessoas engraçadas trazem certos estados de espírito para o mundo, encontrando potencial para a leveza em tudo. Não posso prometer que esses princípios resultarão na próxima geração de roteiristas do famoso *Saturday Night Live* (SNL) ou que garantirão a você um especial de comédia na Netflix, mas esses estados de espírito podem ajudá-lo a se sentir mais preparado para tentar uma piada em sua próxima conversa.

O efeito Seinfeld

Como podemos acrescentar impacto ao benigno? As pistas paralinguísticas – como tom de voz, pausas, o timing certo e a cadência – podem ser bastante poderosas. A paralinguagem é muitas vezes o que as pessoas querem dizer quando falam que o que mais importa é a entrega ou o timing certo. Por exemplo, Jerry Seinfeld, um personagem fictício do programa dos anos 1990 *Seinfeld*, criou magia humorística com base em observações do cotidiano. Usando o que Peter McGraw chama de "Efeito Seinfeld", nós também podemos adicionar ênfase e drama até a pequenos episódios mundanos, elevando a voz ou fingindo indignação, surpresa ou exagero.

"Adivinhe quantas vezes ela se despediu antes de sair? TRÊS VEZES. Ela se despediu TRÊS VEZES antes de sair!" (Compare isso com: "Ela é estranha. Ela se despediu três vezes.") Fazer um grande alarde sobre um pequeno detalhe é ridículo o suficiente para ser engraçado. Na conversa, você pode se fixar em algo minúsculo, repetir o que não parece merecer repetição ou surpreender os demais com a sua agitação – tudo em prol da diversão.

Na sua série *Comedians in Cars Getting Coffee* ("Comediantes tomando café em carros", em tradução livre), Seinfeld usa o Efeito Seinfeld na vida real. No mundo real, passeando com outros comediantes famosos e tomando café, ele se mostra obsessivo com detalhes sobre os carros, o café e as minúcias da comicidade, coisas que a maioria das pessoas ignora. Ele disse a Sarah Silverman "Você é tão engraçada", mas insistiu em repetir com um tipo diferente de expressão para convencê-la de que ele de fato queria dizer isso. Em outro episódio, ele e Larry David ficam obcecados com os prós e contras de comer comida quente *versus* comida fria no almoço; o tempo e a distância aceitáveis para segurar a porta para alguém que está entrando atrás de você; e o fato de as panquecas perderem seu encanto muito rápido quando esfriam. Ele tem razão: detalhes são mais engraçados do que generalidades. Focar em detalhes viscerais, mas comuns, especialmente com paralinguagem exagerada, pode ser muito divertido.

Comparar e contrastar

Minha amiga Naomi Bagdonas, a comediante coautora do livro *Humor, Seriously* ("Humor com seriedade", em tradução livre), ensina uma estratégia que chama de "comparar e contrastar".[36] John Mulaney usou essa estratégia em um monólogo de abertura para o SNL: "Há 14 anos, eu usei cocaína na noite anterior a minha formatura na faculdade. Agora, tenho medo de tomar vacina contra a gripe. As pessoas *mudam*."

O truque é criar justaposições marcantes, mostrar como duas questões aparentemente diferentes são, na verdade, iguais, ou como situações aparentemente similares (por exemplo, Mulaney aos 22 anos e aos 36) são, na verdade, bastante diferentes. Você pode comparar crianças e adultos. Ambos precisam comer para sobreviver, mas um se esforça bastante para incorporar mais fibras, enquanto o outro opta apenas por balas e refrigerante. Ou você pode comparar milionários na cidade de Nova York e milionários de São Francisco. Ambos têm contas bancárias exorbitantes, mas um grupo usa ternos, o outro usa jeans rasgados e moletons. Você pode comparar seu comportamento no trabalho e fora dele – tirar uma soneca é ótimo em ambos os casos. As charges da *New Yorker* gostam de comparar seres humanos modernos e antigos habitantes de cavernas; pessoas e animais; moradores locais e turistas. Comparar e contrastar é um truque excelente para trazer à tona as absurdas delícias da vida.

À medida que examinar as manobras humorísticas, lembre-se de que tentar fazer humor exige uma enorme coragem. Se você vai fazer, *faça*. Dá para ver a hesitação de longe.

Mas é importante encontrar seu estilo. Para começar, pense no que você acha engraçado. Qual é sua perspectiva cômica? O que faz você rir? Você curte ironia? Pastelão? Sagacidade? Música boba ou sátiras? Obscenidades? Os gostos variam, o que pode ser assustador para o falante, mas também libertador. É possível encontrar seu nicho como criador de humor. Se não se sente confortável fazendo piadas para um grupo grande, atenha-se a conversas a dois. Se você tende a ser mais sério e sensível presencialmente, tente animar suas mensagens enviando textos divertidos da imprensa para seus amigos, ou salpique seus e-mails com observações. Um momento sutil e fugaz de humor levemente engraçado ou despreocupado, uma pausa bem cronometrada, uma risada assertiva, um gole sutil, uma expressão facial propositalmente dramática e até uma despedida sincera por e-mail podem fazer maravilhas para nos salvar da espiral de destruição da conversa. *Com amor e lambidas, Alison.*

Esses momentos de coragem são recompensados mesmo que não cumpram seu objetivo. Nossas pesquisas revelaram que, mesmo quando outras pessoas acham uma piada sem graça ou inapropriada, a percepção de confiança em relação a quem a contou aumenta porque é alguém que tem *coragem de tentar*.[37]

Se você ainda acha que não consegue fazer piadas ou fica nervoso demais para tentar, *vá em frente!* Estou brincando. Nem todo mundo é hilário, nem toda tentativa de humor será tão perfeita quanto você gostaria. E está tudo bem. Você não pode controlar o que as pessoas pensam, mas pode controlar *a sua* reação. Se teme que sua tentativa de leveza pese o clima, rotule-a como um fracasso ali mesmo. Meus amigos mais engraçados têm piadas de recuperação como "Isso vai durar a noite toda" e "Você tem razão, vou cortar isso do especial da Netflix", para mostrar seu reconhecimento de um fracasso e ajudar todos a seguir em frente. Pode ser cativante. Fracassar e se recuperar pode ser melhor do que não tentar.

Se você acha que nunca será engraçado, não se preocupe! Você nem precisa ser engraçado para fazer as pessoas rirem.

O melhor remédio

O psicólogo Robert Provine, uma "figura barbuda e brincalhona" cuja capacidade de fazer rir "atingia proporções estratosféricas", de acordo com seu obituário no *The New York Times*, foi o maior especialista em riso humano até sua morte, em 2019.[38] Ele gostava de dizer que pesquisava o riso como um alienígena faria, perguntando: "Como o visitante enxergaria os grandes animais bípedes que emitem paroxismos de som que saem de uma abertura dentada em seu rosto?"[39]

Durante um ano inteiro, Provine e um exército de estudantes de pós-graduação e assistentes de pesquisas se espalharam por Baltimore para ouvir. Eles circulavam em espaços como shoppings, calçadas e grêmios estudantis em busca de momentos de leveza: paz, alegria, união, cócegas, peidos... risos. Registraram mais de 2 mil casos de risadas naturais, prestando atenção especial nos comentários e comportamentos que as *precederam*. As conclusões dizem muito sobre o que nos faz rir e por que rimos.

A equipe de Provine descobriu que apenas 10% das risadas ocorreram em resposta a piadas, histórias ou pegadinhas. Em geral, elas surgiam após comentários banais, como "Olha! É o André", "Tem certeza?" e "Foi um prazer conhecê-lo". Provine escreveu: "Mesmo nossos maiores sucessos, os comentários mais engraçados antes de uma risada, não eram necessariamente piadas hilárias. "Você não precisa beber, apenas pague bebidas" ou "Você namora alguém de sua espécie?". Acontece que o riso, na verdade, serve a muitos propósitos além de expressar alegria, como preencher pausas, expressar constrangimento, mostrar cortesia e deferência, e suavizar interações.

Nós vemos evidências do ponto de vista de Provine nas transcrições de encontros-relâmpago. Muitas das risadas de Tom e Cassie ao longo da conversa foram motivadas não por piadas, mas por ambos reconhecerem que estranhavam aquela dinâmica. As piadas de Tom no início não foram particularmente engraçadas. Nem precisavam ser. A tentativa mostrou que Tom se importava o suficiente com a conversa, e com Cassie, para *tentar*.

Isso foi verdadeiro na maioria dos encontros-relâmpago. Outro par riu até quando discutia temas muito sérios, como direitos das mulheres, "aborto e esses assuntos", um "filósofo político do MIT" e sobre como os filósofos deveriam "se envolver mais, fazer mudanças na maneira como as pessoas vivem". Cada um deu nota 2 (de dez) no quesito "graça". Parece bem ruim, até sabermos que eles acharam a conversa bastante agradável (ambos deram nota nove de dez em diversão) e que ambos queriam um segundo encontro. É claro que as risadas serviram a propósitos mais complexos do que dizer "Eu acho você engraçado" ou "Essa conversa é hilária".

Momentos autênticos de gargalhadas são mágicos. Nós os valorizamos e os buscamos. Mas é impossível *realmente* fazê-los acontecer com muita frequência, de propósito, durante uma conversa ao vivo. É como se as estrelas precisassem se alinhar – com as pessoas certas, no foco certo e na combinação certa de circunstâncias estranhas. (Isso é mais provável com pessoas que conhecemos bem porque nos sentimos seguros para baixar a guarda, brincar e rir livremente.)

Essa é uma das grandes ideias no cerne da leveza: não temos que ser literalmente engraçados. Em vez de buscar grandes rompantes de riso, podemos priorizar a mudança em direção ao *prazer engajado*, mesmo que aos poucos. Podemos ter como objetivo que todos fiquem energizados – animados para fazer parte, juntos, desse esforço de conversa estimulante.

A energia positiva pode vir sob muitas formas, como tom e ritmo de voz, afirmações ou sinais não verbais que desencadeiam sentimentos positivos, e tudo isso pode acontecer independentemente do assunto discutido. Uma piada curta, um elogio ou um comentário peculiar são capazes de operar milagres. Uma digressão criativa pode inspirar, mesmo que você acabe precisando voltar para os temas pesados. Até uma simples mudança no ambiente tem o poder de adicionar uma pitada de leveza. Pesquisadores que estudam a regulação emocional chamam essas abordagens de "modificação de situação",[40] alcançada por meio de ajustes em um contexto: você se levanta, se senta, sai um pouco, troca de interlocutores, põe lenha na fogueira – qualquer movimento de mudança.

Podemos concentrar nossas habilidades de gerenciamento de temas em foco diretamente na busca crucial da leveza. Em vez de buscar "ser engraçado", pense: *Como posso conduzir os temas em foco para manter o clima energizado? Como posso tornar isso divertido?* Há muitas respostas para essas perguntas e, felizmente, não precisamos ser engraçados para tornar algo divertido.

Retorno ao assunto

Durante a aula, peço a meus alunos que identifiquem sua pessoa favorita no mundo para conversar, que iniciem uma conversa com ela e gravem. Analisando as transcrições, descobrimos que quase todos esses interlocutores favoritos usam *retornos ao assunto* – referências explícitas a focos abordados no passado.[41]

Dois amigos meus receberam um e-mail de spam informando sobre um pacote de férias de um milhão de dólares em Aruba e, entre as vantagens incluídas no preço exorbitante, estava uma "bebida de boas-vindas". Quando eles falaram sobre o e-mail, morreram de rir com a ideia de que um milhão de dólares lhes dava direito a uma insignificante bebida grátis. Aquela conversa – e a risada estrondosa que ela provocou – ficou na memória deles. Anos depois, ela ainda surge em suas conversas. Recentemente um deles enviou um ingresso convidando o outro para um bate-papo informal com dois autores. O amigo logo perguntou: "Vai ter bebida de boas-vindas?" A frase é um presente que continua a oferecer diversão.

Os retornos ao assunto são uma forma de leveza porque tornam o clima mais leve e despertam alegria – e muitas vezes provocam gargalhadas autênticas. Em um estudo, meus colegas pesquisadores e eu pedimos às pessoas que construíssem uma cápsula do tempo contendo os detalhes normais de um dia em sua vida – que músicas ouviram, com quem conversaram, temas que discutiram. Abrir essas cápsulas do tempo semanas ou meses depois foi surpreendentemente delicioso, trazendo a alegria da redescoberta.[42] Temos a tendência de lembrar de acontecimentos extraordinários de nossa vida, enquanto os detalhes comuns e rotineiros escapam de nossa memória. Os retornos ao assunto são cápsulas do tempo de conversa. Eles nos ajudam a redescobrir os detalhes do passado compartilhado. Mesmo que não tenham sido tão interessantes ou emocionantes na primeira vez, revisitá-los juntos pode ser extraordinário.

Os mestres no uso de retornos ao assunto conseguem fazer referência a temas discutidos antes, não importa se há alguns minutos ou horas, o que é um feito impressionante de escuta, cuidado, inteligência e memorização. Mas eles também relembram questões abordadas em conversas anteriores. Retornos de longo prazo são uma marca registrada de relacionamentos significativos, e podemos alcançá-los com uma breve reflexão antes de o papo começar. *Sobre o que vocês conversaram da última vez? O que seu parceiro estava planejando fazer na última vez que vocês se falaram?* Você não precisa esperar que eles levantem esses temas. *Você* pode retomar o assunto sem ser solicitado.

Um repertório de histórias

O fato é que referências são ótimas não apenas em situações de conversa fiada. Quando meu colega Timothy McCarthy ensina oratória, ele encoraja os alunos a desenvolver um "repertório de histórias", acontecimentos que podem utilizar em muitos contextos diferentes.

McCarthy argumenta que devemos desenvolver nossas histórias da mesma forma que os jóqueis selecionam e treinam seus cavalos. Use sempre aquelas que fazem as pessoas rirem de verdade. Se estiver contando bem uma história, você será "conarrado": os ouvintes vão intervir, fazer perguntas, rir e dar pistas de que estão atentos, como *sim*, *um-hum* e *não me diga*. Considere enviar suas histórias por e-mail ou mensagem de texto para um amigo; escrevê-las pode ajudá-lo a aprimorá-las e memorizá-las. Mas se você tentar contar uma história algumas vezes e as pessoas não demonstrarem muito interesse – como quando houver poucas risadas, conarrações ou perguntas de acompanhamento – então aposente-a. Você precisa encontrar e treinar seus cavalos mais fortes.

A bizarrice é subvalorizada

Quando sentem que um papo parou de render, grandes conversadores geralmente passam a abordar temas excêntricos, a fim de manter a energia lá no alto. Eles podem até fazer isso como um pseudoexperimento, para ver o que acontece. Meu amigo Mike introduz assuntos bizarros constantemente. Uma vez ele estava sentado à mesa de jantar com pesquisadores que discutiam os detalhes de uma questão com a qual ninguém realmente se importava muito. Em determinado momento, disse:

– Sabe em que eu estava pensando na caminhada até aqui? – Rindo para si mesmo, ele disse: – No homúnculo. Lembra daquele diagrama maluco do cérebro que mostra a sensibilidade de cada parte do corpo? Como se os lábios e as pontas dos dedos fossem enormes? Eu estava pensando... se você tivesse que remover uma parte do corpo do seu homúnculo, qual você escolheria?

Ou seja, muito bizarro! Mas também divertido e memorável, mesmo depois de anos. Assuntos excêntricos podem vir de qualquer lugar: algo estranho que lemos, uma música que ouvimos e amamos (ou odiamos), um boato do noticiário que não faz sentido.[43] Geralmente começa com "Eu vi uma coisa incrível...", "Você viu que...?", "Isso me lembra de..." ou "Sabe no que eu estava pensando?".

Hesitamos em falar bizarrices porque nos sentimos culpados por fazer digressões, como se fossem desrespeitosas ou nos afastassem muito do assunto abordado até então. Mas assim como nos casos de perguntas delicadas ou temas delicados, nunca saberemos até tentar. Pequenas digressões, especialmente para focos estranhos de que seu interlocutor possa gostar, são quase sempre proveitosas para o prazer e podem ser muito úteis para atingir novos patamares criativos.

O desafio é escolher o momento certo. Se você precisa voltar ao que interessa, principalmente se for para retomar um assunto importante, embora chato, mudar subitamente de tema e não conseguir atingir seus outros objetivos é um erro. Mas o maior erro talvez seja se ater a assuntos triviais a ponto de deixar todos entediados ou desinteressados demais para fazer qualquer progresso.

Como rir

Até agora neste capítulo focamos muito no esforço necessário para criar leveza. Isso faz sentido, porque a leveza pode ser muito rara e difícil. Mas talvez a melhor atitude, e a mais fácil, venha de um ponto de vista diferente: *apoiar* a leveza, não importa de onde ela surja. É fácil: quando outra pessoa tem coragem de fazer uma piada, ria. Quando ouvir outra pessoa rir, junte-se a ela.

Ouvir uma risada evoca um efeito positivo, é um sinal poderoso de conexão social e diversão.[44] Por isso aqueles bonecos que riem quando apertamos sua barriga são um sucesso. O riso e a alegria desse brinquedo nos fazem sorrir e rir também, mesmo que o objeto não tenha sentimentos. (Pelo menos não que a gente saiba; cientistas ainda estão trabalhando nisso.)

Como esses bonecos, todos nós deveríamos rir mais. E, se possível, de tudo. Um artigo científico relatou que "risadas sonoras, quase cantadas, têm uma probabilidade significativamente maior de provocar respostas positivas do que variantes contidas de riso".[45] Você entendeu: ria com vontade.

Muitas vezes, só precisamos que alguém comece a rir para rirmos também. (E a *ausência* de riso destrói conversas.) Pense naquelas risadas gravadas dos seriados de comédia; elas estão lá porque o riso é maravilhosamente contagiante. Provine, nosso guru do riso, até sugere que as pessoas que consideramos "engraçadas" podem ser apenas aquelas que passam mais tempo rindo, o que torna seus interlocutores mais propensos a rir também.[46]

Meus estudos sobre o riso, observando pessoas conversando enquanto escrevem músicas, se conhecem, negociam e namoram, corroboram as descobertas de Provine: mais de 70% das ocorrências de riso serviram a propósitos *diferentes* de expressar alegria.[47] O riso suaviza o fluxo da conversa ao preencher lacunas e silêncios. Ajuda os falantes a administrar as impressões que causam, parecendo mais envolventes e joviais. Quando fecho os olhos e penso na pessoa que quero ser, ela está rindo. E, de vez em quando, ela ri tanto que chega a perder o fôlego!

Você é o melhor

Um cavalheiro alto e loiro parado à porta cumprimentava os convidados que chegavam. Seu nome era Dave.

– Você é linda, Alison. Linda. Linda – disse Dave para mim, enquanto eu entrava.

Eu sorri e agradeci.

Então ele se virou para minha amiga Kate e repetiu o elogio.

– Você está deslumbrante, Kate. Simplesmente linda. Linda.

Kate enrubesceu e sorriu. Era exatamente o incentivo de que ela precisava para entrar pleníssima na festa. Enquanto ela e eu nos afastávamos, animadas, ouvimos de novo.

– Linda. Simplesmente linda.

Nós nos viramos para ver um novo grupo de convidados chegando. O roteiro de Dave se repetia:

– Você está linda esta noite. Simplesmente incrível.

Como um papagaio que conhece apenas algumas frases gentis, Dave repetia essa bajulação para cada pessoa que chegava. Elogios repetidos eram sua cartada segura. Eu o via fazer isso, sem pudor, havia anos. Mas naquele dia percebi o grande poder da bajulação.

Mesmo para quem desconfiava que Dave estava sendo insincero, os elogios funcionavam. As pessoas o amavam e o respeitavam. Eu entendia o motivo: ele as deixava mais felizes. Mais tarde naquela noite, vi Kate beijá-lo. Parecia que os elogios tinham feito sua mágica, até mesmo em minha amiga que de boba não tem nada.

Dave estava no caminho certo. Seu jeito de ser aqueceu o ambiente por meio da leveza. A bajulação é tão poderosa que gostamos dela mesmo quando o bajulador tem segundas intenções óbvias. Sabe aquelas campanhas de marketing que dizem "Você merece isso" ou "Você é deslumbrante"? Os estudiosos de marketing Elaine Chan e Jaideep Sengupta queriam saber se esses elogios eram eficazes. Eles designaram indivíduos aleatoriamente para ler uma mensagem publicitária informativa ou uma versão elogiosa ("Estamos entrando em contato com você porque sabemos que você é uma pessoa chique e estilosa. Não só você é elegante, como tem um gosto refinado."[48]) Os participantes do estudo sabiam que a real intenção da empresa era vender e que ela não tinha nenhum conhecimento sobre eles, mas isso não bloqueou os bons sentimentos que vieram da bajulação. As mensagens lisonjeiras foram muito mais eficazes para estimular as vendas do que as simplesmente informativas.

Todos nós queremos ouvir que somos inteligentes, elegantes e chiques, que temos um gosto excepcional. Mas muitos de nós somos tímidos para fazer elogios, especialmente para quem não conhecemos bem. Tem quem pense que elogiar os fará parecer inferiores, ou deixarão o outro envergonhado.[49] Para estudar esse problema, as psicólogas Vanessa Bohns e Erica Boothby pediram a seus alunos que distribuíssem elogios aleatórios no campus. Inicialmente eles temeram parecer estranhos ou que as pessoas se sentissem desconfortáveis. Mas o estudo descobriu que os alunos haviam subestimado *muito* o impacto positivo dos elogios e superestimado o incômodo que os outros sentiriam. Mesmo em retrospecto, eles não entenderam o bem enorme que suas afirmações fizeram para aquelas pessoas – culpa de sua ansiedade. Mas, como Bohns e Boothby demonstraram, apesar da ansiedade, tanto as pessoas que foram estimuladas a fazer elogios como quem os recebeu se sentiram muito mais felizes.

Assim como no caso daqueles alunos, elogiar pode ser mais difícil para você do que foi para Dave, mas não se abale. Especialmente quando perceber pontos positivos nos outros. Faça comentários que você adoraria ouvir.

Para ser sincera, eu não o aconselharia a dizer "Você é linda" para todo mundo. (É melhor guardar comentários sobre a aparência para as pessoas que você tem certeza absoluta de que ficarão felizes em ouvi-los.) Prefira focar no que admira nelas, como "Você lidou muito bem com aquela situação complicada", "Você é brilhante", "Eu amei o layout dos seus slides", "Você é um modelo incrível para X porque Y". Você provavelmente ganhará um sorriso e uma amizade.

Mesmo que não sejamos muito engraçados, temos várias ferramentas para criar leveza na conversa. E, como Dave, não devemos nos preocupar em parecer pouco sinceros. Todo mundo quer se sentir admirado. Além disso, como veremos nos Capítulos 5 e 7, fazer elogios, expressar admiração e oferecer validação é ainda mais poderoso nos momentos difíceis de uma conversa.

Sem arrependimentos

Uma das tarefas que a casamenteira Rachel Greenwald estabelece para seus clientes (eu também a utilizo com meus alunos do FALE) é fazer uma lista das características que estão procurando em um par romântico, amigo ou colega de trabalho. É um ritual conhecido. Muitos de nós o fazemos instintivamente durante nossos anos de solteiro ou quando estamos buscando novos funcionários. Depois Rachel pede a eles que pensem em seu parceiro, amigo ou colega favorito e descrevam como se sentem quando estão com essas pessoas.

A comparação das listas revela um contraste impressionante.

Acadêmicos e não acadêmicos costumam supor que as pessoas veem as outras de uma maneira mais favorável quando elas correspondem a suas preferências de parceiro ideal.[50] Se Faye prefere gentileza e altura em um parceiro e Sonia prefere ambição e força física, então Faye deve se sentir atraída por parceiros altos e gentis, e Sonia deve curtir parceiros musculosos e ambiciosos.

Mas isso não dá conta de explicar como a seleção de parceiros, a atração interpessoal, a amizade e a colaboração bem-sucedida acontecem na vida real. Quando você pergunta a alguém sobre seu par romântico, amigo ou colega ideal, a lista de atributos pode ou não incluir "engraçado", "bobo" ou "positivo". Mas quando você pergunta como as pessoas de que mais gostam as fazem se sentir, a lista é sempre encabeçada por "feliz". Todos nós preferimos estar com pessoas que nos colocam para cima, ou seja, que nos deixam felizes.

Se analisássemos nossos pares dos encontros-relâmpago hoje, o que encontraríamos? Vamos imaginar que Tom e Cassie estejam juntos, casados e morando em Austin, Texas. Como são as conversas deles? Ainda estão flertando, seduzindo e brincando? Seus hábitos de leveza mudaram com a proximidade aconchegante desenvolvida nos últimos sete anos?

Vamos avançar mais com o passar das décadas. Pesquisas mostram que a leveza é *crucial* para a saúde e o bem-estar dos relacionamentos a longo prazo. Quando a psicóloga Jennifer Aaker perguntou a pessoas no leito de morte se tinham algum arrependimento, a resposta mais comum foi "gostaria de ter passado mais tempo rindo com as pessoas que amo".[51] Essa pesquisa nos lembra que uma vida (e carreira) *sem* leveza é uma perspectiva muito pior do que o risco ocasional de um fracasso momentâneo. Daqui a alguns anos, quando os participantes de encontros-relâmpago que estudamos relembrarem sua primeira conversa tola, espero que troquem um olhar de cumplicidade, façam tim-tim com os drinques de boas-vindas e riam, riam, riam.

TRÊS PONTOS PRINCIPAIS DO CAPÍTULO 4

L de Leveza

- Encontre a diversão, em vez de tentar ser engraçado.
- Elogie de forma efusiva.
- RIA com vontade!

CAPÍTULO 5

E de Empatia

Em 2009, a pintora, escritora, atriz e designer de roupas americana Gloria Vanderbilt, herdeira da grande fortuna da família Vanderbilt, acumulada com navegação e ferrovias, morreu de câncer de estômago aos 95 anos – após uma vida plena, passada quase toda sob os olhos do público. Recordada como um "ícone lendário da moda" e "desenvolvedora pioneira dos jeans", ela foi enterrada ao lado do marido, o autor Wyatt Cooper, e de seu filho Carter, que morreu em 1988 aos 23 anos.[1]

Para seu filho mais novo, Anderson Cooper, ficou o peso do luto. O âncora da CNN, então com 52 anos, já tivera grandes perdas: seu pai faleceu de uma doença cardíaca quando ele tinha apenas 10 anos; seu irmão mais velho cometeu suicídio quando Anderson tinha 21 anos, pulando do 14º andar do prédio residencial da família em Nova York. De muitas maneiras, essas experiências trágicas prepararam Cooper para a vida. Ele era conhecido pela calma e pelo equilíbrio em situações difíceis, seja cobrindo regiões devastadas pela guerra, como Somália, Bósnia e Ruanda, ou reportando desastres naturais, como o furacão Katrina e o terremoto do Haiti, em 2010. Mas algo sobre a morte da mãe o desestruturou. Dois meses depois, ele convidou para seu programa outra personalidade da TV que poderia lhe oferecer algum conforto: Stephen Colbert.

O mais novo de 11 filhos, Colbert alcançou destaque na mídia por meio do teatro de improviso. Ele começou como substituto de Steve Carell no grupo Second City Chicago e, mais tarde, foi aclamado pela crítica como um comentarista político conservador caricato em *The Daily Show*, de Jon Stewart, no Comedy Central. Por suas atuações na televisão, Colbert seria um convidado improvável para Cooper (um repórter mais incisivo), mas o ator também estava bem familiarizado com o luto. Ele havia perdido o pai aos 10 anos em um acidente de avião, junto com dois irmãos, Peter e Paul. Sua mãe também morrera mais recentemente.

A conversa entre Cooper e Colbert, que já acumulou mais de dois milhões de visualizações no YouTube, é uma das interações públicas de que mais gosto. Cooper explica que gostaria de falar sobre o luto e a perda porque encontra conforto em compartilhar sua dor; ele também queria abordar os efeitos da tragédia em Colbert. Os dois homens, ambos vestindo ternos elegantes, sentam-se em cadeiras de diretor no escritório de Colbert, nos bastidores do *The Late Show*. Parece mais uma conversa do que uma entrevista, principalmente porque não há plateia. São apenas duas pessoas conversando.[2]

Cooper começa mencionando uma carta de condolências que Colbert lhe enviara e em seguida fala sobre como a tragédia cria um abismo entre a pessoa que você foi e quem passou a ser.

– Até hoje divido minha vida como uma antes de meu pai morrer e outra depois – observou ele. – Como quando Pol Pot tomou o poder no Camboja.

– Sem dúvida – Colbert concorda imediatamente. – Sem dúvida. – Ele respira fundo. – Existe um outro Steve... aquele garoto *antes* de meu pai e meus irmãos morrerem.

Em sua memória, os anos passados haviam assumido um caráter espectral.

– Como cacos de vidro – diz Cooper. – Flashes.

Ao longo de vinte minutos, os dois refletem sobre como a perda moldou suas personalidades, suas carreiras e seus relacionamentos. Cooper se tornou um catastrofista, fazendo todos os tipos de cursos de sobrevivência, enquanto Colbert pendeu para a ficção científica e a fantasia. Cooper mergulhou no que o assustava; Colbert abraçou a estranheza e o humor. A conversa é marcante por sua sinceridade, sua autoconsciência ("Eu venho de uma família influente e privilegiada, e somos ensinados a reprimir nossas emoções" – diz Cooper) e pela maneira como esses dois homens adultos falam amorosamente sobre suas mães.

Mas o que torna a conversa tão poderosa? É a maneira como Cooper e

Colbert demonstram *cuidado* um com o outro. Cooper claramente se preparou para a conversa: leu outras entrevistas que Colbert dera, cita suas palavras, tem anotações e perguntas prontas. Colbert é autodepreciativo, e seus lampejos de humor são gentis; ele permite que Cooper lidere. Quando um homem se mostra vulnerável, o outro assente, desenvolvendo a ideia ou respondendo com uma revelação própria. (Colbert brinca que ele criou sua mãe, não o contrário. "Eu entendo perfeitamente", comenta Cooper. "Eu sempre vi minha mãe como uma alienígena. Eu precisava protegê-la e mostrar como viver neste mundo.") Eles se inclinam, encontram o olhar um do outro e se dão pequenos incentivos ("Isso mesmo", "Exatamente").

Depois de uns dez minutos, há uma mudança de tom entre eles.

– Isso vai soar estranho – diz Cooper. – Mas eu queria ter, tipo, uma cicatriz.

– Harry Potter! – exclama Colbert. – Eu sei o que você quer dizer.

– Mais como um vilão de James Bond – explica Cooper. – Descendo pelo meu olho e meu rosto.

Ele está imaginando uma marca que dê a impressão de que ele não é quem deveria.

Colbert se mexe na cadeira. Ele não vê sentido na ideia. Tira os óculos e sorri.

– Mas você é *inteiramente* a pessoa que deveria ser – retruca.

Nesse momento, quando os dois divergem em uma questão existencial, o cuidado mútuo se torna mais perceptível. Cooper se pergunta se a tragédia fez dele uma versão distorcida de si mesmo, e Colbert, um católico praticante, desafia gentilmente esse pensamento.

– Minha experiência com minha fé, extremamente imperfeita, admito, é que *não há* uma linha do tempo diferente – diz ele. – É isso. Sua atitude mais corajosa é aceitar com gratidão o mundo como ele é.

Cooper, que é famoso por ser reservado sobre suas crenças, resiste. Ele consulta suas anotações.

– Você disse a um entrevistador que aprendeu a "amar a coisa que eu mais queria que não tivesse acontecido". – Ele para de falar, lutando contra uma emoção repentina. – Você prosseguiu dizendo – aqui, a voz falha – "Quais punições de Deus não são presentes?" – Seus olhos ficam marejados, e ele pisca para conter as lágrimas. – *Você realmente acredita nisso?*

É um momento intenso. Colbert fica quieto por alguns segundos, mas não se esquiva, não desvia o olhar nem se distrai. Após essa pausa significativa, marcada por seu olhar inabalável, ele responde simplesmente:

– Sim. – Ele é grato, não pela tragédia em si, mas por como a viveu, conseguindo se conectar com os outros e amá-los mais profundamente. Para poder entender o que significa ser humano. – Eu quero ser o *mais* humano possível – continua ele –, e isso envolve... em última análise, ser grato pelo que eu não gostaria que tivesse acontecido, porque foi um presente.

Não causa surpresa que, nas semanas seguintes à exibição da conversa, ela tenha viralizado. Milhares de pessoas responderam on-line, compartilhando suas histórias de luto. O jornal *The Washington Post* considerou a entrevista o "melhor momento da TV" de 2019.[3] Os espectadores comentaram a humanidade e a humildade do encontro, mas muitos ficaram especialmente comovidos com a generosidade de Colbert e Cooper um com o outro. "É raro ver o entrevistado oferecer tanto apoio ao entrevistador", observou uma pessoa no YouTube. "O simples *sim* de Colbert me deixou aos prantos", escreveu outra.

A conversa teve um efeito duradouro em Cooper. Três anos depois, em 2022, ele estreou o podcast *All There Is,* sobre perda e luto. Dois dias após o lançamento, o primeiro episódio alcançou o primeiro lugar nos rankings de podcasts, tendo sido baixado mais de quatro milhões de vezes. O conforto que Cooper encontrou em sua conversa com Colbert era o que ele esperava oferecer aos outros.

– Todos nós passamos por isso – disse Cooper ao *The New York Times*.[4] – Essa ideia me deu força: a de que estou em uma estrada que foi percorrida por todos, de uma forma ou de outra.

No podcast, ele reflete sobre as profundas ramificações de sua conversa com Colbert.

– As palavras de Stephen me deixaram perplexo. Venho pensando nelas desde então.

Os objetivos dos outros

Ao longo da conversa, Cooper e Colbert fazem um gerenciamento espetacular dos temas em foco, com perguntas curiosas e leveza efervescente. Embora a conversa se concentre principalmente em perda e tristeza, ao longo do caminho eles abordam música, religião, infância, identidade, irmãos, Camboja, poesia, sobrevivência, medo, elfos e mães (assim como xícaras de chá, atrizes, amigos e alienígenas). Uma diversidade de tópicos vasta e rica. Eles fazem perguntas – 14 em vinte minutos – como "Você consegue amar seus inimigos?" e "Você entende? Está por dentro desse cenário, cara?". Eles riem sinceramente a cada dois ou três minutos, em reação a sarcasmos gentis como "Onze filhos era a versão particular dela de uma companhia de teatro".

Ainda assim, é a *empatia* deles que faz tudo parecer mais um abraço do que uma conversa. Eles se entreolham, trocam histórias, ouvem, riem e informam. Por trás do comportamento de ambos há um foco invisível, mas palpável, no outro: suas palavras, sua luta, sua vida, suas necessidades. É esse foco que não apenas eleva a conversa, mas permite que ambos alcancem seus objetivos. Cooper está no comando e seu objetivo é mais evidente na superfície, buscando algum insight que o ajude a processar seu luto ativo. Ele parece bastante certo de que o encontrará, o que pode ser o motivo pelo qual filma para depois compartilhar com um público amplo. Ao mesmo tempo, sabe que está perguntando a Colbert sobre uma das suas piores dores.

Cooper tem o cuidado de criar um ambiente no qual Colbert se sinta confortável e acolhido, enquanto descreve seu próprio passado trágico, e parece perceber que o objetivo de Colbert é se mostrar vulnerável, como uma forma de oferecer orientação empática. Até a resistência de Colbert é um modo de apoiar a necessidade de apoio de Cooper, insistindo gentilmente que ele (e qualquer outra pessoa assistindo) pode considerar vivenciar o luto de uma maneira diferente.

Empatia, a última, a mais desafiadora e, de certa forma, a mais essencial das máximas do FALE, se resume a uma premissa simples: tentar ao máximo colocar as necessidades de conversa dos outros em primeiro lugar. Sim, parece difícil, e pode ser impossível. *Sempre* colocar as necessidades dos outros em primeiro lugar é irrealista, e nem sempre é o ideal.

Porém, mesmo que a empatia seja um ideal que não podemos alcançar o tempo todo, buscá-la incansavelmente é a melhor chance que temos de ser as pessoas que pretendemos. Buscar priorizar os outros requer uma devoção contínua (e sincera) a nossos parceiros. O trabalho do bom conversador é descobrir aquilo de que seu parceiro precisa. Ter empatia é ajudá-lo a conseguir isso, seja o que for: encorajamento, feedback sincero, novas ideias, uma risada rápida, um bom ouvinte, perguntas desafiadoras, uma pausa.

Enquanto foco e perguntas de aprofundamento fornecem a substância do jogo de coordenação e a leveza mantém os jogadores interessados, a empatia cria um espaço onde o jogo pode florescer, onde os jogadores se sentem respeitados e valorizados. Para vencer, cada jogador precisa se concentrar em fazer o que puder para ajudar os outros a darem seu melhor. Foco, aprofundamento e leveza nos ajudam a decidir o que dizer, mas a empatia leva essas habilidades a um nível de elite. A empatia é a busca pela excelência.

Empatia dá trabalho

Praticar empatia parece simples. É como dizer "Seja gentil!" ou "Faça o que é certo!", mas, na vida real, nós estragamos tudo o tempo todo. O motivo tem muito a ver com nossos instintos humanos egocêntricos.

O psicólogo suíço Jean Piaget, avô da psicologia do desenvolvimento, foi o primeiro a traçar o desenvolvimento da cognição em crianças. Por volta dos 7 anos, à medida que saem de um estado de "egocentrismo extremo",[5] as crianças começam a reconhecer que outras pessoas têm diferentes perspectivas e necessidades. Até então, seu comportamento é marcado por hilários (e às vezes frustrantes) fracassos egocêntricos, como não entender que outras pessoas ainda podem vê-las quando colocam as mãos sobre os olhos durante uma brincadeira de esconde-esconde, ou que gritar "Isso é meu!" ou "Eu estava usando isso!" não é justificativa suficiente para tomar um brinquedo ou lanche do colega (e é mais provável que incite o conflito do que o evite). Mas é fácil nos livrarmos do "egocentrismo extremo" depois dos 7 anos? A resposta é: não muito.

O egocentrismo afeta todos os aspectos da conversa. Opera sempre em segundo plano, como um marionetista obscuro que sabota nossa capacidade de conversar efetivamente. Sabota a possibilidade de escolher bons tópicos de conversa porque nos faz optar por aqueles de que gostamos (na suposição ou esperança de que nosso interlocutor também os apreciará).[6] Ele sabota o talento de fazer boas perguntas (especialmente aquelas que deixariam o outro animado para responder). Sabota a criação de momentos de leveza e humor, que deixariam nosso interlocutor satisfeito e engajado. A mente adulta é bem construída para a sobrevivência, mas não tão bem para pensar nos outros, sobretudo sem planejamento e especialmente quando suas preferências e seus objetivos diferem dos nossos.

Estudos recentes do psicólogo Boaz Keysar mostram nosso egocentrismo durante uma conversa.[7] Keysar e seus coautores pediram que pares de pessoas se sentassem costas com costas, assumindo os papéis de falante e ouvinte. Os falantes foram convidados a imaginar um cenário como *Você suspeita que seu amigo está planejando uma surpresa*. Depois receberam a instrução de falar algo relacionado a esse cenário (com a inflexão que quisessem). Nesse caso, a frase a ser usada era: "O que você anda planejando?". Esse tipo de pergunta pode levar o falante a franzir a testa, levantar a voz e fingir um ceticismo atrevido, como um inspetor ou investigador dos tempos antigos. Essas dicas não verbais e sonoras podem ajudar os ouvintes a adivinharem seu significado pretendido (eles suspeitavam de uma surpresa) a partir de um conjunto infinito de possibilidades.

No experimento de Keysar, os ouvintes deveriam identificar o significado pretendido pelo falante a partir de uma lista predeterminada de quatro opções plausíveis, incluindo a opção correta, que era conhecida apenas pelo falante. Quem ouviu a pergunta "O que você anda planejando?" poderia escolher entre: "O falante está 1) sugerindo que fui infiel, 2) desconfiando que estava planejando uma surpresa para ele, 3) zangado porque estou trinta minutos atrasado ou 4) curioso sobre a minha vida.

Qual foi o resultado? As pessoas superestimaram a própria capacidade de compreensão. Pensaram que tinham identificado o significado pretendido pelo falante (opção 2) corretamente 85% das vezes, enquanto os falantes pensaram que os ouvintes tinham entendido o significado pretendido 70% das vezes. Os ouvintes de fato entenderam o significado pretendido pelo falante apenas 44% das vezes. O resultado é muito baixo e preocupante.

Keysar e seus coautores não pararam por aí. Talvez a descoberta mais surpreendente tenha ocorrido quando eles repetiram o experimento com pessoas que *não falavam a mesma língua*. Os falantes fizeram declarações em chinês para ouvintes que só falavam inglês, mas tanto os falantes quanto os ouvintes *continuaram* superestimando a compreensão. Em 65% das vezes os ouvintes americanos acreditaram que tinham entendido o significado pretendido pelo falante, baseados no tom de voz, e os falantes de chinês concluíram que os ouvintes americanos os tinham entendido 50% das vezes. Embora a confiança tenha sido menor do que a dos participantes que falavam a mesma língua, eles ainda estavam muito enganados: os ouvintes americanos identificaram corretamente o significado pretendido em apenas 35% das vezes.

O dramaturgo irlandês George Bernard Shaw descreveu esse enigma com uma frase que ficou famosa: "O maior problema com a comunicação é a ilusão de que ela ocorreu."[8] Keysar disse que seus estudos mostraram a "extrema ilusão de compreensão" dos falantes em conversas reais.

Quando se trata de conversar com empatia, o problema é que não podemos priorizar e atender às necessidades dos outros se não os entendemos, sobretudo quando avaliamos mal o que querem. Claro, é impossível sermos totalmente altruístas – nem deveríamos. Todos nós temos as próprias necessidades no lado pouco relacional da bússola conversacional.[9] Porém, quanto mais você puder descobrir sobre a mente dos outros, melhor posicionado estará para responder a eles.

No experimento de Keysar, os quatro significados possíveis são muito diferentes: alguém acredita que você foi infiel, acha que você pode estar planejando uma surpresa, que está com raiva porque você se atrasou ou está simplesmente curioso sobre sua vida. A maneira como você responde influenciará o rumo da conversa no curto prazo e como seu relacionamento se desenvolverá no longo prazo (caso continue). Em conversas corriqueiras, temos que decifrar as intenções dos outros o tempo todo. Suponha que você esteja lavando a louça, quando alguém se aproxima e diz: "Eu adoraria lavar a louça." Você tem que interpretar se é isso mesmo ou se aquela é a última tarefa que ela deseja fazer, ou algo diferente. Se aceitar a ajuda, estará mais preparado para demonstrar gratidão, fazer uma piada ou dar um abraço porque ela realmente queria lavar a louça desde o início? Em termos práticos, mesmo quando priorizamos nossas necessidades em detrimento das do outro, é melhor fazê-lo conscientemente.

O comportamento de Colbert durante a entrevista à CNN foi empático de muitas maneiras. Embora o segmento tenha sido voltado para uma entrevista de Colbert no programa de Cooper (o título era "A entrevista de Stephen Colbert"), Colbert rapidamente mudou o foco para apoiar Cooper.

Colbert estava em uma posição única para entender a perspectiva de Cooper e seus objetivos – perceber que Cooper esperava que as dificuldades de Colbert com a perda e o luto (àquela altura, muitos anos antes) pudessem lhe oferecer apoio e consolo em seu momento. De certa forma, Colbert estava se preparando para essa conversa havia 45 anos, desde a perda do pai e dos irmãos ("Papai e os meninos"). Segundo ele, suas experiências permitiram que ele "tivesse consciência da perda de outras pessoas, se conectasse, amasse mais profundamente, entendesse como é". Ele percebeu exatamente do que Cooper precisava – apoio, segurança, uma nova perspectiva sobre autoidentidade e perda – e lhe ofereceu tudo isso.

Linguagem respeitosa

Para sermos empáticos como Colbert e Cooper, precisamos nos aprofundar na prática da empatia conversacional, começando com seus dois componentes fundamentais: como falamos (com respeito) e como ouvimos (com receptividade). O primeiro e mais básico pré-requisito para a empatia é o *respeito*. Precisamos respeitar e valorizar outras pessoas para priorizar suas necessidades. Quando crianças, fomos ensinados sobre a importância do respeito tanto na escola quanto pela Rainha do Soul, Aretha Franklin, em sua lendária canção *Respect* (que, com todo o respeito, foi escrita por Otis Redding).[10] Entretanto, mesmo ouvir esse hino repetidamente não nos dá uma definição clara de como o R-E-S-P-E-I-T-O se dá nas conversas do dia a dia.

Não é culpa de Aretha, nem do seu professor do ensino fundamental. Respeito é um conceito complexo e gradativo, que pode ser manifestado através de um número infinito de pensamentos e comportamentos. Sabemos disso quando o notamos – o respeito mútuo de Cooper e Colbert é palpável – e percebemos quais comportamentos não o incluem. Mas o que as pessoas muito respeitosas dizem e fazem em suas conversas? Existe uma linguagem previsível que resulte em respeito?

A ciência da conversa nos ajuda a ir além da compreensão vaga e comumente aceita de respeito e a nos aprofundar na *linguagem* que usamos. Na prática, nossa linguagem contém elementos pequenos e específicos que comunicam respeito (microgentilezas) que devemos usar com mais frequência em nossas tentativas de sermos gentis. Por outro lado, certos elementos da linguagem comunicam desrespeito (microagressões), e devemos evitá-los. Um excelente estudo realizado por uma equipe de cientistas da computação da Universidade de Stanford teve como objetivo identificar esses elementos.

Os pesquisadores examinaram imagens de câmeras corporais de 981 abordagens de trânsito, conduzidas por 245 policiais do departamento de polícia de Oakland em abril de 2014.[11] De acordo com a política do departamento, os policiais devem ligar suas câmeras antes de fazer contato com um motorista e gravar a interação. Das 183 horas de filmagem, foram obtidas mais de 36 mil declarações de policiais.

Esse conjunto de dados é notável pela sensibilidade – são interações de alto risco tanto para a polícia quanto para os civis – e ainda mais pela escala. Foi a primeira vez que alguém conseguiu avaliar como os policiais se comunicam com o público. Essas interações, que ocorrem em um contexto muito específico e potencialmente tenso, geram insights que podemos aplicar também a nossas conversas cotidianas. O tipo de linguagem que, vinda dos policiais, deixa os cidadãos desconfortáveis durante uma abordagem de trânsito provavelmente também deixará desconfortáveis seus amigos, seu par romântico, sua mãe e todos os seus interlocutores em circunstâncias menos complexas.

Os pesquisadores usaram ferramentas computacionais para rotular 22 características linguísticas nas 36 mil declarações de policiais.[12] Por exemplo, sempre que os policiais usavam *desculpa, opa, oops, com licença*, como em "Desculpa pela confusão, a culpa é minha", os pesquisadores rotulavam como Pedidos de Desculpas. Sempre que um policial usava *não* ou *nunca*, como em "Isso não pode", eles rotulavam como Negação Linguística. Os pesquisadores classificaram essas características em termos de respeito: quais faziam os policiais parecerem mais ou menos respeitosos para cidadãos reais na Califórnia? Eles fizeram um gráfico: as mais respeitosas foram colocadas no topo e as menos respeitosas, na base.

O que é impressionante sobre as descobertas é que esses cientistas da computação conseguiram desvendar o significado de respeito, não apenas para Aretha, mas para 981 cidadãos. Para nossos propósitos, essa análise inovadora indicou três regras de senso comum sobre linguagem respeitosa que podemos aplicar em nossa vida: a linguagem respeitosa faz as pessoas se sentirem (1) vistas e validadas, (2) agradáveis e (3) dignas de cuidado.

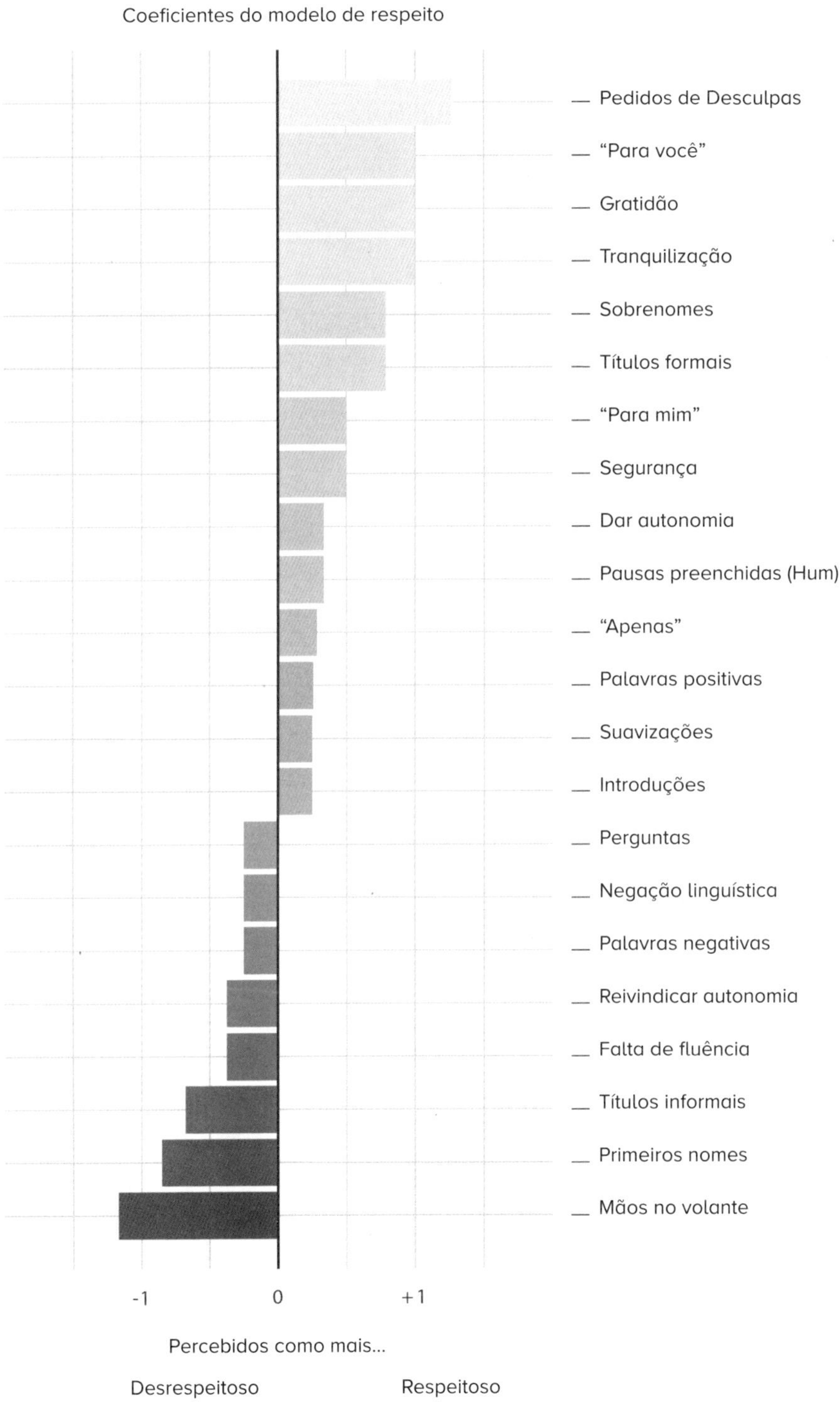
Coeficientes do modelo de respeito
Pedidos de Desculpas
"Para você"
Gratidão
Tranquilização
Sobrenomes
Títulos formais
"Para mim"
Segurança
Dar autonomia
Pausas preenchidas (Hum)
"Apenas"
Palavras positivas
Suavizações
Introduções
Perguntas
Negação linguística
Palavras negativas
Reivindicar autonomia
Falta de fluência
Títulos informais
Primeiros nomes
Mãos no volante
-1
0
+1
Percebidos como mais...
Desrespeitoso
Respeitoso

Vistas e validadas

Para começar, as pessoas querem se sentir vistas e validadas, ou ser corretamente compreendidas. O conversador empático, em sua busca por priorizar as necessidades dos outros, pode presumir que todo ouvinte quer se sentir visto e validado.

Fazer as pessoas se sentirem dessa forma começa pela maneira como nos dirigimos a elas. O estudo de Oakland revelou que chamar as pessoas pelo seu nome (ou por outras formas preferidas de tratamento) é de extrema importância.* Os cidadãos queriam ser vistos como indivíduos, não como ovelhas a serem guiadas, controladas e punidas. Para se sentirem respeitados, eles queriam ser tratados com a formalidade que a ocasião exigia. Embora termos carinhosos como *querido* ou *irmão* possam ser calorosos e bem-vindos em alguns contextos, referências mais formais, como *Sr.*, *Sra.* ou *Dr.*, são mais respeitosas em outros (inclusive em abordagens de trânsito). A maioria das pessoas gosta de ser chamada pelo primeiro nome. Barbara Walters fez questão de chamar a Sra. Lewinsky de "Monica" porque a entrevista exigia que Walters transmitisse segurança e afeto. Da mesma forma, peço aos meus alunos do FALE que usem crachás durante a maior parte do semestre, pois saber os nomes uns dos outros torna a interação mais confortável e familiar. Apelidos também podem ser cativantes, embora devam ser usados com cautela se alguém ainda não se sente próximo o suficiente para ser tratado pelo primeiro nome ou apelido.

Fazer as pessoas se sentirem vistas e validadas vai muito além de chamá-las pelos nomes. A linguagem que usamos – o foco que levantamos, as perguntas que fazemos, as histórias que compartilhamos – pode tocar em muitos aspectos das identidades de nossos interlocutores, da essência de sua personalidade. Portanto, devemos agir com sensibilidade.

Em 2006, o prêmio Nobel de Economia Amartya Sen escreveu: "A principal esperança de harmonia no nosso mundo conturbado [...] reside na

* Nos dados de abordagem de trânsito, os cidadãos preferiram ser chamados pelo título formal e sobrenome, como em "Boa noite, Sr. Silva" ou "Aqui está sua carteira de volta, Srta. Silva". No lado desrespeitoso, os policiais que usaram o primeiro nome dos cidadãos e títulos informais, como *cara, mano, chefe, amigo, companheiro, campeão, homem, irmão, irmã, filho, filha ou chefe*, foram classificados como mais desrespeitosos.

pluralidade de nossas identidades."[13] Penso que Sen quis dizer que não somos seres monolíticos, que não somos apenas nossa raça, nosso gênero ou nossa religião. Cada ser humano é composto de aspectos belos e diversos: raça, sexo, gênero, nacionalidade, idioma, idade, religião, educação, riqueza, valores, ideologias, sexualidade, saúde, família, amigos, passatempos, experiências, preferências e assim por diante. Cada parceiro de conversa é diferente de você, até um amigo muito próximo, que pode se parecer muito com você. Minha gêmea idêntica, que é uma cópia exata do meu DNA e teve a mesma criação que eu, possui talentos, hábitos, preferências e paixões que eu não tenho. Claro, alguns interlocutores são mais diferentes de você do que outros (ou pelo menos se *sentem* assim). Seu objetivo como um conversador empático é caminhar ao lado dele, não importa quem seja, e agir para fazê-lo se sentir visto e validado.

Companhias apreciadas

O segundo tipo de linguagem respeitosa revelado pelo estudo da câmera corporal é o tom emocional. Os cidadãos perceberam palavras positivas como *bom, ótimo* e *maravilhoso* (a característica linguística Palavras Positivas) como respeitosas, enquanto palavras como *ruim* e *pior* (Negação Linguística e Palavras Negativas) foram percebidas como desrespeitosas.

A linguagem positiva e a negativa são importantes porque as palavras evocam sentimentos correspondentes – bons ou ruins – em nosso interlocutor. Palavras positivas dão a sensação de que está tudo bem, enquanto as negativas evocam sentimentos negativos. Esse ponto simples é importante porque as pessoas anseiam sentir que é bom estar com elas. Todos querem que seu interlocutor esteja feliz e confortável em sua presença, não irritado, desconfortável ou ansioso para ir embora.

Essas descobertas servem como um lembrete de que o tom emocional, assim como a leveza, são extremamente importantes. Nossas interações precisam ser agradáveis, não apenas por diversão, mas também para transmitir dignidade e valor humano. Fazer nosso interlocutor se sentir bem é respeitoso porque mostra que gostamos de estar com ele, que queremos lhe dar nossa atenção, enquanto fazê-lo se sentir mal é desrespeitoso porque o faz ter a impressão de que preferiríamos ficar sozinhos ou com outra pessoa.

"Que bom ouvir sua voz", "Que gentil de sua parte perguntar" e "Me conta como foi seu fim de semana" transmitem respeito.

Dignas de cuidado

No estudo de abordagem de trânsito, o uso de certos recursos linguísticos pelos policiais – pedir desculpas, dizer "para você", agradecer, dar garantias, mencionar segurança, dar autonomia* – enviou uma mensagem importante: o policial considerava o motorista digno de cuidado.** Todos nós queremos nos sentir dignos da atenção e do cuidado, que somos valiosos, que temos importância. Pequenos aspectos da linguagem, como "Ah, desculpa", "Eu gosto de você", "Você está indo muito bem", "Não se preocupe, está tudo bem", "Vá em segurança!" ou "Quer um salgadinho para a estrada?", transmitem que a saúde, a segurança, o conforto e a felicidade dos outros são importantes.

Durante as abordagens de trânsito, as três categorias de linguagem respeitosa – **fazer as pessoas se sentirem vistas e validadas, bem em sua companhia** e **dignas de cuidado** –, mesmo quando transmitidas por meio de escolhas linguísticas muito sutis, tiveram consequências. No estudo, a linguagem desrespeitosa não apenas se correlacionou com mais revistas nos veículos e multas, como as expressões de respeito ou desrespeito nas interações pessoais com policiais desempenharam um papel central nos julgamentos dos cidadãos sobre a justiça processual da polícia como instituição e afetaram a disposição da comunidade em apoiar ou cooperar com a polícia de maneira geral. Talvez não cause surpresa que a principal descoberta dessa pesquisa seja que os policiais usaram uma linguagem mais respeitosa com motoristas brancos do que com motoristas negros. Essa

---

* Os cidadãos classificaram o Pedido de Desculpas como o recurso linguístico mais respeitoso de todos. O uso dessa linguagem sinaliza que o policial percebe que ele também comete erros ou reconhece que é uma situação desagradável para o cidadão. Revisaremos o poder notável dos pedidos de desculpas no Capítulo 8.

** O uso dos recursos linguísticos menos respeitosos pelos policiais, incluindo Mãos no Volante e Reivindicar Autonomia, passou a impressão de que o policial não acreditava que o cidadão fosse digno de cuidado. Como Mãos no Volante é uma fala recorrente em filmes e séries, talvez não seja surpresa que tenha ficado em último lugar no ranking do respeito.

descoberta é devastadora. Fornece evidências, a partir de pequenas escolhas linguísticas, do desrespeito generalizado que pode fazer populações inteiras sentirem que precisam de um movimento social para convencer os outros de que são importantes.

O contágio do desrespeito

Enquanto a linguagem respeitosa é capaz de nos humanizar e nos aproximar, marcadores sutis de desrespeito podem nos desumanizar e nos segregar. É muito difícil estar no lado receptor da linguagem desrespeitosa (ou da omissão perceptível da linguagem respeitosa) e ouvir algo além de sirenes. Receber expressões sutis de raiva ou desrespeito inunda a amígdala – o pequeno centro de resposta de luta ou fuga em formato de amêndoa no cérebro – com neuroquímicos, como se estivéssemos em perigo físico. Esse processo, conhecido como sequestro da amígdala, interfere no funcionamento racional do cérebro.[14] Isso nos deixa ansiosos, o que desencadeia uma resposta de congelar ou fugir, ou nos faz sentir reciprocamente irritados, desencadeando a resposta de lutar. Congelar, fugir e lutar impedem a ocorrência de empatia conversacional. O problema é que podemos não perceber nossa própria linguagem como desrespeitosa porque as escolhas linguísticas são sutis e muitas vezes operam fora do alcance da consciência.

O psicólogo Trevor Foulk e seus coautores perguntaram a adultos sobre suas experiências com "comportamentos negativos de baixa intensidade" no trabalho. As descobertas mostram que a grosseria e outros microcomportamentos negativos se espalham "como um resfriado": são amplamente dispersos, bastante contagiosos e qualquer um pode espalhá-los.[15] Esses acadêmicos observaram como as pessoas formam conexões lógicas entre o comportamento dos outros e punições severas. Em um exemplo, um trabalhador chega atrasado a uma reunião e é repreendido, primeiro com uma linguagem muito dura: "Como você pode chegar tão atrasado? O que está acontecendo com você? Começamos há mais de 15 minutos. Não sei como você espera manter qualquer tipo de emprego com esse tipo de comportamento. Agora é tarde demais, vá embora." Em um segundo caso, um trabalhador que chega atrasado é tratado com mais respeito: "Sinto muito, mas já iniciamos, e infelizmente é um pouco tarde para você começar neste momento. Me mande um e-mail mais tarde, e daí vemos se conseguimos encontrar outra sessão para encaixá-lo."

As pessoas que presenciaram tudo podem não ter reagido duramente, mas a versão desrespeitosa fica alojada em sua mente e muda seus pensamentos. Não é que permaneça ativa para sempre, mas na próxima vez que virem alguém chegar atrasado em um contexto semelhante essa linguagem será reativada, e eles estarão mais propensos a repetir o desrespeito com a pessoa que não foi pontual. Felizmente, tudo indica que esses efeitos desaparecem em pouco tempo. Se um indivíduo vivencia um encontro rude, seguido por um encontro não rude, o novo episódio substitui a associação entre o cenário da conversa e a grosseria. Mas, quando considerado em toda uma rede social, mesmo repetições únicas de desrespeito são muito prejudiciais. Isso significa que todos nós estamos ouvindo e repetindo. Todos pegamos o vírus.

Embora os instintos de acomodar, repetir e se fundir com a linguagem falada dos outros frequentemente sejam bons, eles passam a ser perigosos no caso da linguagem rude. Nós nos tornamos menos respeitosos não apenas quando nos sentimos desrespeitados, mas também quando testemunhamos desrespeitos. O simples fato de presenciar um ato de incivilidade ou grosseria influencia profundamente nossa atitude mental. A pesquisa da psicóloga Kathleen Vohs mostra que assistir a um pequeno ato de desrespeito ou incivilidade pela manhã interfere em nossa percepção do dia inteiro.[16] Ver micromanifestações de incivilidade cria um "círculo vicioso" de desrespeito e ceticismo sobre a natureza humana, predispondo-nos a ser mais desrespeitosos. Nossas interações, sejam gentis ou não, afetam não apenas a nós mesmos e nosso interlocutor, mas também todos a nosso redor.

O desrespeito se espalha como manchetes sensacionalistas de jornais, impressas e reimpressas por nossas bocas. Também atrapalha quando se trata de praticar a empatia: mesmo breves interações entre outros podem transformar, inconscientemente, pessoas boas em não tão boas. Conversadores empáticos devem ficar atentos para impedir a disseminação do desrespeito, recusando-se a repeti-lo.

Essa forma de agir é particularmente desafiadora quando você é a vítima do desrespeito. Uma vez, um executivo me perguntou se valia a pena ficar para minha aula. Eu estava estreando como docente no programa executivo da Harvard Business School, e era a única professora do sexo feminino. Fiquei zangada, magoada, indignada. Ele achava, com base apenas em minha aparência, que minha aula não seria útil? Naquele contexto, por ser uma jovem mulher e ter que lutar por respeito, me pareceu muito desrespeitoso. Ainda assim, respondi pacientemente:

– Sim, você deve ficar. Vai ser ótimo.

Alguns meses depois, eu estava reclamando desse episódio com um colega do mesmo programa. Ele se lembrou do aluno e me disse algo que eu não sabia: aquele executivo precisava escolher a que aula assistir porque havia sido diagnosticado com uma doença grave e precisava descansar. Ou seja, a questão não era eu. Isso funcionou como um lembrete do pouco que sabemos sobre os outros e suas necessidades. Como os estudos de Boaz Keysar sobre falantes de inglês e chinês mostraram, nunca sabemos quanto nossa compreensão da conversa básica pode estar distante da realidade. Neste mundo incerto, em que ninguém é totalmente conhecido e nossa ilusão de compreensão pode ser extrema, é melhor dar às pessoas o benefício da dúvida – errar pelo lado do respeito – mesmo quando for bem difícil.

Escuta responsiva

Usar uma linguagem respeitosa é empático, usar uma linguagem desrespeitosa é cruel. Mas nossas escolhas linguísticas, ou as palavras que usamos, são apenas a ponta do iceberg quando se trata de praticar empatia conversacional. A máxima da empatia não é apenas sobre falar; o mais importante é sobre *ouvir*.

Há décadas especialistas e a mídia defendem a importância da "escuta ativa".[17] Essa técnica envolve o uso de sinais não verbais de escuta, como sorrir, acenar, rir, inclinar-se em direção ao interlocutor, encontrar seu olhar, espelhar seus gestos. Essas manifestações são extremamente úteis. Pessoas percebidas como "boas ouvintes" acumulam todos os tipos de benefício.[18] Parceiros românticos com essa característica têm casamentos melhores. Professores vistos como bons ouvintes recebem melhores avaliações. Médicos com esse perfil estão sujeitos a menos processos judiciais.

Mas as *percepções* sobre uma boa escuta são úteis até certo ponto. Aqui, no espírito da empatia, quero enfatizar a importância da escuta verdadeira. Não apenas usar sinais não verbais para dar a entender que escutou, mas fazer o trabalho cognitivo difícil de *realmente* ouvir, concentrando a atenção e o poder cerebral nos outros. É mais complicado do que parece. Para priorizar as necessidades das pessoas, precisamos descobrir quais são. A única maneira de fazer isso é prestando atenção e processando o que vemos e ouvimos. Ouvir é a cola essencial que mantém unidas as máximas do FALE.

Se por um lado a escuta ativa se manifesta por meio de sinais *não verbais*, minha pesquisa com milhares de estranhos, pessoas próximas e duplas médico-paciente mostra que a melhor maneira de expressar a escuta real é por meio de sinais *verbais*: fazendo perguntas de acompanhamento, parafraseando, dando crédito a ideias de terceiros, usando referências a outras conversas (ou relacionamentos passados).[19] Embora sinais não verbais como sorrir e acenar com a cabeça deem a impressão de que você está ouvindo, e que isso seja importante, eles também são fáceis de executar, o que pode, inadvertidamente, permitir que você não preste atenção de fato. (Pense em todas as vezes em que você se viu sorrindo e acenando no Zoom, enquanto sua mente divagava para outro lugar.) Mas só conseguimos oferecer sinais *verbais* de escuta – palavras que *atestam* que você ouviu seu interlocutor – se de fato estivermos ouvindo com atenção. Não pode haver ilusão de compreensão se usarmos nossas palavras para expressar nosso verdadeiro entendimento.

Sinais verbais de escuta são exemplos de *responsividade*, ou a extensão em que um ouvinte expressa compreensão, validação e cuidado.[20] É o que os indivíduos querem dizer quando relatam se sentirem ouvidos por um interlocutor, e está no cerne da empatia que estamos nos esforçando para ter. Então, enquanto bons conversadores praticam a escuta ativa, grandes conversadores praticam a *escuta responsiva*. Eles tentam o tempo todo perceber, interpretar, questionar, reparar e desenvolver as ideias um do outro. Uma maior responsividade a um interlocutor permite prever fielmente o sucesso de relacionamentos de longo prazo, melhorando a intimidade, o apego e a saúde emocional.

Você está ouvindo mesmo?

Dá trabalho praticar a escuta responsiva. Em meio ao ataque de informações visuais e auditivas que sofremos, processar o significado do que alguém está comunicando requer muita concentração. E a concentração é duplamente dificultada por nossa biologia. As mentes foram construídas para *divagar*, tanto que alguns filósofos sugeriram que grande parte da conversa humana inclui muito pouca escuta real.[21] O filósofo Abraham Kaplan, por exemplo, cunhou o termo "duólogo" para uma conversa em que nenhuma das partes realmente escuta a outra. Um duólogo é mais do que um monólogo porque os participantes se revezam para falar, mas não é bem um diálogo porque eles não respondem um ao outro. As linhas de conversa correm paralelas, sem se cruzar.

Nossas conversas podem se assemelhar a duólogos mais do que gostaríamos de acreditar. Em um experimento com mensagens instantâneas, Bruno Galantucci e seu colega Gareth Roberts descobriram que de 27% a 42% dos participantes não notaram quando seu interlocutor de conversa foi substituído, mesmo quando o novo falante cometeu erros óbvios, como referências incorretas ao gênero do parceiro.[22] Em outro estudo, Galantucci descobriu que, quando um pesquisador se passando por participante disse "Ideias verdes incolores dormem furiosamente"[23]* no meio de uma conversa cara a cara, apenas um terço dos interlocutores notou a frase sem sentido, e 90% não se lembraram dela em uma lista mostrada depois.

Em minha pesquisa com as cientistas comportamentais Hanne Collins, Ariella Kristal e Julia Minson, descobrimos que, em conversas com estranhos, as pessoas relataram ouvir atentamente 76% do tempo[24] e permitir que suas mentes divagassem 24% do tempo. (Elas informavam reservadamente a atenção da escuta a cada cinco minutos durante a conversa.) Isso é quase um quarto perdido para a desatenção. Como admitir que você não está ouvindo não é desejável do ponto de vista social, é provável que essa porcentagem esteja um tanto abaixo da real.

Isso pode parecer ruim, mas há um lado positivo: as pessoas conseguiam ajustar sua escuta quando estavam motivadas a fazê-lo. Elas ouviam com

* Esta frase gramaticalmente correta, mas sem sentido, foi cunhada pelo linguista Noam Chomsky.

mais atenção quando pedíamos, especialmente quando eram pagas com base em quanto se lembravam do que tinha sido dito ou na avaliação do interlocutor. (O dinheiro falava, elas ouviam.) A escuta responsiva exige um trabalho árduo mas possível, sobretudo quando você se importa com isso. Para ser um ótimo conversador, é essencial que você se importe.

Pistas de retorno de canal

Como vimos antes, se você se esforçou para ouvir o melhor que pôde, é importante demonstrar isso por meio da escuta responsiva, não apenas balançando a cabeça, sorrindo e rindo (o que não é garantia), mas também com sinais verbais explícitos de escuta, que não tem como simular. Na entrevista da CNN, Stephen Colbert usa o tempo todo a escuta responsiva para mostrar que está de fato ouvindo Anderson Cooper. Na troca a seguir, em que Cooper comenta sobre como as pessoas hesitam em falar da morte, as interjeições de Colbert são indicadas entre colchetes angulares e *itálicos*:

> Eu sempre acho interessante como, quando você, você sabe, menciona isso ao conhecer alguém pela primeira vez, e a pessoa diz "Ah, desculpa por tocar nesse assunto". <*Mmhmm.*> Como se, o que ela não <*como se você fosse se esquecer da pessoa que morreu*> percebesse é que estou pensando nisso o tempo todo. <*Constantemente, exatamente.*> É como você disse, <*exatamente*> é, é um dos meus braços, é uma extensão de quem eu sou.

Colbert então termina a frase de Cooper:

– E, muito possivelmente, pelo resto da vida.

As constantes e sutis interjeições de Colbert são chamadas de *pistas de retorno de canal*: expressões cronometradas de afirmação verbal, encorajamento, compreensão ou confusão. As pistas, junto com o hábito de terminar frases, são exemplos de escuta responsiva. As pistas de retorno de canal são parte do processo colaborativo de *aterramento*, no qual o falante e o ouvinte coordenam suas contribuições para garantir o entendimento mútuo.[25]

A psicóloga Janet Bavelas e seus colegas fizeram uma microanálise de sessões de psicoterapia e de conversas entre estranhos. Eles descobriram que o aterramento é um processo de três etapas:

- O falante apresenta informações. ("Eu não gosto deste queijo.")
- O ouvinte demonstra algum nível de compreensão. ("Ah, não?")
- O falante reconhece (ou corrige) o que o ouvinte disse. ("Eu adoro a maioria dos queijos, mas este gouda com mostarda é horrível.")[26]

O trabalho de Bavelas mostra que os ouvintes não são apenas espectadores passivos ou silenciosos, que servem apenas para absorver informações. Como vimos nos Capítulos 3 e 4, ouvintes conversacionais são "conarradores" das histórias e revelações de seus interlocutores por meio de pistas de retorno de canal. Sem essas pistas (*hã?*), é impossível para um falante saber se e quando seu interlocutor está ouvindo e entendendo sua fala (como um seminário on-line em que o falante se dirige a um vazio sem alma, silencioso e desorientador). As pistas de retorno de canal ajudam os falantes a perceber quando precisam fornecer mais informações.[27]

Além de orientar a troca de informações por meio do aterramento, as pistas de retorno de canal também podem adicionar energia e efervescência a uma conversa (como vimos no Capítulo 4) ao encorajar ativamente e reagir emocionalmente ao que o falante diz. Nosso uso sutil de *oh!*, *jura?* ou *não acredito!* os anima ou avisa que devem seguir em outra direção.

Eu fingi o tempo todo

Assim como acontece com os sinais não verbais, é possível simular as pistas de retorno de canal. A escolha do tempo certo e o ritmo da conversa são tão instintivos que a maioria das pessoas consegue sentir a necessidade de um *ah* ou *um-hmm* genéricos para mantê-la viva. No trabalho de Bavelas, as pistas de retorno de canal genéricas e desengajadas se mostravam mais esparsas do que as engajadas. Pior ainda, fingir pode ter o efeito inverso do pretendido: os falantes que receberam pistas de retorno de canal genéricas lutaram para contar suas histórias com confiança, um sufocamento de objetivos interpessoais que se qualifica como falha de empatia. Por outro lado, pistas de retorno de canal específicas e engajadas rastrearam a lógica do conteúdo, como quando Colbert disse "como se você fosse esquecer a pessoa que morreu" ou "Constantemente, exatamente", para confirmar e enfatizar o sentido da história de Cooper.

Como falantes, precisamos que nossos ouvintes reajam. Um silêncio sepulcral é terrível, tanto no Zoom como presencialmente. Os efeitos positivos de ouvintes engajados que agem como conarradores são recorrentes: bons retornos de canal ajudam a pontuar o que o narrador diz, além de melhorar a entrega. Pense na última vez que você compartilhou algo importante, pessoal ou confidencial com alguém. Você estava monitorando a resposta do interlocutor enquanto falava? Estava louco por qualquer resquício de afirmação, aceitação, garantia ou encorajamento? Sentiu-se confortável e seguro enquanto falava? Se sim, o que seu interlocutor estava fazendo? O que ele fez – ou não –, caso tenha se sentido desconfortável?

Como ouvintes, não queremos que nossos parceiros de conversa se sintam mal. Lembre-se, queremos que eles saibam que nos sentimos bem em sua companhia. Se fingirmos pistas de retorno de canal, cantarolando *um-hums* esporádicos enquanto nossa mente está longe, esse comportamento não servirá à conversa, sendo apenas um sinal de que nos desligamos e que nossas micromentiras de atenção prejudicam a capacidade do interlocutor de se envolver também. Embora as pistas de retorno de canal sejam parte de um processo colaborativo, perceber quando estamos fazendo isso de maneira autêntica, não automática, é uma habilidade a ser aprimorada.

O kit de ferramentas da escuta responsiva

Para sermos ouvintes responsivos, podemos usar expressões sinceras de retorno de canal como as de Colbert ou outras opções. Aprendemos sobre o retorno ao assunto como uma ferramenta para gerenciamento dos temas em foco e uma fonte confiável de leveza – momentos alegres de nostalgia e redescoberta. (Sim, estou retomando o retorno ao assunto!) Mas retornos ao assunto também são ótimos indicadores de escuta responsiva. Eles mostram que você não apenas ouviu o que foi dito, mas também se *lembrou* do assunto e o achou interessante o suficiente para retomá-lo. Essa atitude é muito gentil.

A próxima ferramenta de nosso kit é uma velha amiga, a pergunta de acompanhamento, aquele super-herói lendário dos tipos de pergunta. Essas perguntas são outra ótima tática de escuta responsiva. Afinal, só podemos obter mais informações sobre um tema ou uma declaração específica se ouvimos nosso interlocutor. As perguntas de acompanhamento conduzem a conversa, enquanto também expressam uma boa escuta. E exatamente por isso são tão heroicas.

Outra tática de escuta responsiva é interromper. O quê?! Sim, as interrupções têm má reputação. Tendemos a pensar nelas como rudes e desconcertantes e a evitar pessoas que têm esse hábito. No entanto, minha pesquisa com Matteo Di Stasi sugere uma distinção importante. Enquanto interrupções fora do tema em foco – cortar um falante para mudar de assunto – são chocantes e corrosivas, interrupções dentro do tema são um sinal de escuta engajada, uma forma de conarração bem-sucedida. Interrupções afins sugerem que o ouvinte está tão engajado e animado que não consegue esperar o final do comentário do falante.

Terminar as frases um do outro, como Cooper e Colbert, conta como uma interrupção no tema em foco porque não há pausas entre os turnos de fala, e porque um falante continua de onde o outro parou. Interrupções desse tipo são um sinal de discurso bom e efervescente, de escuta engajada e, muitas vezes, de proximidade entre os participantes da conversa. Alguns falantes podem achá-las um pouco irritantes quando atrapalham seu pensamento ou se o ouvinte tiver previsto incorretamente o que eles iam dizer. Mas, em geral, interrupções dentro do tema são uma espécie diferente (melhor) daquelas típicas da sua prima ofensiva e rude, que direcionam o assunto.

Pistas de retorno de canal, perguntas de acompanhamento, paráfrases, elogios e interrupções no tema em foco são táticas que todos nós somos capazes de desenvolver, mas, no final das contas, expressões verbais de escuta responsiva podem ser ainda *mais simples*: basta repetir ou reformular o que acabou de ser dito.[28] "Sua mãe disse que parou de comer carne!", "Seria certo dizer que você não gosta de política, então?" ou "Você disse 'relaxa'?!".

Repetir ou reformular o que ouvimos ajuda, por um momento, a fundir nossa mente com a do interlocutor e faz com que ele se sinta ouvido.

Respondentes ativos

Perceber que uma ótima escuta também é expressa por meio de uma resposta verbal pode fazer com que você ouça de maneira *diferente*. Uma pessoa que tenta ser uma ouvinte responsiva está sempre à procura de bons materiais no discurso do falante – pequenos detalhes (como a aversão a queijo gouda com mostarda) que podem validar e afirmar ativamente, pontos de imprecisão que dão margem a pedidos de esclarecimento, fragmentos que parecem confusos, detalhes que imploram por uma piada de acompanhamento, palavras e conteúdos surpreendentes que merecem ser destacados ou um tropeço nas palavras que é possível reformular. Todos esses exemplos do que seu interlocutor diz ou faz podem ser incorporados ao que você dirá ou fará a seguir. Assim, tentar usar essas expressões verbais de escuta pode tornar a conversa mais envolvente; é como uma caça ao tesouro mais interativa. A escuta responsiva pode fazer com que seu interlocutor se sinta ainda *mais* ouvido, até porque de fato *está*.

O melhor da escuta responsiva é que seus benefícios não são limitados pela conversa em si. A escuta se desenvolve ao longo do tempo, à medida que os indivíduos se revezam na fala, tanto nas trocas dentro de uma única situação quanto em várias trocas ao longo de um relacionamento. Podemos expressar nossa escuta em vários pontos no tempo: no momento (fornecendo pistas de retorno de canal, enquanto alguém está falando), na próxima tomada da palavra (reconhecendo diretamente ou parafraseando o que alguém disse), vários turnos depois (retomando algo mencionado) ou em outra conversa (fazendo uma pergunta de acompanhamento sobre algo discutido no dia anterior, um ano atrás ou dando continuidade com um e-mail para dizer "Adorei quando você fez aquele elogio à Jean").

Expressões verbais de escuta são oportunidades únicas.[29] Pense em um colega que por e-mail lhe dá crédito por algo que você mencionou em uma reunião de equipe. Um amigo pergunta se você gostou do show ao qual estava ansioso para ir quando se falaram pela última vez. Um conhecido pergunta como está sua perna porque ela estava engessada quando vocês se viram um mês antes. Assim como ouvir é fundamental para manter uma conversa eficaz, ouvir de maneira responsiva é um ingrediente essencial no molho secreto dos relacionamentos bem-sucedidos.

No monólogo de abertura de seu podcast de sucesso *All There Is*, Anderson Cooper faz referência à conversa incrível com Stephen Colbert anos antes. Ele está demonstrando uma escuta responsiva de longo prazo, assim como Colbert fizera com ele. A conversa foi tão construída em conjunto que é fácil esquecer quem é o entrevistador e quem é o entrevistado. A dinâmica entre eles é tão incrível que Colbert até faz graça sobre isso. No final da conversa, como se tivesse sido o entrevistador o tempo todo, ele olha direto para a câmera e, mudando para sua voz de TV de fim de noite, diz: "Anderson Cooper, pessoal. Voltamos já."

Empatia na prática

Quando eu estava na faculdade, conheci um baterista talentoso (e me casei com ele anos depois). Desde então, adoro tocar em bandas de rock. Como cantora e compositora, talvez não seja nenhuma surpresa que eu sempre tive o sonho de estudar as conversas das pessoas enquanto elas escrevem músicas – é um desafio criativo que registra muitos aspectos difíceis e bonitos sobre colaboração. Taylor Swift certa vez descreveu a composição como "essa pequena nuvem brilhante que flutua na frente de seu rosto, e você a captura na hora certa".[30]

Em 2017, meu sonho tomou um rumo acadêmico. Junto com os psicólogos Jennifer Aaker, Maurice Schweitzer e Brad Bitterly, recrutei 204 estranhos e os dividi em pares. Em nosso laboratório comportamental, dissemos aos pares que deveriam escrever e gravar uma música original em 15 minutos – o tempo que Lady Gaga diz que levou para escrever seu grande sucesso *Born This Way*. Cada par tinha sua sala de composição, com um laptop. A pessoa no papel de "cantor" executou a música, enquanto o "produtor" tinha a palavra final sobre todos os aspectos, de gênero e letras a performance e gravação. Nós gravamos em vídeo suas conversas de brainstorming, incluindo a parte em que cantavam sua música apressadamente em um microfone. (Essa parte pode ser ainda mais divertida do que assistir a encontros-relâmpago!)[31]

A tarefa incluía exigências. O produtor precisava ter coragem de tomar decisões concretas, mas também deveria compreender o nível de conforto e os pontos fortes performáticos de seu parceiro. O cantor (mesmo que não soubesse cantar) precisava vir de um estado de positividade, ser alguém criativo que desse ao produtor a confiança de que poderiam fazer sucesso como equipe.

Quando o tempo acabou, os participantes se reuniram em uma sala grande, ouviram todas as músicas e votaram na que consideraram melhor. A dupla vencedora ganhou um prêmio de vinte dólares, e o produtor decidiu como dividir os "royalties".

Uma das minhas conversas favoritas foi entre John (cantor) e Claire (produtora). Logo no início da interação, Claire perguntou as preferências de canto de John:

CLAIRE: Que tipo de música você gostaria de cantar?

JOHN: Bem, eu...

CLAIRE: Sua voz é mais grave, certo, então seria...

JOHN: Algo com alma, talvez descolado.

CLAIRE: Tudo bem. Adorei.

Claire está sondando a perspectiva de John e torcendo por ele, ou pela música deles, desde o começo, perguntando sobre a preferência *dele* antes de considerar a dela. Conforme a conversa prossegue, ela usa uma linguagem respeitosa. Ela o faz sentir que é bom estar com ele, usando uma linguagem positiva como "Ótima ideia", "Você arrasou", "Nós conseguimos" e "Eu ouviria isso no rádio". Ela mostra a John que ele é digno de cuidado ao reconhecer seus sentimentos: "Esqueça o nervosismo" e "Você acha que conseguiria fazer melhor?". Ela está ouvindo ativamente, balançando a cabeça e sorrindo, mas também de maneira *responsiva*, com afirmações como "Amei" e "Ficou incrível" e entusiásticas pistas de retorno de canal, como "Sim, sim, sim, sim". Ela usa retornos responsivos com grande efeito. Em determinado momento, admite seus pontos fracos como produtora: "Você quer fazer, tipo, um tema, tipo, sei lá. Eu sou péssima nisso. Não sei escrever músicas." E de novo: "Existem tantas palavras que rimam com 'livre', mas não consigo pensar em nada para a próxima linha."

A vulnerabilidade de Claire encoraja John a oferecer um ótimo tema para a composição em dupla – "Comida!" – e a retribuir quando ele também sente dificuldades: "Eu não sei cantar." Poucos minutos depois, Claire relembra esse momento e afirma para John: "Está vendo? Olha pra você! Você *é* musical." Ela se lembrou da revelação vulnerável dele e a trouxe de volta para encorajá-lo: escuta responsiva em ação. No final, eles escreveram uma canção adorável:

Estou com um ronco na barriga.
Quero uma coisa gostosa, se liga.
E não pode ter glúten, não.
Eu não posso comer pão.
Preciso de forças, disposição.
Que seja uma coisa geladinha.
Me dá um picolé de limão. Sim, aquele picolé de limão.
Ah, sim, um picolé de limão. Uma delícia azedinha.
Me dá um picolé de limão. Sim, um picolé de limão.
Oooh, um picolé de limão. Uma delícia azedinha.

Eles gravam a música e ficam emocionados.

– Acho que temos um hit! – gritou Claire, aplaudindo a performance de John. – Você arrasou! Você arrasou!

John se sente grato e aliviado:

– Obrigado. Acho que eu... obrigado... obrigado.

Seja sobre escrever músicas ou não, conversar é surpreendentemente complicado. As máximas do FALE – Foco, Aprofundamento, Leveza e Empatia – são uma maneira de lembrar princípios orientadores simples à medida que deslizamos para dentro e para fora do implacável jogo de coordenação da conversa. Tudo o que abordamos no livro até aqui pode ser considerado um caminho para a empatia. São ferramentas para ajudar pessoas que de fato se importam com os outros a demonstrar isso na prática. Todas as máximas vão bem quando colocamos as necessidades e perspectivas alheias em primeiro lugar, sempre que possível. Podemos preparar e focar em temas sobre os quais nossos interlocutores querem falar. Podemos fazer perguntas que eles vão gostar de responder. Podemos evitar o tédio, rir e ser felizes juntos. Podemos falar com respeito e ouvir de maneira responsiva.

A música de John e Claire ganhou o prêmio em dinheiro na sessão de laboratório, mas as maiores recompensas de uma boa conversa vão muito além de vencer concursos. Buscamos nos conectar, desfrutar, proteger e avançar, prosperar em cada quadrante da bússola conversacional.

Ao sair da sala de gravação, John aponta para o próprio sapato:

JOHN: Mudando de assunto, estou com uma emergência estética.

CLAIRE: Ah, não. O que aconteceu?

JOHN: A sola do meu sapato se soltou quando entramos aqui. O que eu devo fazer? Tipo, eu não sei...

CLAIRE: Sem dúvida existem lojas de calçados que podem fazer o conserto, mas sobre chegar em casa...

JOHN: É disso que eu estou... que estou...

CLAIRE: Você veio andando até aqui?

A transcrição é interrompida quando eles saem da sala. A melhor maneira de Claire ajudar John não está clara – o que ele queria? Gosto de imaginar que ela correu para a lojinha de Harvard e usou o prêmio de vinte dólares para comprar um par de chinelos para ele, enquanto ele esperava pacientemente no corredor do lado de fora do laboratório. Ou talvez ela tenha deixado John se apoiar nela enquanto ele pulava pela calçada para pegar um Uber. Por outro lado, ajudá-lo pode ter sido difícil, pois costumamos estar limitados por tempo, energia e recursos. Mas a empatia que John e Claire compartilharam durante o bate-papo sobre composição – o percurso que fizeram, a confiança que cultivaram – nos dá motivos para acreditar que o final da história foi bom. E talvez tenha sido apenas o começo.

TRÊS PONTOS PRINCIPAIS DO CAPÍTULO 5

E de Empatia

- **A empatia exige esforço**. Foque primeiro nas necessidades do interlocutor, não nas suas.
- **Fale com respeito**. Tente fazer com que os outros sintam que são vistos e validados, que a companhia deles é agradável e que são dignos de cuidado.
- **Escute de forma responsiva**. Esforce-se para ouvir e mostre isso por meio de palavras.

CAPÍTULO 5½

Uma pausa rápida

Vamos fazer uma pausa rápida. Ou longa. O que você preferir. Relaxe os ombros. Nós aprendemos muita coisa! Vimos que a conversa é um jogo de coordenação surpreendentemente complexo e discutimos as quatro máximas do FALE – pistas que ajudam você a jogar esse jogo de coordenação de modo mais eficaz. O foco é o elemento básico da conversa, enquanto o aprofundamento nos ajuda a passar de um tópico para o outro e explorar cada um, em busca de tesouros. A leveza abre espaço para a descontração (e para evitar o tédio), enquanto a empatia nos ajuda a sermos os conversadores que pretendemos – respeitosos e receptivos.

Nos Capítulos 6 a 8, exploraremos situações que testam e ampliam as máximas do FALE. Situações comuns, quando o jogo de coordenação é ainda mais incerto. Primeiro, consideraremos grupos, em que três ou mais mentes convergem, colocando nossas habilidades do FALE à prova. Então, veremos como as máximas nos ajudam a afastar o medo e a raiva quando discordamos – em um mundo repleto de discordâncias e diferenças. Por último, vamos falar sobre as desculpas, uma das ferramentas mais poderosas para reparar e construir nossos relacionamentos ao longo do tempo.

Pegue um pouco de água (ou uma cerveja, uma taça de vinho...). Respire fundo. Está pronto?

Vamos lá.

CAPÍTULO 6

Muitas mentes

Um dia, em uma das aulas do meu curso FALE, discutíamos reuniões de trabalho. Os alunos tinham muitas ideias e todos haviam passado por muitas experiências ruins. Nós tínhamos nos aprofundado bastante sobre as complexidades da organização da agenda, as melhores opções de comida e bebida para consumir diante de outras pessoas e os prós e contras relativos do Zoom *versus* Microsoft Teams. Foi quando um aluno, Raj, levantou a mão e nos guiou em uma nova direção.

– Eu não fico muito nervoso em reuniões, mas me sinto *bem* nervoso em festas – confessou ele. A mudança de assunto foi intrigante. – Geralmente quando outras pessoas estão conversando e eu me vejo sozinho, por qualquer motivo.

Os outros alunos balançaram a cabeça em concordância.

O pânico em festas é uma sensação familiar. Acontece quando você está em um contexto de grupo muito desestruturado, sozinho como em uma ilha estranha. Com tantas opções, para onde você deve ir? Com quem deve conversar? Você deve se esgueirar até o guacamole, ir até o bar, olhar para o celular ou ir direto para a porta de saída?

Outra aluna, Annie, compartilhou com Raj um conselho que uma amiga lhe dera.

– Se você estiver sozinho em uma festa, pode interromper qualquer dupla de pessoas conversando. Elas ficarão aliviadas por você ter aparecido.

Raj achou o conselho contraintuitivo e desconfortável. E se ele não as conhecesse e tivesse que se apresentar de uma forma desastrada? E se acabasse interrompendo uma conversa agradável? E se eles estivessem falando sobre algo particular e importante, e ele atrapalhasse o andamento da discussão?

Como eu nunca perdia uma oportunidade de experimentar, desafiei Raj – e todos os outros alunos que lutavam contra o pânico em festas – a experimentar a estratégia de Annie.

Uma semana depois, Raj voltou com novidades. O ritmo agitado da vida de MBA lhe dera várias oportunidades de testar a teoria de Annie. Para sua surpresa, o conselho funcionara. No fim de semana, ele tinha se aproximado de uma dupla em uma festa e dito "oi", não muito mais que isso. A dupla não pareceu incomodada. Pelo contrário, os dois se mostraram felizes por ele participar e logo o atualizaram sobre o que estavam falando (uma história sobre uma outra festa) e continuaram a conversa.

Após essa primeira tentativa bem-sucedida, Raj tentou o conselho de Annie uma segunda vez. Também foi ótimo. Vários outros alunos relataram o mesmo: pares de falantes pareciam quase "energizados" quando uma terceira pessoa se aproximava. *Por quê?*

Para começar, conversas em grupo podem ser muito divertidas. Afinal, é por isso que fazemos festas. No contexto certo, os papos têm a capacidade de ser estimulantes, edificantes e revigorantes. Em parte, isso ocorre porque os grupos dão a todos mais margem de manobra cognitiva, ou mais tempo e espaço para ouvir e pensar. Em grupos, diferentemente do que ocorre em duplas, você não precisa falar em cada turno (pode nem se manifestar!) para manter a conversa viva, então tem mais tempo para aproveitar o momento. Contar com mais margem de manobra cognitiva nos permite usar melhor os instrumentos de nossa caixa de ferramentas. No ambiente certo, a conversa em grupo pode permitir que as habilidades de conversa de todos floresçam. Ao se juntar a outra dupla na festa, Raj estava dando a eles uma pausa, além de um novo conjunto de assuntos para abordar. Mesmo quando sentimos que estamos "nos intrometendo", também estamos trazendo mais possibilidades do que imaginamos.

Ainda assim, as hesitações de Raj tinham certo sentido. Puxar uma terceira cadeira requer alguma sensibilidade e leitura do ambiente, além da empatia dos outros para dar boas-vindas a um novo membro no grupo. Na verdade, a partir do momento em que Raj se aproximou, a conversa como que pegou tudo o que sabemos sobre o jogo de coordenação da conversa e embaralhou.

A confusão

A dupla é a unidade elementar da conversa e a mais fácil de analisar, razão pela qual a ciência da conversa tem se concentrado principalmente em interações de pequena escala, *à deux*. Mas com frequência estamos envolvidos em conversas com três ou mais pessoas. Jantares. Amigos amontoados em um bar movimentado. Reuniões de trabalho. Clubes de leitura. Discussões em sala de aula. Despedidas de solteiro. Brincadeiras na calçada. Refeições em família. Encontros no intervalo. Conversas de carona. Ensaios de banda. Mais reuniões de trabalho. Celebrações de feriados em família em um porão de Detroit. (Mais sobre esse último exemplo depois.)

Conversas em grupo oferecem uma experiência diferente das que observamos em conversas em pares, ou díades. Por um lado, elas são cheias de possibilidades. Como fez Raj nas festas de MBA, adicionar pessoas pode fornecer uma lufada de ar fresco, abrindo uma possibilidade maior de histórias, piadas, temas e informações. A eletricidade que emana de muitas mentes costuma superar a energia que até mesmo a dupla dinâmica pode reunir.

Mas, apesar dessas recompensas, em muitos aspectos os grupos são um pesadelo.[1] À medida que o tamanho aumenta – de díades para tríades, pequenos grupos, seis a oito pessoas, reuniões muito grandes –, também crescem as chances de que os motivos, preferências, decisões e feedback dos ouvintes entrem em conflito. Um membro pode estar envolvido enquanto outro está confuso. Alguns podem querer brincar, enquanto outros desejam seriedade. Responder a um pode significar ignorar, ofender ou entediar outro.

O número de potenciais problemas de coordenação dentro de um grupo aumenta exponencialmente de acordo com seu tamanho, assim como o número de conexões entre duas pessoas. Quatro membros do grupo significam seis possibilidades de duplas, cinco membros significam dez dessas conexões únicas, oito membros significam 28, e assim por diante.* Assim, as decisões de coordenação se tornam exponencialmente mais difíceis, desde o gerenciamento de temas em foco e o aprofundamento até a leveza e a empatia. Até a simples pergunta *Quem é o próximo a falar?* se torna tensa quando há muitas possibilidades.

Em uma conversa fluida, ninguém fala por cima dos outros e também não há muitos silêncios.[2] Os turnos em um diálogo são relativamente simples: uma pessoa fala, depois é a vez da outra.[3] Mas em uma conversa maior fica menos claro determinar quem será o próximo. Às vezes, o falante do momento seleciona o interlocutor seguinte usando dicas explícitas, como uma pergunta direcionada, mas geralmente as pistas são mais sutis, como o contato visual.[4] Mas quem o falante deve escolher? A pessoa que falou menos, quem tem algo relevante a dizer, seu interlocutor preferido ou outro participante? Os falantes precisam tomar essas decisões rapidamente, e suas opções podem validar ou ofender os outros no grupo. Enquanto isso, é possível que os falantes em espera tenham que disputar a palavra ou receber a vez com pouco aviso. Comparados às díades, os grupos têm muito mais conversas cruzadas,[5] bem como lacunas, enquanto seus integrantes se perguntam quem será o próximo a falar.

Além disso, com o aumento do grupo, o tempo de fala disponível deve ser dividido entre mais pessoas. Em teoria, isso significa que cada uma tem a palavra com menos frequência e por períodos mais curtos. Mas essa divisão não costuma ser equitativa. Na verdade, conforme os grupos crescem, menos membros tendem a usar mais do tempo disponível, o que pode fazer com que os mais silenciosos se sintam excluídos.[6]

Compartilhamento de tempo de fala, tomada da palavra, gerenciamento de temas em foco, inúmeros outros problemas de coordenação – as complexidades das conversas em grupo confundem a mente. Em grupos de três ou mais indivíduos, por exemplo, sempre há um público. É quase impossível estabelecer uma conexão profunda enquanto outros assistem. Quanto

* $R = [N \times (N - 1)]/2$, onde N representa o número de pessoas no grupo e R representa o número de conexões únicas entre elas.

maior a audiência, maior a incerteza sobre como suas palavras e ideias vão chegar a cada um. Existem normas tácitas sobre o que é aceitável ou não, como quais temas são apropriados ou ideais, o que pode ser dito sobre cada integrante, quais detalhes pessoais devem ser expostos ou mantidos em sigilo e quais tipos de linguagem ou aspectos da fala se adéquam ao grupo, só que em geral o grupo não discute explicitamente essas normas. Então, mais mentes exigem mais leitura de mentes, o que leva a mais suposições e riscos.

Esses desafios se aplicam a todos os tipos de conversa em grupo, não importa o contexto. É tentador pensar em conversas de "trabalho" como reuniões formais, totalmente separadas de conversas "não relacionadas ao trabalho", como encontros com amigos. Mas a maioria das interações em grupo não se enquadra exclusivamente nessas categorias. Uma festa de Natal no escritório é uma conversa de trabalho ou não? O que dizer do papo no happy hour? E de eventos em casa? E se seu chefe intimidador estiver lá? E se ele estiver usando calças jeans rasgadas, em vez do terno habitual? Como classificar uma reunião de seus amigos da faculdade que podem ajudá-lo a conseguir um novo emprego? E aquele encontro com primos em um feriado em que a conversa de repente muda para uma ideia de negócio que parece viável? A maioria das nossas conversas não é exatamente sobre trabalho ou não, formal ou casual, e sim algo ambíguo – e, como vimos, o tom pode variar de um momento para o outro, pendendo na direção de um assunto ou se afastando dele.

Hierarquias secretas

As variações nas conversas em grupo envolvem a *hierarquia de status*, uma classificação interna invisível de seus membros. Os cientistas sociais descrevem status como o respeito e o prestígio que conseguimos aos olhos dos outros.[7] A mente humana capta esses sinais, independentemente de as pessoas estarem ou não organizadas por um sistema de classificação explícito (como o sistema de castas na Índia, ou uma hierarquia formal em uma empresa). Em um batalhão militar, a hierarquia de status do grupo pode ser determinada não apenas pela patente de seus membros – oficial, líder de batalhão, soldado – mas também pelo tempo de serviço de cada um naquela força militar, a experiência para uma tarefa ou missão específica, a estatura física e nível de reputação.

Mesmo quando não existe uma classificação formal de status, há algumas implícitas, baseadas em percepções sutis de qualidades como competência, especialização, riqueza, atratividade, influência ou características demográficas como idade, raça e gênero.* A mesma dinâmica está em jogo em um jantar em família, em que a hierarquia de status é influenciada pela idade e posição de seus membros. Em geral, os pais exercem um poder formal sobre os filhos, embora nem sempre. Aqui também a hierarquia de status é moldada por fatores invisíveis, como especialização, nível de proximidade e carisma. Tudo isso raramente é discutido de maneira aberta, a menos que o pai de alguém grite "Porque eu sou melhor que você!" ou uma criança pequena admita favorecer um certo membro da família: "Hoje Grady é quem eu mais amo."

Com base em sua complexa rede de pistas de status explícitas e implícitas, cada grupo desenvolve uma hierarquia de status implícita. A pesquisa sugere que os integrantes percebem isso com uma concordância surpreendente, sem discuti-la. Em conversas, o status opera nos bastidores, ditando quem diz o quê, quando, como, o que não diz e para quem está olhando enquanto tudo se desenrola.[8] É a principal razão pela qual a conversa em grupo é tão desafiadora.

Para complicar ainda mais, as hierarquias de status não são estáticas. Pense em uma reunião casual aparentemente simples como essa: cinco amigos se encontram em um bar durante o feriado de Ação de Graças. Há duas irmãs, o namorado de uma delas, a colega de trabalho da outra irmã e um ex-colega do ensino médio, Fred, que não é um integrante tão ligado ao grupo. Fred é o mais bem-sucedido em termos financeiros, enquanto o namorado da irmã é o mais engraçado e a colega de trabalho da irmã é a mais atraente.

* Status (respeito e prestígio aos olhos dos outros) é diferente de poder (controle de alguém sobre os recursos). Eu foco em status neste capítulo, mas muitos desses pontos se aplicam às diferenças de poder. Status e poder tendem a se correlacionar, mas não perfeitamente. Por exemplo, a maioria de nós conhece pessoas que têm um enorme controle sobre os recursos (poder), mas não gozam de respeito e prestígio aos olhos dos outros (status), e vice-versa.

Parece estranho pensar em status em um bar em pleno feriado de Ação de Graças, mas ele está operando de maneira significativa ali também. A ordem de classificação dos indivíduos não é discutida, e é provável que mude de um foco para o outro, conforme eles falam sobre o novo veículo Tesla de Elon Musk e daí fofocam sobre um antigo colega que tem seis filhos, comentam sobre as Kardashians e depois relembram aquela vez em que fizeram uma grande fogueira na floresta. É possível que qualquer integrante vá de um status alto para um baixo, para algum lugar entre as duas coisas, tudo na mesma conversa.

Ganhar mais consciência de quando temos status alto ou baixo nos ajuda a fazer melhores escolhas de conversa de um momento para o outro. Assim como podemos pensar um pouco mais conscientemente sobre nossos objetivos de conversa, é possível fazer o mesmo com relação ao contexto – ou seja, as outras pessoas no grupo e a hierarquia de status em mudança entre elas.

Por que reivindicar tempo de fala é importante

Uma das principais maneiras de impactar a conversa em grupo por meio do status é a alocação de tempo de fala, a principal moeda da conversa. Enquanto conversas entre duas pessoas propiciam a participação de ambas as partes de modo relativamente igual, conversas em grupo facilitam a dominação de indivíduos de alto status e a marginalização dos de baixo status.[9] Conversadores de alto status tendem a ocupar mais tempo de fala e a expressar seus pensamentos em voz alta com desembaraço, enquanto membros de status mais baixo hesitam em silêncio. Isso alimenta um círculo vicioso: o status de quem fala mais é considerado mais alto, o que lhes concede mais margem de manobra para usar a palavra, mesmo quando se trata de temas sobre os quais não têm nada importante a acrescentar.

A alocação de tempo de fala tem consequências significativas. Se um estagiário em uma empresa de marketing não tiver tempo de fala para explicar por que acha que um anúncio da empresa não vai funcionar para a Geração Z, a iniciativa pode fracassar. Se o namorado engraçado no grupo que foi ao bar no Dia de Ação de Graças ficar quieto, a conversa – e, com o tempo, os relacionamentos do grupo – pode esfriar. Se o filho mais novo nunca diz nada nas refeições em família, talvez nunca aprenda a falar em grupo, e a família perde seus insights criativos.

Em situações piores ainda em termos de custos informacionais e relacionais, os cientistas alertam que percepções implícitas de status tendem a reproduzir hierarquias sociais discriminatórias, como de raça, sexualidade, idade e gênero, o que significa que a marginalização de vozes marginalizadas pela sociedade se repete em conversas de grupos específicos. Se a mulher em uma sala cheia de homens não perguntar pela mudança na política de licença-maternidade da empresa, ela será atualizada? Se o amigo sem dinheiro não fizer uma brincadeira sobre o alto preço das bebidas, ele (e qualquer outra pessoa que esteja na mesma situação) conseguirá pagar a rodada seguinte?

O tempo de fala determina o que o grupo aprende, em que acredita e decide, além de refletir quem o grupo é e com o que se importa, quais temas acredita que vale a pena discutir e quais vozes são dignas de tempo de fala. Dessa forma, as hierarquias de status atrapalham boas conversas em grupo – e boas sociedades – que representam seus membros com precisão.

Gênero: um estudo de caso de status

Para observar os efeitos das hierarquias de status nas conversas em grupo, vamos começar olhando para o plenário. Refiro-me ao plenário de uma Legislatura. É onde os membros falam ou, como costuma se dizer, "têm a palavra". A Câmara dos Comuns e a Câmara dos Lordes no Reino Unido, a Câmara dos Representantes e o Senado dos Estados Unidos e muitos outros órgãos governamentais ao redor do mundo têm seus processos e regras. Eles estão muito longe das conversas não estruturadas em díades, analisadas neste livro até agora. Suas interações em grupo são altamente estruturadas, com regras sobre quem deve falar, tema e por quanto tempo. As regras, uma variedade de práticas estabelecidas e arranjos para essa finalidade, são aplicadas por representantes que presidem e que mantêm o plenário em ordem. Esses sistemas, concebidos há séculos, garantem que todos possam expressar sua opinião de maneira ordenada e eficiente.

Aposto que nosso anfitrião do jantar da Era da Conversa, Immanuel Kant, teria adorado toda essa organização. Mas, assim como as de Kant, as regras nem sempre são boas.

Em 2011, a psicóloga Victoria Brescoll, especialista em dinâmica de gênero, estudou padrões de fala no plenário do Senado dos Estados Unidos.[10] Sua análise indica que, mesmo nesse escalão superior do mundo profissional, as senadoras falam significativamente menos do que seus colegas homens. Enquanto os senadores com mais poder falam mais do que os que têm menos, o poder não influencia os padrões de fala das mulheres. Em todos os níveis de status, elas falam menos. Brescoll mostrou que essa diferença era impulsionada pela preocupação das mulheres em provocar reações negativas por serem muito francas – e então serem percebidas de maneira mais negativa do que os homens igualmente francos. Essas suposições estavam corretas: observadores (homens e mulheres) viam mulheres francas de modo mais negativo do que homens francos.

Como você já deve suspeitar, esses efeitos não aparecem apenas no universo altamente regulamentado do Senado. Estudos revelam que em todos os tipos de conversa em grupo as mulheres participam com mais cautela do que os homens, em parte para evitar reações adversas. Essa dinâmica pode ser entendida como uma consequência do status. Na hierarquia de status de muitos grupos, elas tendem a ocupar um lugar inferior ao dos homens, em especial no local de trabalho ou em qualquer contexto em que sejam historicamente sub-representadas.

Muitas pesquisas mostram que as mulheres são mais seletivas sobre quando falar – falam menos, mesmo quando sabem mais. Por exemplo, quando a economista Katie Coffman pediu a homens e mulheres que ficassem em fila na ordem em que deveriam falar, as mulheres se colocaram em média em uma posição mais baixa (mais para trás), enquanto os homens com o mesmo nível de conhecimento se posicionaram mais para a frente.[11] Elas também tendem a preferir interagir em grupos menores, de duas a quatro pessoas, que parecem mais pessoais, enquanto a preferência dos homens é por grupos maiores, de cinco ou mais integrantes. Mesmo em grupos relativamente pequenos, de três pessoas, as mulheres tendem a falar menos do que os homens presentes. Em qualquer contexto, uma solução (um tanto insatisfatória) seria que as mulheres se esforçassem para falar mais. Mas seria ainda melhor se os homens, devido a sua posição média mais alta nas hierarquias de status, ajudassem.

Ao trabalhar pelo sucesso da conversa em grupo, o que, como vimos, é mais complicado do que tornar a conversa diádica bem-sucedida, os membros de alto status (nesse caso, os homens) devem se esforçar para elevar os membros de status inferior (as mulheres) e estimular sua fala. É claro que isso não se aplica apenas ao gênero. Quando o assistente júnior está com dificuldades em uma reunião de trabalho, quando trazemos alguém novo para sair com um grupo de velhos amigos ou quando ninguém na família parece estar ouvindo o primo mais novo, os membros do grupo de alto status devem se perguntar: *O que posso fazer para suavizar os efeitos adversos da hierarquia de status, o marionetista silencioso que está invisibilizando os membros de baixo status?*

Talvez a melhor atitude a ser tomada pelos membros de alto status seja simplesmente sair do caminho. Sim: parar de falar! Dar mais espaço para os outros! Pode parecer óbvio, mas tem suas complicações. É difícil não dominar uma conversa em grupo quando você está acostumado a liderar ou tem experiência, e os outros parecem quietos ou perdidos. Só que, ao sair dessa posição, você convida os outros a falar. Pode exigir um esforço enorme, mas sem dúvida é um presente para os demais.

Ainda assim, para de fato permitir uma boa conversa em meio a diferenças de status, os membros de alto status do grupo não podem apenas ficar fora do caminho. Eles precisam cultivar o fenômeno elusivo chamado *segurança psicológica*, ou a crença de que você não será punido nem humilhado ao expor ideias, perguntas, preocupações ou erros. Na conversa, você precisa se sentir seguro para ser quem é e dizer o que pensa – poder se expressar mais, sem repercussões negativas.

Para revelar suas ideias livremente, como Amy Edmondson e colegas demonstraram, os membros do grupo na extremidade inferior da hierarquia de status precisam de segurança psicológica, ou permanecerão inibidos e marginalizados.[12] Entretanto, quanto maior o grupo, mais difícil é para os membros de baixo status alcançarem essa segurança, porque mais pessoas poderão julgá-los. Dessa forma, a conversa apresenta um paradoxo: conforme o grupo cresce, mais seus membros precisam de segurança psicológica para que a conversa seja um sucesso, no entanto é menos provável que consigam tê-la. Nesse ambiente, consideraremos o que os membros de alto status podem fazer para fomentar a confiança de cima para baixo, e como os de baixo status podem participar com confiança, de baixo para cima.

Promovendo a inclusão de cima

Quando eu estava na pós-graduação, fui a uma festa na casa de um professor que tinha uma coleção de arte de vanguarda e um quintal incrivelmente grande. Em determinado momento, precisei escapar daquele emaranhado de conversas de assuntos técnicos de trabalho e equívocos em interações sociais dentro da casa, então fui para o quintal. Lá, encontrei uma mulher sentada nos degraus, admirando o jardim.

– Oi, meu nome é Alison. Posso me juntar a você? – perguntei, já na metade do caminho para me sentar.

– Por favor! – respondeu ela.

Perguntei se estava gostando da visita, e ela disse que tinha retornado recentemente de uma viagem de barco e que as viagens de trabalho a estavam fazendo sentir falta do mar. Como cresci velejando nos Finger Lakes com meu pai, fiquei grata por esse ponto em comum, que ofereceu um caminho claro para subir na pirâmide de focos. Perguntei sobre a viagem e a experiência velejando. Ela me contou animada que ela e o marido tinham comprado um barco alguns anos antes, e parecia interessada em ouvir as experiências com minha família. Ela era calorosa, perspicaz e engraçada, e adorei nossa conversa. Eu tinha muito a aprender com aquela marinheira pensativa.

Até que uma terceira pessoa se juntou a nós. Era um professor que se mostrou impressionado ao encontrar minha parceira de conversa.

– Sou fã de longa data de seu trabalho – disse ele, com entusiasmo.

Aquele elogio deixou claro que a mulher na varanda dos fundos era muito respeitada em nossa área, embora eu não soubesse. Ela se envolveu com o novo interlocutor animadamente, rindo dos muitos erros que havia cometido no trabalho ao longo dos anos. Ele a bombardeou com perguntas sobre suas pesquisas e ensino, enquanto sutilmente, e talvez sem intenção, me tirava da conversa.

A adição do terceiro interlocutor mudara não apenas o foco, mas também o tom emocional da conversa, e eu me senti invisível. Escutei educadamente por um tempo, sem saber como participar. Como agregaria valor a dois professores com um status muito mais alto do que o meu? Olhei para a porta dos fundos, ansiosa para voltar à festa.

Foi quando a mulher olhou para o terceiro membro do grupo e perguntou:

– Você conhece a Alison? – Ele se virou para mim, enquanto ela continuava: – Ela cresceu velejando nos Finger Lakes e está fazendo uma pesquisa muito legal sobre ansiedade.

Assim, de repente, ela me incluiu na conversa e me salvou de meu pânico escapista de baixo status. Ela me fez sentir valorizada, vista e validada.

Esse incidente foi memorável porque atos de inclusão conversacional raramente vêm de cima, não apenas no meu contexto, mas no da maioria dos membros de grupos de baixo status. Aqueles com alto status tendem a usar uma linguagem menos respeitosa e ouvir com menos atenção. Uma pesquisa de Adam Galinsky e coautores mostra que possuir alto status inibe a consideração de perspectivas de modo geral.[13] Trocando em miúdos, ter mais status torna você menos empático. Seja você um líder de equipe experiente no trabalho, o melhor jogador do time de vôlei, o garoto mais popular da turma ou o principal violoncelista da orquestra, ao fazer parte de um grupo de alto status você precisa se esforçar mais para ouvir e aprender sobre as perspectivas dos outros – e atraí-los.

Felizmente, os membros de grupos de alto status *nem sempre* estiveram nessa posição, o que pode ajudar. Minha pesquisa com a acadêmica organizacional Catarina Fernandes sugere que vivenciar diferentes níveis de status em situações variadas nos torna melhores para assumir perspectivas alheias. Sentar no banco dos reservas prepara você para falar respeitosamente e ouvir de maneira responsiva um humilde estagiário no trabalho quando você se torna chefe.[14] Ser esse estagiário pode ajudá-lo a se relacionar com um novo membro do grupo de amigos ou a se comunicar de maneira mais empática com aquele integrante que não entende nada quando o grupo começa a falar sobre criptomoedas. Desconfio que a professora-marinheira sabia como eu me sentia, pois ela passou muitos anos navegando em um campo dominado por homens, sentindo-se marginalizada e excluída. Podemos tirar proveito de nossas variadas experiências de status para entender como os outros pensam e se sentem, e nos apoiar nas máximas do FALE para acolhê-los.

Alto status e as máximas

Pessoas de alto status podem fomentar a inclusão e a confiança dos demais de diversas maneiras, começando por reconhecer quem tem status mais baixo e dar crédito com generosidade. Se você retomar um ponto levantado por outra pessoa, é bastante significativo creditar seu nome – e garantir que não vamos atribuir erroneamente o crédito a integrantes de mais status. A mente humana tende a atribuir boas ideias aos membros de alto status ou dominantes do grupo. Porém, sabendo que essa falha na memória existe, devemos tentar corrigi-la para termos a certeza de que estamos citando as pessoas certas, fazendo com que se sintam vistas e reconhecidas.

Mostrar-se vulnerável em relação aos próprios fracassos também pode ajudar seus colegas de baixo status a se sentirem mais seguros. Pesquisas dos acadêmicos organizacionais Adam Grant e Constantinos Coutifaris indicam que, se você tem alto status (ou é claramente um líder), discutir as críticas que recebeu sobre seu desempenho – como a professora marinheira que admitiu os erros que cometeu na pós-graduação – faz com que outros membros do grupo sintam menos medo de errar e de compartilhar suas falhas.[15]

Em minha pesquisa, demonstrei que, quando membros de alto status revelam seus fracassos – para estranhos, colegas de trabalho e empreendedores –, isso aumenta a admiração dos outros e reduz os sentimentos destrutivos de inveja interpessoal.[16] Esses efeitos são especialmente intensos quando grandes realizadores compartilham suas lutas no caminho até o sucesso. A vulnerabilidade dos que possuem alto status também funciona bem em conversas pessoais. Fred, o amigo rico no bar no Dia de Ação de Graças, poderia contar desastres dos primeiros anos de trabalho, ou que não tem certeza se sua atividade só é gratificante por causa do dinheiro. Verônica, a bela colega do ensino médio, poderia brincar sobre sua obsessão por produtos para a pele. A vulnerabilidade vinda de cima gera sentimentos de segurança para todos.

A leveza das pessoas de alto status em uma conversa em grupo também promove confiança. Particularmente em momentos sérios, ou quando membros de baixo status ficam mais silenciosos, elas podem fazer uso de humor autodepreciativo, fazer elogios genuínos ou mudar para temas com os quais os membros de baixo status tenham familiaridade ("Você sabia que a Alison velejava em Finger Lakes?" ou "Você sabia que a Sheena é estatística, e muito talentosa?"). Tais movimentos são um alívio bem-vindo e podem estimular membros de baixo status a compartilhar suas ideias.

A empatia dos membros de alto status do grupo não é necessariamente expressa por meio de palavras. Sinais não verbais também podem ser eficazes. Pense no olhar como exemplo. Minha pesquisa com Nicole Abi-Esber e Ethan Burris estudou grupos em reuniões de trabalho e descobriu que manter contato visual transmite atenção, escuta e cuidado, enquanto receber um olhar, especialmente de um líder de grupo, estimula as pessoas a falarem o que pensam sem se sentirem pressionadas.[17] Diferente de "Ângela, o que você acha? Não ouvimos sua voz há algum tempo", ajudar as pessoas a se sentirem vistas e validadas fazendo um contato visual inclusivo pode fazer com que elas se sintam prontas para falar quando tiverem ideias para compartilhar.

O poder do olhar inclusivo é especialmente útil para membros de grupos demográficos marginalizados, como mulheres e minorias étnicas, que tendem a se sentir invisíveis. O olhar equitativo de um líder em grupos mistos confere percepções mais equilibradas de status entre os membros.[18] Olhar para todos significa resistir ao desejo de se concentrar nos membros de status mais alto, ou apenas nas pessoas que estão falando, um impulso instintivo.[19] Embora fazer contato visual mais equitativo não resolva a discriminação sistêmica, tentar olhar para todos, sobretudo para os membros de baixo status, já é um bom começo.

Há alguns anos, em uma ida até a Home Depot, meu pai e eu nos vimos em uma conversa profunda com alguns empreiteiros e funcionários da loja. Meu pai é craque em projetos do tipo "faça você mesmo". Ele construiu a casa em que cresci e tem diplomas em diferentes áreas da engenharia – química, mecânica, elétrica... perdi a conta. Eu também sou boa nessas atividades, e estávamos reformando o porão de nossa casa no lago, fazendo um quarto com beliches para meus filhos, e precisávamos de conselhos sobre madeira em um corredor e suprimentos de encanamento em outro. Eu tinha um status decididamente baixo – a única mulher em um grupo de homens, em um contexto tipicamente masculino, com menos conhecimento sobre madeira e encanamento. Eu não estava sendo marginalizada de uma forma desagradável ou dramática, mas o status estava em jogo. Os outros membros se dirigiam principalmente uns aos outros, não a mim.

Nessas situações meu pai brilha. Ele faz com que todos se sintam valorizados, e isso inclui suas filhas em domínios masculinos. Quando eu sentia que não aguentava sequer mais um momento de conversa técnica sobre calhas, ralos e exaustores de banheiro, dos quais eu era sutilmente excluída, ele fazia uma brincadeira carinhosa sobre minha falta de atenção para me puxar de volta, vinha com uma piada autodepreciativa sobre suas obsessões técnicas com lâmpadas ou me dava um sorriso para mostrar que estávamos em sintonia. Às vezes, ele apenas olhava para mim, reconhecendo que eu estava lá e era digna de inclusão. Mesmo enquanto uma equipe desajeitada vasculhava canos e vedações, ele encontrava a efervescência e mantinha todo mundo envolvido. Todos nós somos capazes de fazer o mesmo.

Participando a partir das margens

Cal é um executivo de mídia muito respeitado e se considera extrovertido, mas mesmo assim às vezes está em uma posição de baixo status. Quando conversamos, ele me contou sobre uma ocasião em que se sentiu afetado pelas nuances do status. Seu melhor amigo, Michael, o convidou para o toque do sino de abertura na Bolsa de Valores de Nova York. Michael estava presente porque um de seus clientes tocaria o sino naquele dia – eles tinham acabado de anunciar uma grande parceria com uma empresa do ranking *Fortune 500*. Quando chegaram, Cal ficou conversando com Michael e o cliente. Cal conhecia Michael muito bem, então entendeu (e valorizou) que a interação era importante para o trabalho do amigo.

– Eu queria que o cara gostasse de mim, que fosse bom para o Michael. Além disso, sou muito bom de conversa! Conquisto qualquer um!

Mas não foi bem o que aconteceu. Cal estava um pouco malvestido para a ocasião, então se sentiu deslocado, e o cliente insistiu em conversar sobre trabalho com Michael, o que ele teve que aceitar.

– Michael fez o máximo para me incluir, porque percebeu a situação – relatou Cal –, mas ele também era um convidado.

No final das contas, Cal se sentiu "preso do lado de fora da conversa".

– Eu não conseguia me comunicar bem, e senti que estava decepcionando Michael. Além disso, percebi que o cliente não estava nem aí para mim. Foi superfrustrante.

Como vimos, o status não é estático. Ele muda não apenas ao longo de nossa vida e nossa carreira, nem só de uma conversa para outra, mas até mesmo de um tema em foco para outro. Por isso é comum nos sentirmos intimidados em grupos: nossa classificação na hierarquia de status pode cair vertiginosamente a qualquer momento. Cal sabia que tinha alto status com Michael. Mas, em um contexto desconhecido, seu status era baixo.

Ao contrário da professora marinheira salvadora e de meu pai na Home Depot, o cliente famoso de Michael não puxou Cal para a conversa. Isso é comum. Na maioria dos grupos, interlocutores de baixo status são forçados a conviver com a falta de envolvimento e confiança, abraçando a difícil realidade de que pode ser muito difícil (ou até impossível) alcançar a segurança psicológica, especialmente se o grupo for muito grande, composto por membros conflitantes ou com grandes diferenças de poder, ou que não são bons em incluir os outros.

Conversadores com baixo status em geral precisam descobrir como aproveitar ao máximo uma gama limitada de opções. Como tendem a ter menos tempo de fala, dispõem de menos chances de dizer o que querem e atingir seus objetivos de conversa. Além disso, pessoas com baixo status são muito limitadas em relação ao que *sentem* poder dizer. Uma pesquisa do psicólogo Adam Galinsky sugere que "o status determina seu alcance": membros com baixo status pensam ter uma gama muito mais restrita de temas, perguntas e piadas apropriados.[20]

Para os membros do grupo de baixo status, o trabalho de Galinsky sugere que "baixo poder é uma crise de credibilidade". Eles precisam provar sua credibilidade e, mesmo quando o fazem, é menos provável que seus insights sejam ouvidos ou levados a sério, como os pensamentos iniciais de Cal sobre o trabalho de Michael. Essas dinâmicas os colocam em um dilema. Se não contribuírem, podem passar despercebidos. Se falarem, é provável que sejam mal avaliados por saírem de seu leque aceitável de sugestões.

O duplo dilema leva os membros de baixo status a atitudes estranhas. Eles ficam quietos quando o grupo poderia se beneficiar de suas ideias, privando os demais de seu valioso humor, sua discordância e seu feedback. Ficar quieto pode ser uma jogada sábia para um novato, mas sucumbir sempre ao silêncio pode impor um status baixo indefinidamente, e o grupo não se beneficiará de seus insights.

Quando membros de baixo status de um grupo falam, eles tendem a adotar uma série de comportamentos de "gerenciamento de impressões" (expressão cunhada por Goffman) para compensar seu medo de parecer incompetentes ou desagradáveis.[21] Eles ficam mais propensos a usar jargões técnicos,[22] em uma tentativa de transmitir sua competência e seu pertencimento, e rir educadamente, para parecerem sagazes e agradáveis.[23] Sentem-se menos propensos a pedir conselhos ou revelar seus esforços e fracassos. Cal acabou oferecendo principalmente incentivo e parabéns na Bolsa de Valores de Nova York, mas de modo "muito insípido e meio constrangedor", como explicou mais tarde. Às vezes, precisamos abraçar uma hierarquia de status, sabendo que é apenas pela duração de um determinado foco ou conversa. Especialmente aqui, as máximas do FALE são nossas amigas. Podemos usar foco, aprofundamento, leveza e empatia para identificar os movimentos que são de alto retorno e viáveis, em circunstâncias que não são as ideais.

Baixo status e as máximas

Em qualquer conversa, seja em grupo ou em uma díade, a pessoa que escolhe mudar de foco, que assertivamente encoraja a conversa a permanecer em seu curso ou que retoma o que havia deixado para trás é chamada de *líder do foco*. Na maioria dos contextos informais, como encontros, jantares em família e bate-papos na área do café, os falantes tendem a alternar o papel de líder do foco, então membros de baixo status podem entrar sem dificuldades com um novo tema quando há uma brecha. Mesmo em contextos mais formais, quando o líder do foco é ditado pela hierarquia de status, pessoas com status baixo podem praticar a liderança do foco (ainda que não pareça). Se você mantiver seus sentidos sintonizados com os objetivos do grupo, começará a perceber quando o grupo estiver se afastando muito do tema. Essa é uma oportunidade de entrar.

Atuar como líder do foco da vez não requer muito tempo de fala: basta dar ao tema em foco um empurrãozinho sutil com um incentivo ("Você pode falar mais sobre a alta dos preços do combustível?") ou mudar ("Que tal uma nova rodada de bebidas? O que vocês querem?"). Além disso, parafrasear – repetir, resumir ou reformular o que foi dito – é um dos comportamentos mais eficazes. Membros de baixo status podem estar bem posicionados para parafrasear, ouvindo e resumindo o que os membros mais atuantes disseram.[24]

Talvez a maneira mais simples de contribuir para um grupo seja fazer uma pergunta. É uma contribuição curta e independente, mas muito poderosa. Não requer status alto ou conhecimento específico – na verdade, a ignorância é um trunfo. A maldição do conhecimento muitas vezes impede que membros especialistas do grupo comuniquem detalhes importantes com clareza, porque eles não sabem o que os outros desconhecem. Isso acontece em todos os lugares, como quando dois amigos que assistem a um programa de TV pela segunda vez começam a comentá-lo na presença de um terceiro membro do grupo que ainda não viu. Em situações assim, quando mais informações são necessárias, membros de baixo status do grupo estão em boas condições para fazer perguntas de acompanhamento. Cal poderia ter feito várias perguntas ao cliente de Michael: Como ele entrou naquele negócio? Que obstáculos superou? Pretende continuar no ramo?

Então, felizmente, há a leveza. Membros de status mais baixo que sabem usar o humor podem subir mais na hierarquia de status em seus grupos e organizações. Indivíduos que fazem comentários engraçados e apropriados têm maior probabilidade de serem nomeados para posições de liderança por seus pares, mesmo depois de apenas *uma* brincadeira bem-sucedida.[25]

Contar ou fazer piadas pode ser amedrontador, mas lembre-se (do Capítulo 4) que movimentos de leveza não precisam ser engraçados. Leveza é qualquer momento efervescente e caloroso que ajuda o grupo a permanecer engajado. Faça um elogio. Lembre-se de um momento divertido. Ria, ou pelo menos sorria, livremente. Esses movimentos não precisam ser complexos. Todos nós adoramos quando a única contribuição de um membro do grupo é uma piada ou elogio um pouquinho engraçado, uma mudança de assunto ou uma risada alegre e contagiante. Gosto de ter meu colega Pete em reuniões simplesmente porque ele sorri muito. Talvez Cal não precisasse se sentir tão frustrado em "apenas" incentivar e parabenizar o cliente de Michael; a leveza em si é uma contribuição significativa (e empática).

Uma tradição de Natal

Toalhas de mesa verde, castiçais de cristal, velas de cera creme com formato afilado. A decoração evocava um clima relaxante, que contrastava com o caos ao redor. Pequenas chamas dançavam ao sabor do vento enquanto as pessoas falavam alto, muitas vezes ao mesmo tempo. Era 24 de dezembro, e a família católica polonesa do meu marido estava celebrando a Wigilia, sua tradicional ceia de véspera de Natal. Derek tinha me pedido em casamento alguns meses antes, e era meu primeiro Natal com sua família. Na Wigilia, as crianças ficam de olho na primeira estrela que aparece no céu noturno. É quando o jejum termina e o banquete – arenque em conserva (*sledzie*) e repolho roxo (*kapusta*) – pode começar. (Isso explica por que Derek e suas irmãs passaram pelo McDonald's para comprar milk-shake e batata frita a caminho da festa.)

A família de Derek organizava festas da Wigilia em suas casas na periferia de Detroit havia décadas, desde que imigrara da Polônia na década de 1930. O grupo varia de dez a cinquenta pessoas, dependendo de quem está na cidade e de quem hospeda quem. Mas a festa sempre acontece no porão, como manda a tradição, mesmo porque é impossível acomodar tantas pessoas em qualquer outro lugar.

Tendo crescido em uma família católica irlandesa, grandes reuniões natalinas não me eram estranhas, mas eu nunca tinha visto uma tão grande: 42 pessoas em uma sala. Vozes altas, sotaques do meio-oeste, muitas interrupções – nenhum momento de silêncio. Às vezes, eu não conseguia distinguir se eles estavam bravos, brincando ou ambos. Aprendi rapidamente as regras: tem uma tia que sempre se senta à cabeceira da mesa; um tio que se retira para a sala de estar mais distante para não ser incomodado; e as crianças não podem entrar na cozinha. Segredos eram trocados no andar de cima, em nuvens de spray de cabelo e bronzeador. Correria, gritos, danças e risos invadiam cada canto da casa. Era um caos familiar diferente, cheio de vida. Felizmente,

Derek tinha me avisado com antecedência, sabendo que a dinâmica poderia não combinar com minha expectativa de uma festa tranquila:

– Pode parecer um pouco louco no começo, mas não se preocupe – disse ele. – Nós temos uma solução.

As conversas cruzadas atingiram o auge quando todos se sentaram a uma grande mesa festiva: sete mesas dispostas em formato de X, acompanhadas de 42 cadeiras dobráveis. Havia entre dez e vinte conversas acontecendo ao mesmo tempo, se sobrepondo, enquanto os falantes interrompiam e riam em grupos que mudavam a todo instante. Às vezes, alguns estavam absortos, outras vezes, desinteressados e procurando outros interlocutores. Alguém estava realmente ouvindo? Aquela confusão não se sustentaria por uma noite inteira.

De repente, fez-se silêncio. Great Busia, a matriarca da família, levantou-se. Ela tinha pouco menos de 1,5 metro de altura, mal se via seu cabelo branco. Ainda assim, sua voz foi ouvida – o impacto de sua presença era grandioso. Depois de cumprimentar a todos, ela ergueu um pedaço especial de pão – o Wigilia Oplatek – e anunciou o início da tradição de parti-lo. Todos ficaram de pé, quietos, prontos para receber seu pedaço, e então se deslocaram em uma nova formação: pares pacíficos e ordeiros. Todos encontraram um interlocutor.

A conversa recomeçou, mas o caos havia desaparecido. Eles partiram pedacinhos de pão, segurando-os entre os dedos, enquanto cada dupla se revezava falando baixo e ouvindo. Refletiam sobre o ano que chegava ao fim:

– Estou com saudades da Ciotka Nica. Ela era maravilhosa.

– Estou com depressão, mas tenho conversado com uma ótima terapeuta.

– Parabéns pelo novo emprego, Jake.

– Seu apartamento em Vegas parece ótimo, Ashley.

Eles compartilharam bons desejos para o ano seguinte. Tios desejaram boa sorte às sobrinhas grávidas e seus bebês. Primos torceram pela boa sorte uns dos outros para entrar na faculdade, chegar ao campeonato estadual, fazer atividades divertidas juntos. Eles me disseram que estavam orgulhosos do meu início na pós-graduação e me desejaram boa sorte no casamento, marcado para outubro. Nós trocamos pedaços de pão, colocamos na boca e formamos um novo par. Cada dupla não deveria exceder dois minutos; quando o grupo começava a se mover, sabíamos que era hora de mudar.

Para minha surpresa, muitos na sala começaram a chorar, os olhos marejados, as bochechas molhadas. Minha sogra chorou e riu na mesma medida. Mais tarde, me explicou seus sentimentos:

– É nostálgico, não triste. É para ser reflexivo, especialmente se houver perdas. Você se acostuma. Você sabe que a morte está chegando, e isso o força a sair da concha e se conectar. – Ela me olhou nos olhos. – É preciso apreciar tudo e todos.

Para minha sogra, a tradição de partir o pão trazia uma sensação de alívio: mais um ano havia se passado com todos em segurança. Eu entendi suas lágrimas. É uma linda tradição.

No final do ritual, depois que todos os pares se encontraram e o pão acabou, o grupo sentou-se novamente à mesa de jantar em forma de X. A agitação natural recomeçou.

O gestor

É surpreendente que a Wigilia não tenha sido um caos. Na verdade, isso poderia ter acontecido, se não fosse por Great Busia. Ela assumiu o comando no momento certo, sobrepondo-se ao pandemônio e pedindo a todos que ouvissem enquanto nos dava as boas-vindas à mesa. Então, ela explicou a tradição de partir o pão, nos guiando para nossas duplas rotativas. As histórias que compartilhamos, os votos, as lágrimas não teriam acontecido sem sua orientação.

Pegando emprestado um conceito de Elise Keith, fundadora e CEO da Lucid Meetings, podemos pensar em Great Busia como uma gestora de conversas.[26] *Gestão de conversa* é o ato de supervisionar ou cuidar de um grupo. É trabalho do gestor conduzir um grupo em meio ao caos e ajudá-lo a evitar problemas de coordenação e os desafios apresentados pelas hierarquias de status. Todos nós podemos ser bons gestores nas formas que vimos acima, mas às vezes alguém precisa assumir o comando de maneira um pouco mais formal. Um bom gestor planeja as diferenças entre os membros do grupo e pensa antes nos temas em foco e na estrutura da conversa. Uma boa gestão é palpável, assim como a falta dela.

Embora a mentalidade de gestão seja especialmente útil para pessoas que estão liderando uma conversa em grupo ou organizando uma festa, todos podemos nos beneficiar ao adotá-la. O fundamental é pensar à frente (*Quais são nossos objetivos? Com o que as pessoas se importam? Sobre o que devemos falar? Como algo pode dar errado?*) e prestar atenção no timbre conforme a conversa em grupo se desenrola (*A conversa está se encaminhando para um lugar ruim? As pessoas estão se sentindo bem, ou estão desconfortáveis?*). A seção a seguir discute ferramentas nas quais os gestores podem confiar para ajudar o grupo.

Acrescentando estrutura

Muitas espécies não humanas passam muito tempo em grandes grupos, como rebanhos, bandos, revoadas, alcateias, haréns, clãs. Os estorninhos, pássaros passeriformes de tamanho médio com plumagem preta metálica, se reúnem em fios telefônicos e em árvores. Mas seu encontro mais majestoso é quando se juntam em uma *murmuração*, uma nuvem ondulante de milhares deles, que se torce e vira misteriosamente no céu. Essas profusões hipnotizantes servem a muitos propósitos. Predadores como os falcões peregrinos, por exemplo, acham difícil mirar em um estorninho no meio de um bando hipnotizante; o grupo ajuda cada pássaro a se aquecer à noite; e todos podem compartilhar rapidamente informações sobre áreas promissoras de alimentação. Sabemos muito sobre estorninhos, mas continuamos sem saber como eles voam nessas aglomerações sem colidir uns com os outros.[27]

Esse tipo de coordenação intuitiva e em larga escala está além da mente humana. Reúna mil pessoas em um campo de futebol e diga a elas para andarem juntas, e você terá um caos total. O mesmo acontece em conversas. Manter uma conversa livre, com um gerenciamento de temas em foco ideal, alternância suave de turnos, compartilhamento equitativo de tempo de fala e assim por diante, é quase impossível em um grupo grande. Pesquisas sugerem que, à medida que os grupos aumentam para seis ou mais pessoas, uma única conversa se torna instável, pronta para se dividir em várias, com pessoas falando umas por cima das outras. Talvez por isso Immanuel Kant tenha limitado o número de convidados em seus jantares: ele sabia que é difícil ter conversas mutuamente gratificantes em grupos maiores.

Aqui, os gestores (como Kant) podem ajudar *estruturando* uma conversa em grupo. Assim como precisamos de leis de trânsito, às vezes precisamos de regras explícitas para nos guiar em trocas em grupo. Enquanto díades funcionam bem mesmo com conversas não estruturadas, e grupos de três a seis pessoas adotam padrões naturais (embora insatisfatórios) de tomada da palavra e divisão de tempo de fala, grupos maiores precisam de barreiras. Até os limites físicos podem ser desafiadores, se considerarmos cadeiras, ombros e joelhos. Mas é possível estruturar criando regras para tomada da palavra, divisão de tempo de fala, gerenciamento de temas em foco e assim por diante. Isso ajuda a simplificar problemas de coordenação, deixando mais claro quem fala em seguida e quando, sobre o que todos estão falando e quais são os objetivos da conversa. O ritual de Natal da Wigilia, passado de geração em geração e facilitado por Great Busia, adicionou estrutura a nossa caótica conversa de 42 pessoas. Forneceu um modelo para como seria a noite, guiou o grupo no que, de outra forma, seria uma confusão e ajudou as pessoas a se conectarem.

Há duas maneiras principais de estruturar uma conversa em um grupo grande: o particionamento e a centralização.

Particionamento. Particionar é dividir um grupo em subgrupos que falam entre si. Essa ferramenta resolve muitos problemas de coordenação porque as pessoas dividem o tempo de fala estruturalmente, não por escolhas aleatórias. Ela simplifica o jogo de coordenação, tornando o grupo grande mais parecido com uma díade.[28]

O particionamento pode se dar naturalmente em um grupo grande, como na reunião informal que acontecia por toda a casa antes de os convidados se acomodarem para a refeição de Natal; os indivíduos circulavam entre pequenos grupos conforme queriam. Mas também pode ser implementado por um líder ou administrador, como no caso do ritual de partilha do pão de Wigilia. Great Busia liderou a família por uma conversa dividida: duplas de interlocutores trocaram votos de felicidades junto com um pedaço de pão, com revezamento a cada dois minutos. Isso também poderia funcionar com os cinco amigos no bar no feriado de Ação de Graças, ou qualquer outro grupo casual. Para dividir um grupo, você pode simplesmente começar a falar com uma ou duas pessoas e puxar outras conforme necessário, ou apresentar as pessoas umas às outras, lançar um tema e se afastar. Os grupos são bons em se ajustar à conversa dividida, não importa como ela comece. [29]

Centralização. O oposto do particionamento é a centralização, quando a atenção de todos se concentra em um foco de conversa compartilhado. Conversas de grupo centralizadas em geral ocorrem de maneira formal, e seus integrantes podem pedir a palavra levantando a mão, falar em uma sequência predeterminada, seguir uma pauta ou dar a alguém o controle da palavra. Embora a conversa centralizada perca muitas das características mágicas da conversa privada, como improvisação, autonomia e serendipidade, ela também permite uma sensação de união e o compartilhamento de informações com muitas pessoas. Ela simplifica o jogo de coordenação de uma maneira diferente.

Centralizar e particionar são duas ferramentas essenciais para o administrador do grupo, que pode decidir qual desses arranjos se alinha com os objetivos daquele grupo e de seus membros, e quanto tempo cada dinâmica pode durar antes de perder o encanto. A maneira como estruturamos conversas em grupo - ou não - determina quais informações são trocadas, quem as troca e como todos se sentem nesse processo.

Como ressalta Elise Keith, CEO da Lucid Meetings, a conversa em grupo não precisa ser centralizada *ou* particionada;[30] ela pode ser dos dois modos, em momentos diferentes.* Às vezes, como aconteceu com os amigos no Dia de Ação de Graças, o grupo se divide em dois, um falando sobre um novo parque de skate e o outro sobre uma amiga que espera um bebê; depois, uma pessoa que queria contar uma história a todos os reuniu.

---

* Keith recomenda que os coordenadores de reuniões combinem grupos de discussão menores e conversas centralizadas em uma sequência que vai aumentar de tamanho ao longo do tempo, como 1-2-4-todos, 1-2-todos ou 1-3-todos. Em 1-2-4-todos, o coordenador propõe algum tipo de tópico ou indicação para o grupo todo, primeiro para elaborar sozinho (1), depois para discutir em pares (2), em seguida para discutir em pares unidos (4) e, finalmente, para discutir no plenário (todos). Essa progressão permite que as pessoas pensem criticamente por conta própria, aproveitem a privacidade do bate-papo em duplas e, então, confiem na agregação de conhecimento que ocorre em grupos maiores. Seja qual for a sequência, conversas particionadas e centralizadas podem se desenrolar em alguns minutos ou por longos períodos (dias ou até semanas).

Com o tempo, um grupo pode se particionar e centralizar várias vezes.[31] Alternar os formatos ajuda a evitar desgastes. Conversas centralizadas podem facilmente se deteriorar em interações secas entre membros dominantes do grupo,[32] enquanto observadores silenciosos ficam desconfortáveis em sua quietude. Tais interações se tornam desinteressantes, frustrantes ou até ofensivas para os observadores silenciosos, que podem se sentir invisíveis. Então, é hora de particionar. Por outro lado, conversas particionadas podem nos fazer sentir isolados – confinados em um papo paralelo indesejado e sem ganhar os benefícios de aprender com todos no grupo maior. A questão que fica para os gestores é: do que o grupo precisa em cada momento?

Aperte, afrouxe

Em termos de gestão, as conversas em grupo variam em um espectro que vai do mais rígido ao mais solto.[33] Se o gestor direciona o grupo para temas que não são do interesse de seus membros, deixando de lado assuntos importantes ainda não explorados, a conversa corre o risco de parecer muito rígida. Imagino que os convidados dos jantares de Kant podem ter se sentido excessivamente controlados por tantas regras explícitas e tantos temas proibidos (e por terem discordado do anfitrião sobre a Revolução Francesa!). Ao mesmo tempo, quando uma conversa em grupo começa a parecer desorganizada e caótica, como nos bares dos quais Kant finalmente se afastou na velhice, provavelmente é porque ela se tornou mais fluida. O trabalho do gestor é encontrar o equilíbrio certo, às vezes apertando a estrutura e às vezes afrouxando-a.

É fácil imaginar a manipulação deliberada da estrutura das conversas de trabalho, em que pautas, grupos de discussão, apresentações centralizadas e dinâmicas são parte do processo. Mas os mesmos princípios também se aplicam fora das salas de reuniões. Embora não seja comum impor estruturas a nossos amigos em jantares ou na calçada com estranhos durante um intervalo para fumar (situações em que os objetivos são mais vagos, os temas são mais pessoais e valorizamos a "naturalidade"), a falta de estrutura pode ser surpreendentemente estressante – e constrangedora – em qualquer lugar.

Quando fui a uma despedida de solteira em Nashville, da amiga de uma amiga, eu era uma convidada periférica. Como a maioria das festas para mulheres na faixa dos 20 anos, tudo deveria ser divertido e livre. Mas, como acontece em muitas conversas, o encontro foi insuficientemente estruturado, com 15 participantes sem saber o que fazer e sobre o que falar. Algumas ameaçaram se dividir em subgrupos para fazer outras coisas, todas estavam confusas e perguntando o que aconteceria em seguida, e eu temia que não conseguíssemos atingir a meta de "diversão em grupo" prevista para o fim de semana.

Eu já participei de outros fins de semana com amigas, em que todas implicavam com a aparentemente rigorosa planejadora por elaborar um roteiro. Quem quer planejar atividades que devam parecer livres e despreocupadas? Embora sejam alvo de críticas, passei a apreciar profundamente as pessoas que assumem o comando, por fazerem afirmações como "Agora, todas devem escolher seus boás de penas favoritos; vamos precisar deles mais tarde para dançar" e "Em meia hora, entraremos no ônibus que vai nos levar para jantar; nossa reserva é às oito". Seus movimentos podem ser simples: eles lançam um foco planejado, dividem as pessoas em grupos menores para brincadeiras, programam algum entretenimento significativo para concentrar a atenção do grupo ou pedem a alguém para fazer um brinde que centralize uma celebração. Embora isso possa parecer rígido, na prática grupos maiores precisam de gestores e estrutura.

Evite conversas em grupo. Brincadeira. Mais ou menos.

Hoje, quando me junto à família de Derek na véspera de Natal, curto o pandemônio do grupo maior e aprecio as conexões individuais durante o ritual da Wigilia. Aprendi que, quando as conversas em grupo não parecem ir muito bem, não precisamos nos sentir culpados, sobrecarregados, desconfortáveis ou frustrados. É normal! Por sua própria natureza, a gestão do grupo é um caos. Quer estejamos em um bar movimentado no Dia de Ação de Graças, reunidos em uma mesa de jantar, nos preparando para uma batalha, conduzindo uma reunião do conselho ou socializando em uma festa, podemos melhorar nossas interações nos tornando mais conscientes da dinâmica de status e mantendo uma mentalidade de gestão. Mas reunir muitas mentes sempre será confuso. E está tudo bem.

TRÊS PONTOS PRINCIPAIS DO CAPÍTULO 6

Muitas mentes

- A conversa em grupos é categoricamente diferente e mais complicada do que as díades. (Não se sinta mal se o ambiente parecer caótico.)
- Esteja ciente da hierarquia de status em um grupo, que pode mudar até de um foco para outro.
- Promova uma mentalidade de gestão.

CAPÍTULO 7

Momentos difíceis

À medida que o semestre prossegue em meu curso FALE, aprendemos sobre a bússola conversacional, o desenvolvimento de piadas internas e a prática das máximas do FALE, e passamos horas ouvindo atentamente uns aos outros em grupos grandes e pequenos. Então, perto do fim do semestre, dou aos alunos uma tarefa para casa. Eles devem decidir se concordam ou não com cada uma das 15 questões polêmicas apresentadas, como legalização da maconha, impostos sobre grandes fortunas, elogios à aparência física de alguém no trabalho, assistência médica universal, alimentos geneticamente modificados, carros autônomos, banheiros unissex, controle de armas e eutanásia. Eles classificam sua posição em cada questão em uma escala de 1 a 7, que varia de "discordo totalmente" a "concordo totalmente".

Também peço que apresentem três das próprias opiniões mais fortes – "os temas que mais mobilizam você e que podem ser considerados polêmicos ou polarizadores, ou que sejam opostas às de alguns de seus colegas". Em semestres anteriores, eles mencionaram a permissão para atletas transgênero participarem das competições divididas por gênero e demissão com base em posts nas redes sociais. Eu recomendo que cheguem à aula preparados para fundamentar suas posições.

Você pode pensar: "Isso é assustador." É isso que a maioria dos alunos acha. A ansiedade se torna palpável. Quando chegam, com as planilhas em mãos, estão todos quietos, sérios e apavorados.

Eu tento controlar o receio deles. As instruções na planilha que entreguei indicam que os temas são intensos: "Não tenha medo![1] Eles são baseados em temas utilizados em pesquisas acadêmicas, e você também pode criar os seus, se preferir." Digo que nosso objetivo como excelentes conversadores será nos envolver nesses temas de forma produtiva, reflexiva e até prazerosa. Esperamos até o final do semestre para colocar esse exercício em prática, quando eles já praticaram as máximas do FALE por vários meses, então todos sabem que podem ter vários objetivos ao mesmo tempo - como aprendizado, persuasão e diversão -, mesmo enquanto navegam por assuntos delicados. Garanto que valerá a pena enfrentar o desafio.

Para começar, eu os divido em grupos de três. Eles se acomodam em cadeiras de rodinhas entre painéis à prova de som, para que cada grupo tenha privacidade. Quando o tempo está bom, eles podem se acomodar ao ar livre, em lugar tranquilo. Eles manterão três conversas, cada uma estruturada em dupla, enquanto o terceiro membro do grupo será um observador silencioso. Em cada rodada, peço aos pares que encontrem a questão em que mais discordam - um foco sobre o qual tenham convicções ferrenhas. Então, eles mergulham de cabeça em temas que normalmente evitariam.

Conversas difíceis

Para diversos alunos, e para muitos de nós, esse cenário é um pesadelo. É comum evitarmos desentendimentos com familiares, amigos e colegas. Quando pensamos em "conversas difíceis", normalmente associamos a discordâncias. Uma briga em uma reunião de família. Uma discussão com o cônjuge. Uma negociação salarial. Demitir alguém. Um encontro com um rival político, um inimigo próximo ou companheiro de equipe. Imaginamos emoções intensas, como lágrimas, gritos, julgamentos negativos e mágoas, e recuamos aos primeiros sinais de divergência. A frase "Precisamos ter uma conversa" pode nos fazer estremecer.

Alguns desentendimentos são facilmente resolvidos, mas outros podem sair do controle, fazendo você sentir a conversa, e talvez até o relacionamento, escorrendo entre os dedos. Um desentendimento cria uma rachadura em nossa realidade compartilhada e pode se abrir em uma fenda escura, escancarada e raivosa. Quando isso acontece, experimentamos uma gama de sentimentos caracterizados por altos níveis de ansiedade e desgosto.

Vamos retomar o quadro de emoções[2] – ou a "roda dos sentimentos", como meus alunos o chamam – que encontramos no Capítulo 4.* Naquele capítulo, nosso desafio era usar grandes momentos de leveza para sair do quadrante inferior esquerdo: entediado e sonolento. Agora, vamos nos concentrar em sair do quadrante superior esquerdo, onde a ansiedade, o estresse, o medo, a raiva e a hostilidade fervilham (veja a figura na página 194). Enquanto o quadrante inferior esquerdo mata a conversa com um comprimido para dormir silencioso e fatal, o quadrante superior esquerdo dá um golpe fatal em qualquer conversa.

Quanto mais nos encontrarmos naquele espaço superior esquerdo, mais difícil será tornar a conversa boa. Se estivermos com muito medo, com raiva ou angustiados, não vamos conseguir nos concentrar em manter vivo o delicado jogo de coordenação.[3] As apostas para manter o jogo em ação são altas. Desentendimentos podem nos trazer grandes mágoas, tanto pessoal quanto profissionalmente, assim como causar rupturas irreparáveis com família, amigos e colegas. Isso significa que devemos tentar administrar nossas discordâncias e consertar as rachaduras na realidade compartilhada antes que elas nos enviem direto para o quadrante superior esquerdo e além. Antes que nossas palavras causem danos. Antes que nossas fissuras se tornem irreparáveis. Só então poderemos continuar o jogo de coordenação.

---

* Os estudiosos chamam isso de "circumplexo de afeto", porque *afeto* significa "emoção", mas ninguém quer realmente chamá-lo de "circumplexo emocional", certo?

Os desentendimentos diretos não são o único tipo de conversa difícil, nem são a única forma de nos fazer parar no quadrante superior esquerdo. Sempre que os participantes de uma conversa têm uma *divergência*, é provável que enfrentem momentos difíceis. Pedi a meus alunos que discutissem um tema sobre o qual discordassem, mas muitos outros tipos de diferença sustentam e permeiam nossas visões, como conhecimentos, entendimentos, preferências, intenções, estados emocionais, valores, aspectos da identidade, e assim por diante.

Na verdade, todas as conversas são caracterizadas por algum tipo de divergência, grande ou pequena, porque, no mínimo, todas as pessoas são incomensuravelmente diferentes umas das outras, de maneiras tanto óbvias quanto sutis (até quando comparamos gêmeos idênticos como Sarah e eu). Todas as conversas, mesmo os bate-papos "fáceis", que não incluem tantas divergências assim, têm seus momentos desafiadores: sinais fugazes de constrangimento, ofensa, ambiguidade, desalinhamento e mal-entendido. Na prática, muitos desses momentos difíceis são resolvidos ou simplesmente desaparecem sem fazer escala no quadrante superior esquerdo. Porém, se mal administrados, os momentos difíceis – mesmo os mais amenos – podem levar a raiva, ansiedade, medo, confusão ou excitação competitiva. Muitas vezes, não conseguimos entender direito esses sentimentos enquanto a conversa se desenrola, mas geralmente sentimos que *algo não está indo muito bem.*

Uma taxonomia de dificuldades

Pode ser útil pensar nos níveis de dificuldade de longo alcance em termos de profundidade, como no demonstrativo das camadas da Terra (veja a figura na página 197). Acima da superfície, há *diferenças de conteúdo*: nossos sons, palavras e sinais não verbais são como árvores, montanhas, edifícios e aviões: podemos vê-los e ouvi-los, estão à vista de todos. É aqui que vivem muitos desafios de coordenação: você diz *to-ma-te*, eu digo *tu-ma-ti*; você pisca para mim, mas eu não vejo; eu simulo um sotaque britânico para contar uma piada, você acha que é australiano; você ri de algo e eu não, ou você ri do significado literal da piada, e eu rio da ironia dela; e assim por diante. Essas incongruências podem parecer inofensivas (ou ser utilizadas para criar leveza), mas, como vimos, elas também têm o potencial de causar problemas na compreensão e na conexão compartilhadas.[4]

Então, na crosta terrestre – logo acima dela, deslizando no gramado, ou logo abaixo, escondendo-se no solo – encontramos *diferenças de sentimentos*. Você está animado para falar sobre estratégias de guerra, e eu estou morrendo de tédio. Ele vive para conversas descontraídas sobre política, mas você acha o tema insuportável. Ela está morrendo de vontade de ouvir sobre seus filhos, mas você acha as perguntas invasivas e irritantes. Você está feliz e animado com algo que vai acontecer mais tarde naquele dia, mas seu interlocutor está triste com o que aconteceu naquela manhã. Emoções incongruentes podem ser efêmeras e mutáveis, sem estar relacionadas a nada particularmente importante.[5] Ou podem indicar nossas diferenças em preferências sobre onde colocar nosso tempo e nossa atenção – sinais de algo mais profundo.[6]

Quando nos aprofundamos um pouco mais na terra, chegamos ao leito de rocha: *diferenças de motivos*. É aqui que aspectos de nossas bússolas conversacionais – nossos objetivos – são incompatíveis.[7] Ele está louco por conselhos, você não quer dá-los. Ele deseja relaxar, mas ela espera que ele pergunte como foi o dia. Você tem vontade de saber mais sobre seu interlocutor, só que ele não quer falar. Eu estou focada em conseguir a melhor oferta para vender minha casa, mas os possíveis compradores tentam pagar o menor preço. E assim por diante.

Como vimos com a bússola conversacional, *diferenças de motivos* – conhecidos, supostos ou desconhecidos – causam todos os tipos de tensão e conflito. Como no Dilema do Prisioneiro (que discutimos no Capítulo 1), motivos conflitantes nos colocam em um ambiente de coordenação não cooperativo. Assim como as emoções que eles originam, esses motivos podem ser fragilmente mantidos e mutáveis, ou ficar cimentados no mesmo lugar após anos de calcificação. É aqui que vivem algumas de nossas grandes divergências, quando parecemos estar em placas tectônicas diferentes. Uma mulher tem um ótimo emprego em Dallas, mas seu marido gostaria de se mudar para mais perto da família, em Seattle. Um funcionário deseja manter o emprego, mas o chefe acha que é melhor eles seguirem caminhos diferentes. Você acha melhor colocar sua mãe em uma casa de repouso, mas ela quer continuar onde sempre morou, e seu irmão não vai forçar a situação. Como navegar em conversas em torno desses motivos tão incompatíveis? Como usar nosso tempo juntos para ter conversas produtivas? É possível sustentar uma boa conversa quando um choque profundo e subterrâneo está escondido sob a superfície?

Indo mais fundo na terra, você alcançará o núcleo: *diferenças de identidade* – gênero, sexo, sexualidade, raça, etnia, religião, idade, especialização, personalidade, atributos físicos e assim por diante. Algumas diferenças de identidade, como raça, são facilmente identificáveis, enquanto outras, como crenças pessoais arraigadas, se mantêm invisíveis, borbulhando no subsolo, fora de vista – às vezes até mesmo fora de nossa consciência.

Ao contrário do desafio da engenharia de perfurar até o núcleo da terra, o envolvimento em uma conversa atinge o magma quente de nossa identidade de maneiras repentinas e inesperadas. Muitas de nossas dificuldades durante uma conversa, que *parecem* ter origem em sentimentos ou motivos que divergem – mais próximos da superfície –, na verdade têm origem em pequenas fissuras que se aprofundaram até nossa identidade. As dificuldades podem surgir mesmo em temas corriqueiros: falar sobre feriados pode causar tensão em pessoas de religiões diferentes; comentar penteados, moda, música, imóveis ou entrevistas de emprego pode causar ruído entre amigos pretos e brancos. Às vezes não sabemos se é recomendável falar sobre nossos filhos com colegas de trabalho que não são pais. Sempre que uma conversa toca - ou *pode* tocar - em algo sobre *quem somos*, corremos o risco de não fazer nosso interlocutor se sentir **visto e validado** (uma violação da máxima da empatia), então podemos ficar na defensiva, ansiosos, ameaçados ou magoados. A rocha derretida em nosso núcleo pode começar a borbulhar, pronta para entrar em erupção - ou implodir.

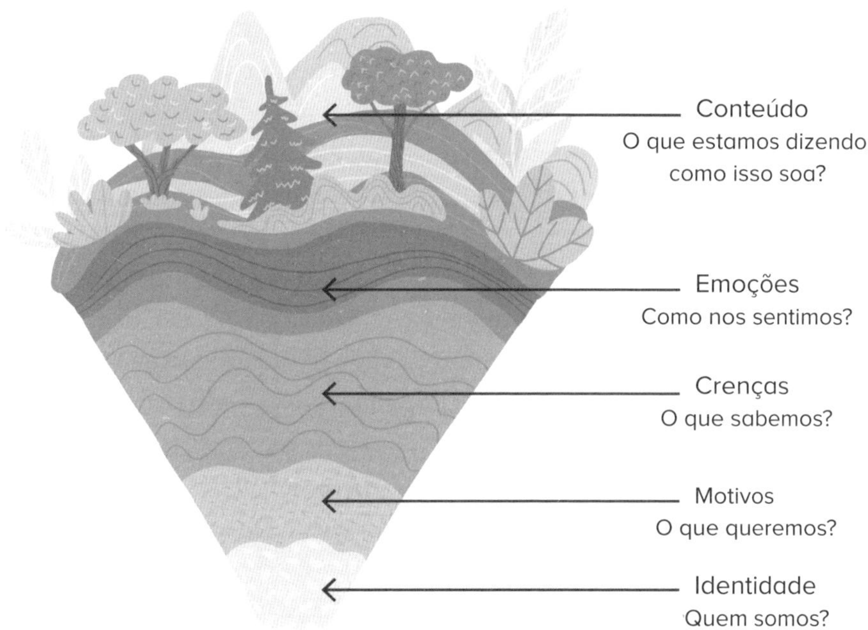

Aquele exercício que promovo em sala de aula - em que duas pessoas com visões diametralmente opostas sobre um assunto precisam discutir a respeito dele - é projetado para que os alunos pratiquem o confronto de diferenças em todos os níveis: visar o conteúdo óbvio acima da superfície, estar consciente das emoções de todos no nível um pouco mais profundo, entender os diferentes alicerces que determinam seus motivos e aprender e respeitar a identidade do cerne. É tarefa deles manter a conversa fluindo até que possam descobrir onde suas diferenças realmente estão: em que camada estão as fissuras? Só então eles vão conseguir se reconciliar, mudar ou aceitar essas diferenças.

Seu cérebro em discordância

Enquanto alguns se sentem estimulados com a discordância, a maioria das pessoas, incluindo meus alunos, não gosta, e por um bom motivo. Ela pode ser desagradável e exaustiva. E, novamente, os riscos são altos.[8]

A discordância é desafiadora do ponto de vista neurológico, sendo exaustiva para o cérebro. A neurocientista Joy Hirsch e seus colegas mostraram que "é preciso muito mais espaço cerebral para discordar do que para concordar".[9] Eles descobriram que as propriedades acústicas das conversas das pessoas eram uma nos momentos de concordância e outra nos casos de discordância. Durante a discordância, o tom de voz, a quantidade de sílabas por minuto e a energia acústica eram elevados, sinais audíveis de excitação competitiva. Quando os participantes conversavam entre si em máquinas de fMRI (aquelas cápsulas semelhantes a naves espaciais que capturam a atividade neurológica das pessoas em uma série de manchas pixeladas e coloridas), as áreas de atenção social e visual no cérebro dos falantes ficavam mais sincronizadas quando as pessoas concordavam. Durante momentos de discordância, até nossos neurônios ficam fora de sincronia.

Máximas ao resgate

Com alguns interlocutores, nenhuma dose de perspicácia superará as diferenças, especialmente em uma única conversa. Valores pessoais arraigados e muitos aspectos de nossa identidade não costumam mudar em um piscar de olhos.[10] Mas até placas tectônicas podem mudar. A questão é que elas se deslocam devagar. Para crenças fortes, em especial aquelas ligadas à nossa identidade, a única chance de ser um pouco persuasivo é se seu interlocutor se sentir ouvido por você e seguro para permanecer aberto a longos períodos de pressão suave causada por suas visões divergentes.

Então, o que alcançaríamos em apenas uma conversa? Muito! Em qualquer oportunidade, sobretudo estando longe do temido quadrante superior esquerdo, podemos dar pequenos passos ou saltos gigantescos com destino à identificação, compreensão e superação das diferenças. Os textos de meus alunos mostram quanto pode ser alcançado em apenas um bom bate-papo. Aqui está um texto de uma aluna descrevendo sua conversa:

> Fiquei surpresa por ter gostado tanto da minha conversa com [meu colega de classe] sobre controle de armas, um tema sobre o qual eu tinha opiniões muito firmes. No passado, participei de discussões sobre controle de armas, com o objetivo de persuadir os outros de que os Estados Unidos deveriam implementar medidas severas a respeito (chegando a defender a proibição de armas para uso civil). Muitas vezes, eu saía dessas discussões desanimada quando a outra parte não concordava com meu ponto de vista; para mim, as implicações (evitar mortes e tragédias desnecessárias) eram muito evidentes. Durante essa conversa, no entanto, me peguei abordando áreas de concordância (necessidade de algumas medidas de controle de armas adicionais) e levantando as limitações de minha visão (lacunas de implementação e percepções culturais distorcidas vindas de um país do Leste Asiático que tem um rigoroso controle de armas). Fiz um esforço genuíno para ouvir o outro ponto de vista, e meu parceiro de conversa também; apreciei muitas de suas perguntas instigantes (ex.: É desejável que o Estado tenha o monopólio das armas, dada a atual desconfiança da polícia?). Ambos saímos com perspectivas mais sutis sobre o assunto. E conseguimos persuadir um ao outro em alguns aspectos, mesmo sem intenção.

Usar as máximas do FALE pode ajudar a evitar que as discordâncias mais sérias se transformem em uma espiral para o quadrante superior esquerdo. Isso não significa que algumas conversas não serão dolorosas, mas o gerenciamento hábil dos temas em foco, perguntas certeiras, atitudes apropriadas de leveza e doses abundantes de empatia conversacional podem evitar uma implosão. Se conseguirmos evitar as piores rupturas, sempre estaremos em posição de voltar para uma gratificante realidade compartilhada – para um terreno firme.

A maneira de aplicar cada máxima nem sempre é óbvia se a situação ameaça sair do controle, como quando você e seu interlocutor têm um desentendimento tenso, você não tem certeza se o magoou, sua amígdala está disparando ou você e seu interlocutor parecem separados por um abismo de diferenças. Felizmente, novas pesquisas fornecem orientação sobre como aplicar as máximas do FALE nessas circunstâncias complicadas. Dessas pesquisas saíram estratégias para lidar com discordâncias com elegância, administrar diferenças de identidade com confiança e diminuir a temperatura de uma conversa que está ficando quente demais.[11]

Antes de estudar sobre conversa, o exercício de discordância também teria sido horrível para mim. Há muito tempo me identifico como uma pessoa "avessa a conflitos", que faz de tudo para fugir do confronto. Mas agora sei que consigo. Você também.

A receita da receptividade

O que podemos fazer para discordar de um forma bem-sucedida, que evite o quadrante superior esquerdo? Como selecionar as características específicas e concretas que fazem uma discordância terminar bem? Como garantir que essas interações sejam agradáveis ou, no mínimo, que não se tornem terríveis e hostis? Qualquer um pode sair de uma conversa sentindo-se melhor mesmo quando os interlocutores têm convicções, sentimentos ou desejos incompatíveis?

Na última década, os cientistas sociais Julia Minson, Mike Yeomans e Hanne Collins vêm estudando essas questões. Ao analisar centenas de milhares de conversas entre usuários do Twitter [atual X], editores da Wikipédia e presenciais, eles observaram minuciosamente a linguagem usada em discordâncias. Conseguiram identificar as palavras que levam a civilidade e progresso, assim como as que levam a finais improdutivos, marcados por hostilidade, desacordo, ausência de persuasão ou até rixas irreparáveis. Desvendaram a linguagem da discordância civilizada (e incivilizada) – e o que os melhores conversadores tendem a dizer em momentos difíceis.[12]

Segundo essas pesquisas, os bons desentendimentos são caracterizados pela *receptividade conversacional:* envolver-se abertamente com visões opostas em meio a conversas ao vivo. Conversas entre pessoas de visões opostas apresentam ameaças em todos os níveis, mas quem usa uma linguagem receptiva tem menos probabilidade de explodir, ao mesmo tempo que os interlocutores tendem a concordar mais com seu ponto de vista no final. Além do mais, os pesquisadores capturaram uma "receita da receptividade", as táticas linguísticas que grandes comunicadores (como o Supergrego de Primo Levi) adotam quando querem fazer amigos nas linhas inimigas.

Em um estudo, a equipe deu a centenas de cidadãos dos Estados Unidos uma série de temas polêmicos para discutir, como eu faço com meus alunos. Aqui está um exemplo: "A reação pública aos confrontos recentes entre a polícia e minorias suspeitas de crimes (que resultaram na questão da brutalidade e do racismo dos policiais) foi exagerada?" Depois de ler esse ponto de partida, cada participante recebeu uma mensagem de um interlocutor – uma das centenas de mensagens reais escolhidas pelos pesquisadores com uma visão que se opunha categoricamente à opinião do participante. Uma pessoa que acreditasse que os protestos do Black Lives Matter (BLM) de 2020 foram excessivos teria recebido uma mensagem como esta, que apoiava as manifestações:[13]

> A reação pública não foi exagerada; na verdade, ela foi abafada. Os confrontos recentes estão apenas tornando visíveis questões que existem há muito tempo. Linchamentos e assassinatos de minorias acontecem desde sempre na história americana. No entanto, agora temos provas em tempo real por meio de vídeos de celular e pelo Facebook. Existem questões reais entre a polícia e as comunidades que estão sendo abordadas devido à atenção que está sendo dada ao movimento BLM e outros protestos.

Como o participante – ou qualquer um que tenha sido menos favorável ao BLM – argumentaria na conversa? Devido à complexidade da linguagem, as opções são quase infinitas. Aqui estão duas respostas reais de pessoas que eram mais céticas em relação aos protestos (comparadas a quem escreveu a primeira mensagem):

> **PARTICIPANTE 1:** É um bom ponto. Eu entendo o que você está dizendo. Provavelmente há alguma verdade no fato de que essas questões foram abafadas por muito tempo. No entanto, vindo de St. Louis e tendo testemunhado os tumultos de Ferguson, também consigo acreditar que os

fatos podem ser floreados demais, dando a sensação de que são piores do que realmente são. Concordo que problemas reais existem, mas muitas vezes a atenção é atraída para os lugares errados.

PARTICIPANTE 2: Reagir de forma exagerada a confrontos com a polícia pode ser arriscadíssimo para o público em geral. Quando a animosidade contra a polícia aumenta, como aconteceu em Chicago, o efetivo não se sente seguro de ir para os bairros de periferia. Portanto, essas pessoas, nesses bairros, literalmente têm que se defender sozinhas, pois, se precisarem de ajuda, os policiais não poderão fazer nada porque provavelmente também seriam alvos de tiros.

Se o tom dessas respostas lhe parece diferente um do outro, você está certo. Quando a equipe recrutou observadores terceirizados para avaliar a receptividade de ambas, as classificações foram drasticamente diferentes entre si. Os observadores consideraram a primeira resposta uma das mais receptivas em todo o conjunto, e a segunda uma das menos. Você provavelmente acha que a primeira foi a abordagem mais produtiva para lidar com a discordância. Mas por quê?

Vamos destrinchar os ingredientes da receita da receptividade:

- **Reconhecimento.** *("Eu entendo o que você está dizendo... essas questões foram abafadas por muito tempo.")* Por mais simples que pareça, o fato de repetir o que o interlocutor disse traz muitos benefícios. Primeiro porque faz seu parceiro se *sentir ouvido*, algo fundamental da escuta responsiva que se torna ainda mais importante em meio a discordâncias, quando as emoções estão à flor da pele. O reconhecimento também traz recompensas informativas, pois nos ajuda a identificar áreas de mal-entendidos, para que não se transformem em problemas maiores. E traz recompensas de memória, nos ajudando a lembrar o que nosso parceiro disse. A repetição torna tudo mais inesquecível. A repetição torna tudo mais inesquecível.

- **Afirmação** *("É um bom ponto.")* A afirmação é a prima mais efusiva do reconhecimento. Você não apenas reafirma o que foi dito, como também lhe atribui uma avaliação positiva. Você gosta disso, ama isso, não consegue viver sem isso. Todo mundo anseia por validação, mas muitas vezes nos esquecemos de oferecê-la. Meu colega pesquisador, comediante de stand-up e psicólogo Adam Mastroianni me ensinou que, embora "Sim, e" seja a primeira regra da comédia de improviso, a segunda regra, menos conhecida, é "Trate seu parceiro de cena como um gênio". Não apenas concorde com o que ele disser porque é improviso e você tem que fazer isso. Deixe evidente que você é apaixonado pelas escolhas e pela mente dele, por mais estranhas, inesperadas ou polêmicas que sejam. No contexto da conversa, isso significa...

- **Marcação de pontos de concordância em meio à discordância.** *("Concordo que problemas reais existem.")* Quando as pessoas discordam, elas tendem a se fixar na discordância, omitindo (e esquecendo) os milhões de outros pontos em que concordam – sorvete, ondas do mar, música, bons livros, cobertores aconchegantes, luzes cintilantes. Seja qual for o foco, sempre haverá aspectos sobre os quais concordamos e outros sobre os quais discordamos. Além disso, discordar de qualquer forma sobre um tema específico reflete um *acordo* implícito de que acreditamos que ele é digno de atenção.

  Infelizmente, muitas vezes esquecemos de verbalizar os pontos de concordância. No entanto, pequenas referências a eles ajudam a criar uma imagem de pessoa razoável, e os interlocutores conseguem continuar se sentindo conectados, mesmo que se afastem em outros aspectos. O psicólogo Roderick Swaab descobriu que é importante identificar os objetivos que todos querem atingir *antes* de começar negociações intensas. Negociadores que encontram pontos de concordância passam a se tratar de modo mais agradável e agregam mais valor no geral, mesmo que discordem. A receita da receptividade nos lembra que podemos distribuir pontos de concordância pela conversa *enquanto* discordamos – e depois também.

- **Suavização das alegações.** *("Provavelmente há alguma verdade no fato... muitas vezes a atenção é atraída para os lugares errados.")* Em meio à discordância, proteções como "talvez", "possivelmente", "eu me pergunto" e "é provável" qualificam suas alegações e o ajudam a parecer razoável e capaz de considerar nuances e complexidades. O falante sabe que nenhum motivo é universalmente bom, nenhuma emoção é necessariamente virtuosa, nenhuma identidade é superior e nenhuma posição sobre qualquer questão pode ser atestada integralmente. Como cientista, passei a valorizar isso profundamente. Ao buscar a verdade, é improvável que você acumule evidências suficientes para ter 100% de certeza (ou mesmo uma compreensão suficientemente detalhada das ressalvas, exceções e condições em torno da verdade).

As suavizações ajudam no humilde reconhecimento das próprias incertezas no momento. Você deve lembrar que a suavização foi classificada como muito respeitosa no estudo de abordagem policial no Capítulo 5. Para a maioria, usar uma linguagem mais suavizada parece contraintuitivo porque nossos instintos nos dizem para sermos determinados, fortes e decisivos – sobretudo se quisermos convencer outras pessoas de que somos inteligentes, sabemos a verdade e elas devem acreditar em nós. Entretanto, pesquisas sobre receptividade indicam que os interlocutores têm, na verdade, mais propensão a acreditar e ouvir pessoas que parecem razoáveis, equilibradas e de mente aberta.

- **Enquadramento positivo.** (*"Os policiais não poderão fazer nada porque eles provavelmente também seriam alvo de tiros"* é um enquadramento negativo. O enquadramento positivo seria: "*Os policiais buscam proteger os cidadãos, bem como a si mesmos.*") Assim como discordar exige mais esforço cognitivo do que concordar, nosso cérebro recebe mais facilmente argumentos enquadrados com linguagem positiva do que com linguagem negativa. Isso corrobora as descobertas do estudo sobre a abordagem policial. Nossa mente é avessa à perda. Somos mais drasticamente acionados pela perspectiva de perda do que pela de ganho. Em uma conversa, isso significa que devemos tentar focar nos benefícios que podemos alcançar, não nos prejuízos em que podemos incorrer. Com o uso do enquadramento positivo, o interlocutor processa a conversa e se envolve com ela mais facilmente, além de sentir que é bom estar com seu interlocutor.

- **Compartilhamento de histórias pessoais.** *("Vindo de St. Louis e tendo testemunhado os tumultos de Ferguson, também consigo acreditar que os fatos podem ser exagerados.")* Compartilhar sua história pessoal, especialmente as que envolvem vulnerabilidade ou mágoas, ajuda o outro a entender sua identidade e por que você pode ter chegado a certo motivo ou opinião. Humaniza, promove conexão e respeito mútuo.[14] Por outro lado, dar explicações ou dados detalhados, algo que pode ser positivo em um relatório escrito, parece excessivo em uma conversa ao vivo.

- **Uso limitado de "palavras explicativas".** *("Portanto, essas pessoas, nesses bairros, literalmente têm que se defender sozinhas, pois, se precisarem de ajuda, os policiais não poderão fazer nada porque eles provavelmente também seriam alvos de tiros.").* Palavras explicativas como *porque, portanto, sempre* e *nunca* podem dar a impressão de que somos dogmáticos, pedantes e condescendentes. Embora palavras explicativas possam funcionar na comunicação unidirecional (como discursos públicos) ou em textos escritos, a maioria das pessoas não gosta de receber um sermão durante um diálogo.

Felizmente, meus alunos estavam mais preparados para lidar com discordâncias intensas do que muitos dos participantes do estudo. Quando embarcaram no exercício acalorado de discordância em sala de aula, tinham compreendido a receita da receptividade e praticado seu uso. Também tinham aprendido a pensar na receptividade como um teste de estresse da empatia: eles conseguiam ouvir de maneira responsiva e usar uma linguagem respeitosa *mesmo quando* falavam com alguém que discordava deles. Embora a linguagem respeitosa e a escuta responsiva sejam um ótimo começo, momentos de discordância frequentemente exigem as diretrizes específicas da receita da receptividade.

Na sala de aula, cada dupla conversou sobre seu assunto delicado por dez minutos. Enquanto se aprofundavam, fui passando silenciosamente ao redor para ouvir. Eu estava testemunhando o uso da receita da receptividade – suavização, reconhecimento e concordância. Era como assistir a um cubo de gelo derreter. Ninguém aumentou o tom de voz nem vi lágrimas; percebi contato visual prolongado, acenos, alguns sorrisos e, acredite ou não, *risadas*.

Foi difícil fazê-los parar de falar. Assim que todos se acomodaram de volta, pedi que descrevessem brevemente a experiência, dissessem o que viesse à mente: "incrível", "muito divertido", "revelador", "a melhor coisa que já fiz", "gostaria que tivessem proposto isso no primeiro ano do programa", "gostaria de ter feito isso no ensino médio". Não eram as vozes de uma minoria positiva, mas do grupo em geral. Esse exercício sempre é o mais popular entre os alunos dos meus cursos. É o preferido de cerca de 40% dos participantes, uma porcentagem bem alta, considerando que fazemos mais de vinte exercícios durante o semestre (que incluem ligar para o melhor amigo e um workshop de humor). Quando as pessoas dispõem do kit de ferramentas de receptividade, elas conseguem resolver até as diferenças mais espinhosas. Parece milagroso.

Como de costume, todas as conversas resultaram em algo significativo, uma rachadura em alguma camada da Terra. Os alunos discordaram forte e firmemente sobre o principal foco de discussão, mas essa rachadura não se transformou em uma fenda escancarada. Graças à receptividade, mesmo que eles não persuadissem um ao outro, a conversa não levou às manifestações de alta excitação e alto desprazer do quadrante superior esquerdo, que mantêm nossos nervos à flor da pele. É um alívio profundo para meus alunos descobrirem que desentendimentos não precisam ser dolorosos. Eles podem ser maravilhosos, validadores, divertidos, produtivos e recompensadores – sem causar danos.

A mentalidade receptiva

A receita da receptividade fornece ferramentas eficazes em caso de discordâncias, mas também funciona diante de dificuldades, ou seja, quando palavras, gestos, emoções ou motivos entram em conflito. Mais do que uma receita, a receptividade é uma *mentalidade* a partir da qual o usuário permanece interessado em entender e validar seu interlocutor, mesmo sob estresse. Com a mentalidade certa, tudo flui naturalmente.

Durante momentos difíceis, podemos ter muitos objetivos ao mesmo tempo: entender a perspectiva da outra pessoa, validar seus sentimentos, persuadi-la a concordar com nossa perspectiva, manter a convicção em nossas crenças, estar aberto à convicção do outro indivíduo, prevenir danos, tomar uma decisão, evitar tomar uma decisão, fugir, conter lágrimas, parecer competente, garantir que não haja uma implosão total e assim por diante. Pesquisas apontam que elevar alguns desses objetivos (sobretudo almejar *aprender*) e aplacar outros (especialmente o desejo de *persuadir*) ajuda a manter uma mentalidade de receptividade, o que muda o curso da interação.[15] Aqueles que se concentram em entender a perspectiva da outra parte e controlam o impulso instintivo de persuadir têm maior probabilidade de validar os sentimentos do interlocutor, usar uma linguagem receptiva e, por mais irônico que pareça, acabar persuadindo. Nas palavras de uma aluna, "nós conseguimos persuadir um ao outro em alguns aspectos, mesmo sem intenção".

Esse tipo de abertura pode ser bastante contraintuitivo. Quando temos opiniões diametralmente opostas às de alguém, nosso instinto é tentar persuadi-lo de que ele está errado e nós estamos certos. Se percebemos que não vamos conseguir convencer o outro de nossas opiniões e crenças, tendemos a querer terminar a conversa o mais rápido possível. Esse desejo de ir embora reflete uma tendência comum de ver as crenças como estáticas e imutáveis.

Pesquisas da cientista comportamental Stav Atir e seus colegas revelam que subestimamos o quanto aprendemos em conversas cotidianas, como o que tem importância para os outros e por quê.[16] Isso é especialmente verdadeiro no contexto da discordância: não percebemos o quanto poderíamos aprender com uma opinião oposta à nossa. Em vez disso, nos concentramos em estar certos e reunir os recursos para provar isso. Tendemos a presumir que nosso interlocutor está preso em seus caminhos, que não se permitirá mudar de crença só por nossa perspectiva diferente. Pesquisas recentes demonstram que subestimamos o quanto os outros estão dispostos a se abrir a visões opostas e que, quando as pessoas discordam de nós, muitas vezes as descartamos como "maus ouvintes", em vez de vê-las como bons ouvintes com visões diferentes.[17]

Nossa tendência a subestimar a receptividade do outro explica em parte por que muitos de nós tememos discordâncias. Se não acreditamos que alguém aprenderá algo com a conversa, faz sentido evitar por completo as discordâncias; então, quando inevitavelmente nos deparamos com elas, achamos que o outro não está ouvindo. Pesquisas indicam que subestimar o desejo de aprender influencia fortemente a suposição de que uma conversa pode resultar em conflito. Quando achamos que as pessoas não querem aprender, nós as tratamos pior e diminuímos nossas expectativas sobre a conversa como um todo. Acaba sendo uma profecia autorrealizável: se acreditamos que as pessoas estão interessadas em nos fazer mudar de opinião (em vez de aprender conosco), nos comportaremos de maneiras mais propensas ao conflito, o que inibe o aprendizado real e aumenta a discórdia.

A receptividade corre contra esses instintos, pedindo-nos para abraçar uma mentalidade de aprendizagem, em vez de uma mentalidade de persuasão. Quando estamos no modo aprendizagem, uma discordância não necessariamente é hostil ou desagradável. Na verdade, nos concentramos em descobrir as fontes de nossas diferenças, para resolvê-las ou aceitá-las.

Uma mentalidade de aprendizagem é útil porque abre caminho para um processo psicológico chamado *atualização de crenças*.[18] Suponha que duas pessoas tenham crenças diferentes. Daniel acredita que sua mãe, de 75 anos, estaria melhor em uma casa de repouso, mas seu irmão, Raymond, acha que é melhor que ela continue em casa. É possível que cada um veja as informações subjacentes à crença do outro, analise-as e atualize sua crença com base em novas evidências. Somente por meio desse processo de discordância *receptiva* Daniel conseguirá entender que Raymond trabalhou duro para reformar a casa para que a mãe pudesse viver com algum conforto. Raymond não quer que esse trabalho seja desperdiçado e, depois de pagar por essas reformas, não tem como ajudar a arcar com a mudança. Ao mesmo tempo, Raymond pode descobrir que Daniel é muito grato pelo trabalho do irmão na casa, acredita que a reforma ajudará a valorizar o imóvel e está feliz em arcar com a mudança da mãe. À medida que revisam seus conhecimentos e crenças, eles se aproximam de uma compreensão diferente (mais sutil) do mundo e um do outro – e, com sorte, de um acordo.

Adotar uma mentalidade receptiva e expressá-la por meio da receita da receptividade encorajará nosso interlocutor a adotar uma mentalidade de aprendizado. Não há motivo para temer que receptividade seja equivalente a fraqueza, que ela abra a porta para o domínio do outro. Pesquisadores descobriram que receptividade gera receptividade. Quando você usa uma linguagem receptiva, é muito provável que o outro retribua. Como em muitos aspectos da conversa, os interlocutores mostram sincronia e acomodação, convergindo instintivamente para o nível de civilidade em resposta. Embora não seja impossível, é difícil ser duro com quem está sendo gentil e receptivo. Isso significa que todo mundo pode iniciar espirais de gentileza e aprendizado, mesmo abordando temas complicados.

Identidade

Vamos voltar aos irmãos Daniel e Raymond, que estão conversando sobre a mãe e a casa de repouso. Durante a conversa, fica claro que eles têm diferentes situações financeiras, visões sobre o trabalho braçal (Raymond pôs a mão na massa na reforma), níveis de confiança em instituições de assistência a idosos e crenças sobre o que significa ser um bom filho. Suas conversas alcançam os níveis mais profundos, trazendo à tona as diferenças de identidade. Embora lá embaixo seja um lugar turbulento e de alta pressão, a maioria das conversas mergulha nas profundezas de nossas identidades o tempo todo, e de maneiras surpreendentes e imprevisíveis.

Em 2013, dei uma aula sobre um caso de negociação envolvendo um jogador quarterback fictício do futebol americano que chamei de A.J. Washington, que estava negociando seu primeiro contrato com uma equipe da NFL, a liga nacional do esporte. Foi minha segunda aula como professora e a primeira vez em um curso sobre negociação. Discutimos as nuances e complexidades do contrato de Washington, focando em conceitos como direitos, opções externas, a zona de possível acordo, contingências contratuais e assim por diante. A discussão foi ótima.

Eu tinha planejado uma grande revelação para o fim da aula: o caso A.J. Washington fora baseado na negociação salarial do quarterback superstar Tom Brady com o New England Patriots. O colega que escreveu o caso, Andy, trabalhara como diretor de operações do Patriots por muitos anos e, naquele dia, me deixou levar um de seus anéis do Super Bowl para a aula. Então, quando fiz a grande revelação, mostrei uma foto de Tom Brady na tela. "Aproveitem essa visão, meninas", brinquei, com um sorriso atrevido. Então, em um gesto teatral, tirei o anel do Super Bowl, uma joia de alto valor oferecida aos vencedores, inclusive aos executivos do time. Os alunos fizeram fila para tirar fotos com ele. Eu estava arrasando naquele novo trabalho de professora.

Poucos dias depois, recebi um e-mail de um grupo de três pedindo um encontro. Pensei que viriam conversar, como tantos outros estudantes, sobre suas buscas de emprego ou interesses em ciência comportamental, ou para pedir um conselho sobre alguma questão pessoal. Elas se sentaram na minha sala e começaram me dizendo que estavam gostando muito do curso. Após uma pausa, uma delas disse que tinha algo para me dizer.

Eu estava ansiosa para ouvir. A aluna contou que uma pessoa tinha ficado um pouco magoada quando falamos de Tom Brady. Fiquei muito surpresa – confusa, na verdade. Elas continuaram explicando que meu comentário, "Aproveitem essa visão, meninas", tinha sido heteronormativo. O que elas queriam dizer é que o comentário se dirigia apenas às alunas heterossexuais. Como representantes do grupo de estudantes LGBTQIAPN+ no campus, elas queriam chamar minha atenção para isso.

Fiquei de coração partido. Eu me via como uma progressista de 28 anos e uma aliada da comunidade. Não queria ter feito alguém se sentir marginalizado por sua sexualidade. Falei a elas o quanto eu lamentava – e me senti muito mal. Ao mesmo tempo, uma pequena parte (defensiva) de mim se surpreendeu por um comentário rápido – a palavra "meninas" – ter motivado aquele pedido de reunião. Era apenas um comentário irônico. Claro que não havia só alunas, e nem todas as mulheres estão romanticamente interessadas em Tom Brady. Será que aquele comentário espontâneo fora ofensivo?

Depois de pensar um pouco, entendi o que as alunas quiseram dizer. Elas pediam reconhecimento e validação de suas diferenças. Minha brincadeira fez parecer que eu assumia que todas as alunas eram heterossexuais, que todas achariam Tom Brady atraente. Minha identificação equivocada de suas identidades havia colocado o dedo na ferida, algo com o qual indivíduos LGBTQIAPN+ precisam lidar o tempo todo. Mesmo tendo sido um breve comentário irônico, eu sabia que a situação poderia piorar se eu não o retomasse. Havia a possibilidade de que elas se sentissem ignoradas e desumanizadas, e de que eu terminasse questionando minha própria identidade – de professora recém-formada com mente aberta. Esse ponto de inflexão poderia levar a emoções desagradáveis do quadrante superior esquerdo: frustração, raiva, dúvida e desprezo. As alunas poderiam começar a procurar sinais de preconceito discriminatório da minha parte, e eu a procurar a sensibilidade e o julgamento delas em tudo, o que minaria nosso sentimento de confiança e comunidade. Eu já tinha testemunhado isso em outros cursos, pequenos momentos entre professores e alunos, ou entre alunos, que envolvem desrespeito com a nacionalidade, identidade de gênero, religião, língua nativa, raça ou qualquer aspecto da identidade. Esses momentos fugazes podem segregar uma turma.

Então, pedi mil desculpas e disse que estava envergonhada por aquele erro. Elas me disseram que, na verdade, a maioria dos professores – na verdade, a maioria das pessoas – fazia coisas do tipo e que eu era a primeira professora que as tinha deixado à vontade para expressar esse sentimento. (*Graças a Deus,* pensei, pelo meu próprio bem, *mas que horrível para elas.*) Na aula da semana seguinte senti uma certa apreensão, mas também determinação. Eu sabia que poderia fazer melhor.

Essa história reflete um padrão mais amplo: conversas entre pessoas de identidades diferentes são arriscadas. Quanto menos você sabe sobre as experiências do seu interlocutor, mais você corre o risco de dizer algo ofensivo e mais provável é que ele veja você ou seus motivos com maus olhos. Tudo isso empurra a conversa para o quadrante superior esquerdo. Minha brincadeira sobre Tom Brady ofendeu porque eu não tinha uma compreensão completa das perspectivas das alunas e não previ que minha ironia pudesse ser interpretada literalmente e afetá-las de maneira negativa. Corremos o risco de cometer esses erros o tempo todo e de todas as maneiras. Quase qualquer tema ou comentário pode parecer vinculado a raça, religião, sexualidade ou herança cultural das pessoas. Momentos como esses têm o potencial de criar problemas maiores até do que uma simples divergência, porque sentir que nossa identidade é mal compreendida ou desrespeitada é desumanizante.

Infelizmente essa não foi a única vez que eu feri a identidade dos outros – longe disso. Temo que isso aconteça com muito mais frequência do que percebo, porque essas situações podem permanecer invisíveis. Diante de tantas possibilidades de dar errado, conversas que abrangem muitas diferenças – desde diferenças de entendimento até crenças e identidade, que estão inexoravelmente ligadas em todas as camadas da Terra – podem parecer intimidadoras.

Talvez por isso muitas pessoas prefiram se esquivar. De fato, como estudos recentes das psicólogas Jennifer Richeson e Nicole Shelton demonstraram, um número cada vez maior de pessoas tem relatado mais cautela nas conversas, sentindo-se mais nervosas, inseguras e à beira de serem canceladas do que nunca.[19] Surpreendentemente, os estudos mostram que o desejo de evitar conversas pode ser maior sobretudo entre pessoas cujas identidades são mais ameaçadas por conversas que dão errado.[20] Por exemplo, conversas sobre raça são mais evitadas entre brancos liberais que se identificam como antirracistas. Viver em uma cultura estruturada por um legado de racismo é, como indica a filósofa Tamar Szabó Gendler, cognitivamente desgastante para quem vivencia o preconceito diretamente, assim como para aqueles que desejam resistir a esse legado – membros do grupo majoritário que desejam ser aliados de membros do grupo minoritário.[21] Os possíveis aliados podem ser os mais esquivos porque estes ficam mais preocupados em não reconhecer a identidade de alguém ou com medo de piorar as coisas. Parece mais fácil se retirar da situação do que correr o risco de ser parte do problema.

Esse esquivamento não se limita a identidades politicamente complexas como raça. Voltando aos irmãos que negociam o cuidado com a mãe, as identidades de Daniel e Raymond estavam focadas em ser um *bom filho*, talvez com ideias um pouco diferentes sobre o que isso significa. Optar por uma casa de repouso quando Daniel poderia cuidar da mãe na casa dele, ou quando Raymond poderia adaptar a casa dela de modo a ficar mais funcional e aconchegante, não é algo que um *bom filho* faz. Lidar com essas partes conflitantes e dolorosas de suas identidades pode levá-los a evitar um ao outro, a evitar esse foco ou a ter conflitos sobre o tema, piorando tudo.

Obtendo uma perspectiva

A questão é como manter uma conversa sobre as diferenças sem risco de cair no quadrante superior esquerdo. Assim como a receptividade a pontos de vista opostos, falar sobre as diferenças de identidade é um teste de estresse da máxima da empatia. É possível ouvir de maneira responsiva, falar com respeito e trabalhar para entender as perspectivas e identidades dos outros, em especial quando são muito diferentes das nossas?

Quando crianças, aprendemos a regra de ouro "trate os outros como você gostaria de ser tratado". Com isso, entendemos que precisamos, por exemplo, ser gentis, mesmo com as pessoas muito diferentes de nós. É um princípio geral bem cativante.

Mas essa regra de ouro pode nos ajudar a superar as dificuldades da conversa quando há diferenças de identidade? De certo modo, todos queremos ser bem tratados. Todos buscamos validação, afirmação, escuta ativa, compreensão e felicidade. Mas as pessoas também podem desejar ser tratadas de uma maneira diferente da que você gostaria de ser tratado, porque não somos iguais. Os outros têm características, experiências, preferências, objetivos, sentimentos e valores que diferem dos seus. As pessoas gostam de se sentir respeitadas, mas a ideia de respeito pode variar entre pessoas diferentes.

Por isso, a regra de ouro pode ser enganosa. Quando você pede opinião sobre como ser gentil com os outros, pode ouvir: "Imagine isso do ponto de vista deles" ou "Coloque-se no lugar deles". É uma ótima ideia na teoria, mas décadas de pesquisa documentaram a profunda incapacidade humana de entender a mente alheia na prática. Simplificando, as pessoas são péssimas em se colocar no lugar dos outros.

Os psicólogos Tal Eyal, Mary Steffel e Nick Epley pediram que participantes de seu estudo imaginassem as perspectivas dos outros em uma ampla gama de contextos. Deveriam descobrir as emoções de outra pessoa com base em suas expressões faciais e posturas corporais. Pediram que identificassem sorrisos falsos ou genuínos em fotografias, que percebessem quando uma pessoa estava mentindo ou sendo sincera em vídeos, que apontassem qual atividade de uma lista de opções seu cônjuge escolheria e que adivinhassem a opinião de consumidores sobre diferentes produtos. Independentemente das perguntas dos pesquisadores, eles não encontraram nenhuma evidência de que "tentar adotar a perspectiva da outra pessoa" ajudasse.[22]

A questão central é que, sem acesso direto à mente dos outros, as pessoas tendem a usar estratégias intuitivas. Um recurso comum é consultar o conteúdo da nossa própria mente, uma prática que os psicólogos chamam de *projeção egocêntrica*.[23] Embora nossa perspectiva possa às vezes ser um bom indicador para fazer previsões sociais, confiamos muito no autoconhecimento acessível[24] e falhamos em nos ajustar às possíveis – e sobretudo diferentes – perspectivas dos outros.[25] O egocentrismo nos atrapalha: superestimamos a quantidade de preferências em comum (projeção egocêntrica, falso consenso);[26] se somos especialistas, esquecemos como nos comunicar com quem não domina o assunto (a maldição do conhecimento);[27] supomos que os outros podem adivinhar o que estamos sentindo (a ilusão da transparência);[28] julgamos pessoas que estão com raiva ou ansiedade, a menos que sintamos o mesmo (lacuna de empatia quente-fria);[29] e assim por diante.

Mas na verdade existe um modo fantástico de conhecer a mente de outra pessoa: *pergunte a ela*. No último (25º) estudo de seu extenso projeto sobre tomada de perspectiva,[30] Eyal, Steffel e Epley compartilharam com os participantes vinte declarações de opinião da *Consumer Reports* – "Sou um comprador impulsivo", "Sou caseiro", "A televisão é minha principal fonte de entretenimento". Eles pediram a cada dupla que um adivinhasse se o outro concordaria ou não com cada declaração. Descobrir as preferências, os sentimentos e pensamentos um do outro acabou sendo bem difícil (impossível). Mas quando, durante a conversa em duplas, as pessoas perguntaram diretamente as opiniões uma da outra, elas foram capazes de entender as perspectivas e relatar as opiniões alheias com muito mais precisão. Parece óbvio, mas leva a um insight profundo. Nas palavras dos autores, "entender a mente de outra pessoa é possível ao *obter* sua perspectiva, não ao *supor* sua perspectiva".

Conversar abre a oportunidade de obter as perspectivas dos outros, e é especialmente importante aproveitar essa oportunidade quando estamos falando com qualquer pessoa, não apenas com aquelas que têm valores diferentes dos nossos. Mesmo quem parece ser como nós pode ter uma identidade com aspectos muito diferentes e pouco óbvios. Obter a perspectiva de alguém nos ajuda a saber o que esse indivíduo vai perceber como desrespeitoso ou ofensivo – a única maneira segura de evitar falhas como a minha (e outras muito piores). Mas também é útil adquirir essa perspectiva como um fim em si mesmo, como alimento para a conversa. Ou seja, podemos enxergar nossa falta de conhecimento sobre alguém não como uma barreira, mas como um estímulo para a conversa. Há muito a descobrir um sobre o outro, o que constitui uma oportunidade incrível.

Orientado para o outro

Você sem dúvida notou que há semelhanças importantes entre obter perspectiva e se mostrar receptivo. No espírito da regra de ouro, ambos focam em entender e validar o parceiro (não a nós mesmos). Ambos exigem *outra orientação*. Ambos envolvem uma mentalidade de aprendizado, para compreensão do conteúdo da mente do outro de modo a aprender com suas experiências e seu conhecimento, sobretudo quando contrastam muito com os nossos.

Obter a perspectiva também é útil para quem sofre preconceitos, desrespeito ou recebe comentários ofensivos. Em vez de supor que os ofensores não gostam de nós, nos odeiam ou nos veem de maneira injusta, podemos perguntar seus motivos. De modo amoroso, minhas alunas LGBTQIAPN+ vieram falar comigo em particular – e, assim, entenderam que eu não pretendia excluí-las nem humilhá-las. Minha observação havia sido um comentário por alto, feito com ironia por uma pessoa amorosa que estava dando o melhor de si em um ambiente de conversa complicado e exaustivo. (Grupos são muito difíceis!) Obter o perdão delas era importante para mim, para afirmar minha identidade como aliada, o que era crucial para nossas relações, para uma cultura saudável na sala de aula e o contexto mais amplo na comunidade da Harvard Business School. A assertividade e a simpatia delas, combinadas com minha receptividade e determinação de melhorar, criaram uma comunidade mais inclusiva e unida.

Podemos extrair um guia prático das máximas do FALE para atingir esse tipo de perspectiva por meio da conversa:

- Faça perguntas atenciosas.
- Mostre-se paciente e gentil se seu interlocutor não quiser respondê-las.
- Faça brincadeiras autodepreciativas sobre sua inexperiência.
- Use uma linguagem respeitosa.
- Valide os sentimentos dos outros.
- Ouça de forma generosa e expressiva.
- Mostre receptividade mesmo diante de pontos de vista opostos aos seus.

Embora falhas na tomada de perspectiva tenham se mostrado a maior barreira para a resolução de conflitos em geral, obter uma perspectiva – por meio de perguntas, validação e receptividade – oferece o caminho mais claro para a compreensão e a conexão.[31]

A regra mais importante é não ter medo de conversas que abordem pontos divergentes entre você e o interlocutor. Mesmo que você se sinta inseguro, ter uma conversa costuma ser melhor do que evitá-la. Uma pesquisa da psicóloga Kiara Sanchez mostra que conversas sobre raça entre amigos pretos e brancos podem ser muito gratificantes, resultando em laços de amizade mais estreitos mesmo seis meses depois.[32] Um estudo inovador dos economistas políticos David Broockman e Joshua Kalla, realizado na Flórida, descobriu que conversas de dez minutos, de porta em porta e conduzidas por ativistas transgênero, diminuíram a transfobia e aumentaram o apoio a uma lei de não discriminação.[33]

Por quê? Porque o mero contato já é humanizador.[34] A conversa mergulha as pessoas na realidade de que cada ser humano tem vários aspectos. Os moradores cisgênero da Flórida puderam ver, com os próprios olhos, que os ativistas transgênero são engraçados, doces, interessados em arte ou basquete, que mantêm um contato visual caloroso e fazem boas perguntas. Eles são filhos de pais, pais de filhos e assim por diante. Para quem está disposto a se entregar de boa-fé ao jogo de coordenação, a conversa faz as pessoas deixarem de ser um exemplo monolítico de uma categoria (como transgênero) para se tornar um indivíduo complexo e cheio de nuances que, por acaso, é transgênero. Essa é a mágica da conversa: aprendemos as perspectivas das pessoas quando falamos com elas, não importa sobre o quê.

Esse é o objetivo maior da empatia conversacional: oferecer reconhecimento às pessoas tal como elas querem ser vistas: como indivíduos complexos e valiosos, dignos de atenção e cuidado. A aceitação da diferença não é um requisito adicional além de nossas habilidades de FALAR; ela é *o ponto*. Todos com quem falamos são múltiplos, e toda boa conversa envolve trabalhar para vencer um pensamento estereotipado muito pequeno e tratar todo ser humano como alguém complexo e singularmente valioso.

Superaquecimento

Às vezes, apesar de seus melhores esforços – mesmo que você tenha abraçado a receptividade e passado a considerar perspectivas com uma mentalidade de aprendizado –, a conversa pode ficar difícil. Suas emoções começam a se infiltrar no quadrante superior esquerdo, acompanhadas por respostas fisiológicas automáticas, como aumento da frequência cardíaca, hormônios do estresse ou lágrimas. Esses sintomas fisiológicos podem se tornar incontroláveis.[35]

Além disso, as emoções no quadrante superior esquerdo podem surgir por uma série de razões que não têm nada a ver com seu interlocutor.[36] Talvez você esteja com dor de cabeça ou cansado. Ou então a última pessoa com quem você falou o tenha deixado irritado, e esses sentimentos estejam interferindo no bate-papo. Você pode estar estressado porque está prestes a fazer uma apresentação difícil no trabalho. De onde quer que venham as emoções desagradáveis e intensas, a receptividade e a obtenção de perspectiva nem sempre evitarão que a temperatura suba.

Uma vez fui acampar com uma amiga na casa de campo de sua família. Uma noite, cerca de 25 pessoas, a maioria parentes dela, se reuniram em volta da fogueira. Estávamos entretidos com um jogo de adivinhação, e os participantes deveriam dar dicas aos companheiros de equipe para que eles adivinhassem uma determinada palavra ou frase, como "Bohemian Rhapsody", sem usar nenhuma palavra da frase ou palavra a ser adivinhada. ("A música mais épica do Queen. Freddie Mercury a compôs para soar como uma ópera!")

Em determinado momento, uma jogadora, Jill, ouviu a palavra *baloney*, que significa mortadela e também é uma gíria para "bobagem". Ela entrou em pânico, provavelmente por não saber o que significava. Olhou para cima, como quem pede ajuda e, cheia de energia, chegou ao falso cognato de *baloney*, gritando *Bolonha!*, a famosa cidade italiana. Foi uma escolha engraçada, feita em um momento de insegurança. Ela até fez uma cara de "não sei se estou certa".

Em vez de deixar passar ou corrigir e seguir em frente, John, sobrinho de Jill, piorou a situação:

JOHN: Você não pode dizer *Bolonha* como uma pista para *baloney*! Isso é ridículo!

DORA (PRIMA DE JOHN): Não fala assim com a minha mãe!

JOHN: Bom, então é ridículo pra cacete!

TED (PAI DE JOHN): Não fala assim na frente da sua avó!

RACHEL (MÃE DE JOHN): Ele tem razão. Foi uma pista ruim.

DORA: Ele não pode falar com ela desse jeito!

JOHN: Você está chateada comigo?! Sério?! Ela disse *Bolonha*. Me poupe!

As pessoas saíram furiosas. Os cinco ou seis que permaneceram tentavam entender o que tinha acontecido. Meu amigo me contou mais tarde que o incidente do *baloney/Bolonha* criou fissuras na família que levaram anos para sarar, em parte porque era uma manifestação de outras tensões antigas. Não era *só* sobre *baloney*. Ainda assim, uma escolha ruim de palavras feita em um momento de pânico levou a uma explosão. Esses tipos de espiral acontecem com mais frequência do que gostaríamos.

Às vezes, o clima esquenta tanto que é melhor se afastar da conversa, confiando na passagem do tempo para esfriar os ânimos. Mas existem outras estratégias que podemos tentar para não chegar a esses extremos.

Muito já foi escrito na psicologia focada em gerenciar emoções negativas em grande escala.[37] Essa literatura fornece várias táticas concretas que podemos usar para gerenciar nossas emoções quando sentimos a conversa tomando proporções perigosas.

A primeira tática é reformular as emoções negativas de modo positivo. Quando nos sentimos ansiosos, irritados ou com medo, tentamos nos acalmar. Mas esse tipo de mudança exige mudar nosso nível de prazer *e* excitação – temos que nos mover diagonalmente no gráfico, do canto superior esquerdo para o canto inferior direito. Minha pesquisa mostra que é mais eficaz transformar uma emoção desagradável em uma agradável na mesma proporção: interpretar a ansiedade como excitação,[38] a tristeza como tranquilidade ou a angústia como paixão. (O processo é chamado de *reavaliação cognitiva.*) Isso simplifica a ginástica mental: estamos nos movendo pelo gráfico emocional, da esquerda para a direita. Com a reavaliação cognitiva, você não está tentando alterar os sintomas fisiológicos (como desacelerar seu coração, secar suas palmas suadas ou baixar seus níveis de cortisol).

Você está apenas mudando sua interpretação desses sintomas automáticos, reformulando-os mentalmente como positivos em vez de negativos.

Minhas pesquisas indicam que reinterpretar emoções negativas pode ter um efeito poderoso nas experiências emocionais (você se sentirá animado em vez de ansioso), em seu comportamento (você será um interlocutor melhor) e na visão que os outros têm de você (como mais confiante e competente). Quando alguém pergunta, por exemplo, "como você está se sentindo às vésperas da próxima apresentação?", sua resposta pode ser "Estou animado" em vez de "estou ansioso", o que o ajudará a pensar que será bem-sucedido, não que pode fracassar.

Durante as conversas, podemos estimular nossos interlocutores a repensarem suas emoções negativas. Às vezes, fazer perguntas funciona; você não estará impondo suas novas interpretações, e sim perguntando sobre seus sentimentos subjacentes: "O que está deixando você ansioso? Isso também poderia estar acontecendo porque você está animado? Vejo que você está pensando muito no que pode dar errado; quais seriam os bons resultados possíveis?" Os terapeutas costumam ajudar seus pacientes com esse tipo de abordagem, mas nós também podemos fazer isso uns pelos outros.[39]

No Capítulo 4, aprendemos que a estratégia de modificação de situação – mudar o contexto – pode ser usada para elevar o humor.[40] É possível usar a mesma estratégia para melhorar o estado de ânimo. Certa vez, quando o filhinho do meu amigo ficou indócil, a mãe dele o aconselhou a "apenas ir atrás de água". Ele deveria levar o bebê para andar na ponta dos pés na chuva, colocá-lo em um banho morno, caminhar em uma praia ou lago, deixá-lo brincar com pratos na pia ou borrifar água. Água, em quase qualquer forma, faz os bebês pararem de chorar. A mudança brusca no contexto os ajuda a redefinir o humor.

O mesmo princípio de mudança de contexto funciona em adultos. Se não estamos nos sentindo bem em uma sala de conferências, podemos nos reunir para almoçar do lado de fora. Se começarmos a ficar irritados com o e-mail de alguém, devemos telefonar ou nos encontrar pessoalmente. Quando uns amigos meus, casados, começam a sair de sintonia, eles batem palmas juntos e gritam "Reiniciar!". As mudanças de contexto não precisam ser explícitas. As opções são infinitas. Apenas ficar de pé, acender as luzes ou uma vela, pegar algo para beber, dar uma volta ou convidar alguém para participar muda o clima de maneira drástica. Infelizmente, tendemos a esquecer as opções de contexto quando somos sugados pelo engajamento prolongado de uma conversa. Mas grandes conversadores (e grandes gestores de grupos), que atentam para o estado de ânimo da conversa, estão cientes do imenso efeito que alguns ajustes, mesmo que pequenos, podem promover.

Às vezes, reconhecer que uma conversa está esquentando é o suficiente para interromper a escalada. Pesquisas recentes dos cientistas comportamentais Justin Berg e Julian Zlatev sugerem que rotular as emoções dos outros verbalmente ("Você parece chateado" ou "Acho que estamos tristes") pode promover a confiança interpessoal porque reconhecer as emoções de um interlocutor mostra que você está disposto a oferecer tempo e energia para atender às necessidades dele.[41] Minha colega Cynthia, uma professora renomada, às vezes diz no meio da aula: "Não estou gostando da 'vibe' aqui. Devemos apertar o botão de atualizar?" Eu acho essa iniciativa incrível – soa perceptiva, corajosa e atenciosa, e fornece um ótimo ponto de inflexão para mudar de assunto.

Ainda mais essencial, essa postura pode nos ajudar muito a saber *por que* estamos sentindo determinada emoção. Os psicólogos Yael Millgram, Matthew Nock, David Bailey e Amit Goldenberg estudaram até que ponto as pessoas entendem a origem de suas emoções no cotidiano. Durante sete dias, eles fizeram mais de cinco mil avaliações momentâneas. Descobriram que os participantes com uma autopercepção mais apurada usavam melhores estratégias de regulação emocional, como reavaliação cognitiva e modificação de situação.[42] Eles também concluíram que essas pessoas eram mais felizes no geral.

Identificar a fonte das emoções pode aprimorar a capacidade de administrá-las e, a partir daí, refinar as conversas. Essa mesma percepção pode ajudá-lo a descobrir por que seu interlocutor se sente de determinada maneira. Com um ótimo gerenciamento de temas em foco, aprofundamento, leveza e empatia, vocês podem descobrir isso juntos. As máximas do FALE ajudam a sondar as camadas da Terra e a descobrir nossas diferenças, ao mesmo tempo evitando o temido quadrante superior esquerdo.

Impedindo a implosão

Depois que meus alunos sobrevivem ao exercício de discordância e percebem que o cubo de gelo de uma conversa tensa pode se derreter com um parceiro de conversa que também foi treinado em receptividade, eu peço que eles deem um passo além: literalmente. Como tarefa, devem pensar em alguém de fora da turma com quem vivam em conflito e entrem em contato com ele. Eu os desafio a usar suas habilidades de receptividade para manter uma conversa produtiva e não deixar o clima piorar.

Em desentendimentos da vida real, momentos difíceis de conversa nem sempre são tão óbvios, explícitos ou previsíveis quanto no exercício de sala de aula. Na verdade, muitas diferenças e tensões estão girando sob a superfície, invisíveis tanto para os interlocutores quanto para as pessoas de fora.

Os temas das conversas que os alunos gravam para essa tarefa variam amplamente – de reorganizar o cronograma de tarefas domésticas com um colega de quarto até definir um relacionamento com um parceiro romântico, de abordar problemas de longa data com os pais até tomar decisões estratégicas com um sócio ou negociar uma proposta de emprego. Muitas vezes, os momentos difíceis nas conversas já eram esperados; em outras, surgiram de repente, e o aluno teve que se esforçar para lidar com a situação e entregar um bom exercício. As conversas foram todas fascinantes, mas uma em particular me chamou a atenção: um projeto enviado por uma aluna chamada Emma.

Para um estranho, a conversa que Emma gravou com sua irmã, Samantha, parece comum. Duas vozes um pouco monótonas trocam pensamentos sobre trabalho e viagens. As irmãs parecem quase entediadas. Mas o que estava por baixo, sob a crosta da Terra, explicou Emma, tornou a conversa difícil – e, no final, extraordinária.

Sem outros irmãos e com apenas dois anos de diferença, Emma e Samantha eram bem próximas quando crianças. Depois da faculdade, elas foram morar juntas em um apartamento perto do pai, que precisava de cuidados para se recuperar de um acidente. A situação era desgastante e o relacionamento ficou tenso. Emma percebeu que Samantha estava se exercitando o tempo todo e mal comia. Quando expôs suas preocupações, a irmã ficou na defensiva, rejeitando sua ajuda.

Logo após esse confronto, Emma se mudou para fazer um MBA. Nos dois anos seguintes, elas se falaram esporadicamente, e mesmo assim para resolver questões logísticas sobre o pai (sobretudo por mensagens de texto) e em reuniões familiares. Nessas ocasiões, as interações foram artificiais, cheias de farpas dolorosas, tensões não resolvidas e novos ressentimentos, principalmente porque Samantha tentou cursar a mesma escola de negócios de Emma e não foi aceita. Emma disse: "Se não fosse pelos meus pais, hoje em dia eu não saberia quase nada sobre a vida dela." O relacionamento estava desprovido da alegria que compartilhavam antes. Emma temia que perdessem o contato para sempre.

Antes de ligar para a irmã, para colocar em prática a tarefa que sugeri em aula, Emma mapeou alguns temas para pôr em foco: escola de negócios, Nova York, Dia das Mães, o cachorro dos pais, conselhos sobre carreira e corridas. Era o típico assunto de irmãs, mas também um campo minado. Samantha tinha sido rejeitada na escola de negócios de Emma. Falar sobre animais de estimação poderia lembrá-la do cachorro de Emma, Daffodil, do qual Samantha acreditava que ela deveria se livrar. Durante alguns anos elas não conseguiram decidir juntas os presentes de Dia das Mães. Mencionar exercícios físicos poderia trazer à tona uma sensibilidade em torno dos problemas de saúde de Samantha. Emma achou difícil pensar em qualquer tema seguro, que não remetesse a experiências compartilhadas dolorosas nem a pontos sensíveis de suas identidades. Com base no que aprendeu em sala de aula, porém, esperava que dessa vez ela conseguisse fazer qualquer tema parecer adequado.

– Obrigada por concordar em fazer isso – começa Emma na gravação.

– Sem problema. Estou... dirigindo.

Depois de uma primeira negativa, Samantha concordara em falar ao telefone durante uma viagem sozinha de duas horas entre duas cidades.

Elas conversam sobre o trânsito e o clima, parando temporariamente na base da pirâmide de focos, depois desviam para um dos temas preparados por Emma: a escola de negócios. Elas permanecem ali por algum tempo. Emma estava se aproximando do fim de seu programa de MBA, e Samantha começaria em uma instituição diferente. Embora seja um óbvio ponto em comum, também é um tema carregado – um doloroso ponto de diferença –, já que Samantha ainda ficava magoada por não ter podido cursar a mesma escola de Emma.

Em vez de falar muito sobre as próprias experiências, Emma perguntou quais eram as expectativas de Samantha. A irmã respondeu que estava animada para começar um novo capítulo e esperava viajar um pouco com os novos colegas. Apesar do foco de Emma na perspectiva de Samantha, a menção da viagem a fez contar que dentro de alguns dias iria para um lugar incrível, o Monte Kilimanjaro.

– Sozinha? – perguntou Samantha, surpresa.

– Não, não. Faço parte de um clube de vida ao ar livre que organizou essa viagem.

– Você faz parte de um *clube de vida ao ar livre*?! – indagou Samantha, em total descrença.

Emma ficou magoada. Entendia o ceticismo, pois fora uma surpresa para si mesma se juntar ao clube dois anos antes. A mesma pergunta, feita por qualquer outra pessoa, não teria sido tão dolorosa. Vinda de Samantha, porém, destacava o terreno instável entre as duas. Emma se sentiu incompreendida e abandonada. Não se sentia vista ou validada – muito pelo contrário. Devido à distância (geográfica e emocional), Emma achou que Samantha não entendia muito bem quem ela se tornara nos últimos dois anos. Em vez de ficar animada e maravilhada com sua grande viagem, a irmã cravou uma farpa bem fundo na identidade de Emma.

Nesse momento difícil, a reação instintiva de Emma seria se defender. Dizer que ela estava diferente desde que se mudara para fazer faculdade, que era uma nova pessoa, que a irmã não conhecia. Acusar Samantha de ter se desconectado.

Mas Emma se lembrou da receita da receptividade. Em vez de atacar e ficar presa em um círculo vicioso de defesa e ataque, respondeu:

– Eu continuo não gostando de acampar, mas gosto muito de fazer trilhas.

Contou que, embora também estivesse cética no início, o grupo era "incrível" e já fora com eles ao Egito para um cruzeiro pelo Nilo. Ela se mostrou confiante de que Samantha também encontraria esse tipo de alegria em lugares inesperados.

– Tenho certeza de que na sua escola também haverá programas assim. Existem algumas organizações... nem todos, mas provavelmente metade dos alunos participam de certos clubes.

– O Egito não está no meu radar, mas estou aberta a qualquer opção.

O ceticismo de Samantha ainda se mostrava, mas talvez estivesse se dissipando.

– É, Egito e Kilimanjaro também não estavam no meu – disse Emma, apoiando o ceticismo de Samantha. – Mas o Egito foi incrível, e agora estou ansiosa para o Kilimanjaro. – Ela então voltou o foco para Samantha: – Você pretende viajar nos próximos dois anos?

– Eu quero ir à Tailândia.

– Ouvi dizer que lá é incrível – afirmou Emma, com positividade.

– Sim. Sou muito grata por não precisar pegar empréstimos para fazer isso – admitiu Samantha. – Sou muito sortuda por ter uma empresa patrocinando meus estudos.

Esse assunto termina em um ponto em que há esperança e gratidão. Ao refletir sobre essa parte da conversa, Emma escreveu que geralmente acha que, sem se defender, vai se sentir ou parecer fraca, como se não tivesse se imposto. Mas naquele momento de receptividade atípica não foi o que aconteceu:

– Eu me senti mais segura do que nunca quando decidi participar do clube de vida ao ar livre. Talvez porque não senti a necessidade de defendê-lo com unhas e dentes. – Emma descreveu esse momento, apesar de sua aparência serena, como muito importante. – Fiz um esforço consciente para evitar ou dissipar a raiva potencial, a minha e a de Samantha, mesmo quando ela disse algo que normalmente me deixaria muito na defensiva. Não foi fácil. Mas estou muito orgulhosa de ter conseguido.

Emma observou que, depois de navegar por aquele momento complicado, não precisou mais buscar mudar de assunto de modo consciente.

– Mas eu me esforcei para fazer uma série de perguntas de acompanhamento, que aumentaram a satisfação. Perguntas de acompanhamento dispensam muitas trocas de assunto.

Sim, Emma, é isso mesmo!

Na gravação, as irmãs passam a analisar as propostas de emprego de Emma e imaginar para onde a vida pode levá-la em seguida.

– Você precisa estar feliz consigo mesma primeiro, aí acontecerá algo bom – diz Samantha.

Emma ficou surpresa com a maturidade de Samantha.

– Quando você aprendeu isso? – disse ela, em uma calorosa bajulação.

Em sua reflexão sobre a conversa, Emma percebeu que Samantha também usou várias ferramentas, talvez de maneira inconsciente. Quando discordava, protegia suas alegações e expressava sua escuta. Emma notou e apreciou, mais do que nunca, os movimentos empáticos da irmã.

Apesar dos campos minados que enfrentaram, elas chegaram ao fim da ligação em termos "inesperadamente" positivos. Emma estava aliviada e encorajada, e expressou esse sentimento para Samantha.

– Vamos conversar mais vezes. Foi muito bom nos reconectarmos.

É o tipo de afirmação de quem tenta destacar a importância de um evento.

Para Emma, essa conversa foi superimportante – não apenas como o cumprimento de uma tarefa do curso, mas também como um movimento significativo em direção à irmã.

Samantha a provocou de volta.

– Isso foi muito formal.

Ambas riram. Depois de 40 minutos de idas e vindas, foi o momento mais notável de risadas de ambas as partes, cheias de sentimentos de alívio.

Tendemos a pensar em conversas como algo que envolve um certo drama, mas em geral esse drama fica escondido em nosso coração e na nossa mente. Transcrições de conversas não costumam refletir o teor emocional da troca falada porque, em muitos casos, o drama está em nossa cabeça – nas reações ao que é dito ou em nosso medo de que a resposta tenha sido inadequada. O telefonema de Emma e Samantha é um ótimo exemplo. Para um estranho, a conversa parece normal. Não há discordâncias evidentes. Nenhuma diferença perceptível entre a linguagem ou as emoções. Suas vozes são semelhantes, e até as pausas são ritmadas. Há alguns momentos de reparo, quando a conexão oscila, embora talvez menos do que se costuma experimentar durante uma ligação de alguém em movimento.

No entanto, a cada passo, as duas mulheres tiveram que tomar decisões críticas sobre como responder, baseadas em seu passado compartilhado e suas histórias pessoais. Embora comum na superfície, a reflexão de Emma revela uma notável profundidade:

– Esse foi o projeto mais gratificante que concluí na escola de negócios. Nosso relacionamento estava péssimo. Embora a gente ainda não tenha se acertado totalmente, essa conversa me deu esperança de estarmos nos movendo na direção certa.

Perto do fim da conversa, Emma convidou Samantha para visitá-la na época de sua formatura, dentro de poucas semanas, após a viagem ao Kilimanjaro. Samantha se surpreendeu com o convite, mas aceitou alguns dias depois, deixando Emma emocionada e otimista:

– Espero que seja o começo de um relacionamento ainda mais gratificante.

TRÊS PONTOS PRINCIPAIS DO CAPÍTULO 7

Momentos difíceis

- Diferenças em palavras, emoções, motivações e identidades podem causar **momentos difíceis** em uma conversa.
- Use a **receita da receptividade** – reconhecer, afirmar, validar, suavizar e buscar aprender – para se engajar com pontos de vista opostos.
- Use a **modificação da situação** e a **reinterpretação** quando as emoções ficarem intensas.

CAPÍTULO 8

Pedidos de desculpas

Tashira e Dru estão sentados a alguns centímetros de distância um do outro em um sofá de veludo, olhando para o teto, suspirando. Em frente a eles, a Dra. Orna Guralnik, com os cabelos escuros presos em um rabo de cavalo, olha fixamente para os pacientes. A sala é revestida com papel de parede de fibra em tons de caramelo. É um lugar aconchegante, mas o que acontece entre essas quatro paredes geralmente não. Com câmeras e microfones escondidos entre fileiras de livros e objetos de arte, suas sessões de terapia estão sendo filmadas para a série de televisão em estilo documentário *Couples Therapy* (Terapia de casais, em tradução livre), da Showtime.[1]

Tashira era mãe solo quando, depois de alguns meses de namoro, engravidou do filho de Dru. Agora, eles estão criando as duas crianças juntos, tentando fazer dar certo.

– Parece uma montanha-russa – compara Dru na primeira sessão –, rápida e cheia de solavancos.

Tashira gostaria de desacelerar, mas tudo parece fora de controle. Ela dorme com os dois filhos pequenos em um quarto do apartamento em Nova York, enquanto Dru dorme sozinho em outro quarto. Tashira gosta dessa configuração, pois tem trabalhado muito e precisa descansar. Mas Dru se sente rejeitado e sozinho. A discordância sobre os arranjos para dormir não é o único problema. Trata-se apenas de um dos motivos para os desentendimentos do casal.

Dru abre a segunda sessão de terapia com uma acusação.

– Ela não sabe conversar, especialmente quando algo a incomoda.

Tashira se inclina para a frente, ainda sem discordar, mas cética sobre o caminho que Dru poderia estar adotando.

Guralnik pede um exemplo a Dru.

– Hoje de manhã, havia algumas coisas na mesa. Papéis de trabalho, algo assim. Estavam lá fazia dias. Agora, isso está me deixando louco. – Ele havia deixado os papéis na mesa por dias, esperando que Tashira cuidasse deles, mas ela não fez isso. – Em vez de dizer algo negativo, amontoei os papéis e sorri. Tipo "Olha o que eu coloquei aqui para você".

Em vez de agradecer a ele pelo lembrete não agressivo (passivo-agressivo), naquele momento, de pé do outro lado da mesa, Tashira bateu palmas. Dru relembra:

– Ela começou a jogar na cara coisas como, "Ah, mas quando eu estou dobrando a roupa lavada você não guarda na mesma hora!".

Essa resposta, diz Dru, o deixou chateado.

– Por que você tem que sentar aí e brigar comigo? Por que agora a gente sempre acaba se enfrentando?

Guralnik redireciona a questão para Tashira, que retoma a história.

– Eu peguei os papéis e disse: "Ok, desculpa, não vou mais deixá-los na mesa." – Então ela foi ao banheiro para terminar de se arrumar para o trabalho. Naquele momento, segundo ela, o problema estava resolvido. – Acabou. Pronto.

Para Dru, no entanto, não estava.

– A maneira como ela se desculpa é basicamente um silencioso "Cala a boca. Me deixa em paz. Sai da minha frente!".

É fácil perceber que Dru não achava que Tashira tinha se desculpado de fato – que aquele pseudopedido de desculpas pode ter piorado tudo. Ela explica sua frustração:

– Quando se trata da casa, eu peço um milhão de vezes e você não faz. Eu simplesmente desisti de pedir.

Manter uma casa – e uma vida – em ordem é um trabalho incansável, especialmente com dois empregos e bebês. É claro para Tashira que Dru também não se desculpou por não fazer a parte que lhe cabe. Ela não queria que ele se mudasse para a casa dela, e agora ele está lá, sem participar das tarefas, fazendo-a se sentir culpada por amontoar alguns papéis. Enquanto isso, ele a fez pensar que não pode expressar seus sentimentos porque ele a considera muito negativa. Então, em vez disso, ela engoliu o ressentimento, pronta para revidar ao ser pressionada.

Quando dissecamos as muitas conversas que compõem um relacionamento ao longo do tempo, descobrimos que o importante não é a pilha de papéis na mesa, a roupa que alguém deixou de guardar ou um *único momento*. Cada pequeno momento é uma amostragem de algo maior – do que os parceiros precisam um do outro, mas sentem não receber.[2] Quase nunca o fato em si é o único motivo que exige um pedido de desculpas. Normalmente o real problema é falhar em atender às necessidades um do outro.

Se empatia significa dar ao parceiro aquilo de que ele precisa, então não fazer isso, especialmente quando ele acredita que suas necessidades são óbvias, causa conflito e danos. Assim como papéis amontoados na mesa, nossas micromágoas se acumulam ao longo do tempo.[3]

Atos de confiança

Cada relacionamento com as pessoas que você conheceu tem uma forma construída ao longo do tempo, uma trajetória. Olivia de Recat, cartunista, escritora e colunista da revista *New Yorker*, relaciona a ideia de trajetórias de relacionamento com "linhas de proximidade".[4] Imagine duas sequências que começam com um "olá" e se estendem até o fim da vida. Existe uma sequência única para cada pessoa que você encontra no mundo.

Comentários de muitos leitores de Olivia atestam a simplicidade emocionante de suas ilustrações. "As linhas dos pais me fizeram chorar", escreveu um leitor. "As curvas sutis do primeiro amor estão contando uma história", escreveu outro. Eu também acho suas linhas de proximidade pungentes e instigantes.

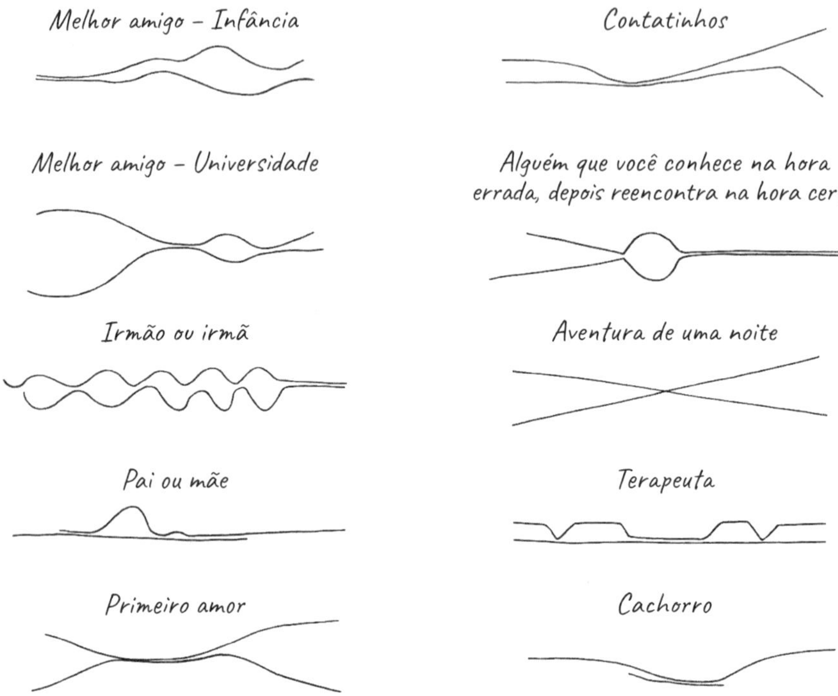

Olivia de Recat, Linhas de Proximidade, 2019

Mas estou mais interessada no que você *não* vê nas linhas de proximidade de Olivia. Onde estão os *nós* nessas linhas silenciosas? Os pontos no tempo e no espaço em que convergimos para um momento de conversa com um irmão, primeiro amor, pai, caso de uma noite, melhor amigo de infância, melhor amigo da faculdade e assim por diante? Nossas conversas são como nós minúsculos espalhados ao longo do caminho, aleatoriamente ou em intervalos regulares, próximos ou distantes. Podemos ou não lembrar quais conversas mantiveram nossas linhas de proximidade em contato, quais as aproximaram e quais as distanciaram.

As linhas de proximidade de Tashira e Dru também contam uma história. Eles foram unidos por uma gravidez inesperada, tão rápido que mal conseguiram continuar. Embora estejam morando juntos e criando filhos, suas linhas são instáveis, um padrão de espera desconfortável, mantendo-se a alguma distância, ameaçando se afastar de vez.

Nossas linhas de proximidade oscilam por muitas razões. Seguimos em frente ou nos afastamos. A vida nos puxa em direções diferentes. Talvez a proximidade tenha sido contingente em um momento específico. Nossa vida tem estações diferentes, e as pessoas que estão nela mudam também. Às vezes, porém, um desentendimento ou uma diferença pode nos fazer disparar para longe uns dos outros, causando um evento climático abrupto e indesejado. Após uma ruptura, as linhas de proximidade podem voltar a se unir com o tempo, sobretudo para pessoas que obrigatoriamente circulam pelo mesmo ambiente, como alguns colegas de trabalho ou familiares. Mas a passagem do tempo nem sempre é suficiente – ou ideal. Às vezes, a conversa é necessária para diagnosticar o que deu errado e tentar consertar.

Quando nós, como parceiros, causamos danos – e receptividade, escuta responsiva e regulação emocional não ajudaram o suficiente –, pedir desculpas é um dos recursos mais poderosos do kit de ferramentas de conversa. Nesses momentos, não apenas uma conversa, mas um relacionamento inteiro, como o de Tashira e Dru, pode estar ameaçado. Um pedido de desculpas ou a omissão desse pedido são pontos de inflexão marcantes ao longo de nossas linhas de proximidade, e por isso desculpas sinceras são boas não apenas a curto prazo.[5] Elas podem fortalecer relacionamentos, criando um círculo virtuoso definido por um equilíbrio de apoio ao longo do tempo.[6] Por outro lado, desculpas sem convicção podem degradar os relacionamentos, criando um círculo vicioso de ressentimento. Desculpas sem convicção, como o irônico e sarcástico "Ok, me desculpe" de Tashira, são prejudiciais. Mas a ausência de desculpas, como no caso de Dru, também é.

Quando falei com a Dra. Guralnik, a terapeuta do casal, ela me explicou:

– Pedidos de desculpa podem ser muito poderosos, porque são uma forma sucinta de mostrar (1) que a pessoa entende o mundo pelos olhos do parceiro e (2) que ela está disposta a assumir a responsabilidade pelo dano causado. A ausência do movimento de entender e assumir a responsabilidade irrita o outro. Por isso queremos tanto ouvir desculpas. Estamos todos desesperados para sermos compreendidos e para que outros assumam sua responsabilidade.

Na essência, as desculpas permitem restaurar a confiança quebrada.[7] Felizmente, as máximas do FALE se baseiam na confiança. Elas nos guiam para escolher temas, fazer perguntas, levantar o ânimo e mostrar empatia, para que nossos interlocutores tenham certeza de que nos importamos com eles, os entendemos e queremos ajudá-los a atingir seus objetivos. Mesmo em uma circunstância difícil como uma confusão em um grupo ou um conflito espinhoso, as máximas nos ajudam a nos comunicar com sucesso e a construir confiança. Na verdade, todo o lado direito da bússola conversacional – atividades altamente relacionais, como se divertir, trocar conselhos, ser honesto, acalmar um ao outro, evitar constrangimentos e relembrar – são objetivos que constroem, refletem e ajudam a sustentar a confiança ao longo do tempo.

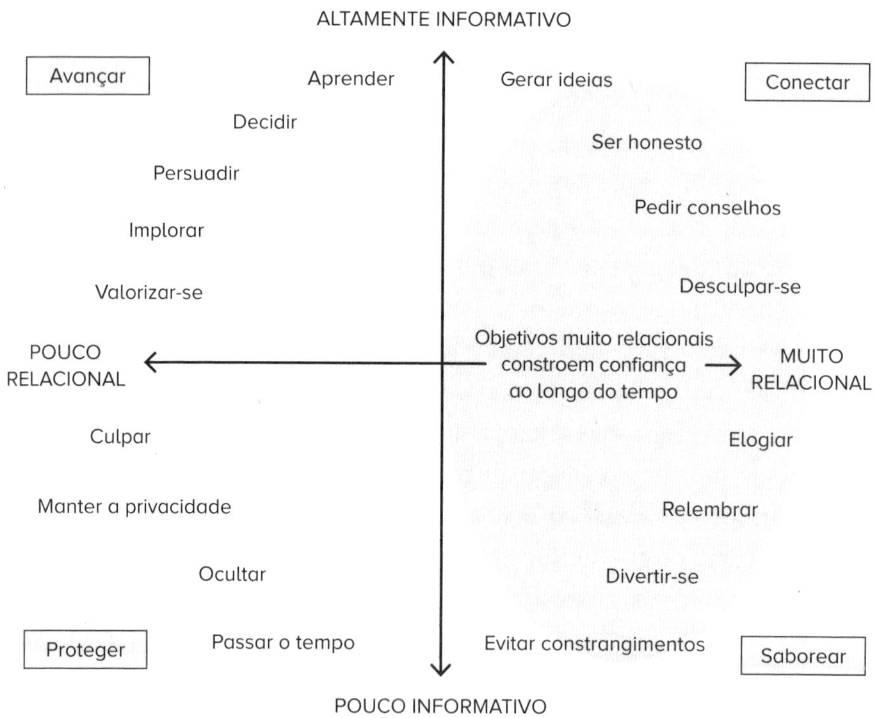

Estabelecer confiança (e seu dublê, a segurança psicológica) é uma aspiração fundamental da máxima da empatia em particular. Demonstramos empatia usando uma linguagem respeitosa e ouvindo atentamente nossos parceiros, não apenas por gentileza, mas também para construir confiança, para que eles nos vejam como o tipo de pessoa que será empática no futuro.

Pedir desculpas é uma habilidade de conversa de ponta, que combina e vai além de tudo o que aprendemos neste livro até agora. Saber pedir desculpas é complicado porque em geral precisamos fazer isso em momentos de estresse intenso no relacionamento, quando passamos por dificuldades na vida, em meio à dor ou após uma transgressão, quando algo parece ter ruído. Pedir desculpas exige uma análise profunda de nós mesmos, de nosso comportamento e dos motivos. Exige que sejamos nossa melhor versão.

Pedir desculpas ou não

É difícil se desculpar.[8] Apesar do poder dos bons pedidos de desculpas, a maioria de nós reluta em fazê-los porque há riscos envolvidos.[9] É um ato que espera o perdão, mas nosso interlocutor não é obrigado a perdoar. Também nos sentimos expostos. Além disso, apesar do dano óbvio, podemos não querer ceder. Ficamos presos em nossa perspectiva, preocupados em manter uma autoimagem positiva e querendo *ter razão*, em vez de trabalhar para entender a perspectiva do outro, o que exige empatia e humildade (uma disposição incansável de estar *errado*). Embora possamos entender os motivos para uma transgressão – e nosso papel nela – de certa maneira é provável que nosso interlocutor a enxergue de modo diferente.

O tempo todo as crianças nos dão exemplos de um foco excessivo em nossa própria perspectiva. Elas com frequência estão erradas, querem muito estar certas e são relativamente incapazes de considerar as perspectivas dos outros. Quando meu filho mais velho, Kevin, era criança, ele tinha muita energia e grandes ideias que não conseguia expressar em palavras, o que o deixava muito frustrado. Por cerca de um ano, seus sentimentos intensos o tornaram agressivo. Essa não era minha imagem idílica da maternidade. Muitas vezes, eu também ficava supernervosa – reciprocamente zangada, frustrada, com raiva, pronta para gritar. Acredite, às vezes eu gritava com Kevin, mesmo sabendo que não ajudaria em nada. Isso só piorava nossos conflitos, além de me deixar culpada e envergonhada.

Uma vez, fui pegá-lo do chão no meio de uma birra. Ele arqueou o corpo e jogou a cabeça para trás, bem no meu rosto, quebrando meu nariz. Meus olhos se encheram de lágrimas – de dor física, mas também de frustração.

Gritei "Kevin!" (sabe aquela mãe no filme *Esqueceram de mim*?), coloquei-o de volta no chão e fui avaliar os danos em um espelho. Eu estava machucada física e emocionalmente. Fiquei chateada por estar criando uma pessoa capaz de machucar alguém, por ainda não ter lhe ensinado a não fazer aquilo. Acho que ele entendeu e se sentiu mal por ter me machucado, mas não sabia expressar isso – e talvez se importasse mais em conseguir o que queria do que com minha dor.

Em um grau menos óbvio, nós adultos funcionamos do mesmo modo. Focamos demais em nossa perspectiva e nossos objetivos. Mesmo quando algo sai do controle e nosso interlocutor está sofrendo, podemos não estar dispostos a ceder, ou seja, a priorizar as necessidades do outro em vez da vontade de *ter razão*.

Quando pensamos no processo de pedir desculpas, é fácil decidir que não vale a pena. Alguns podem ver essa tentativa de retratação como uma conversa fiada sem sentido, sem valor real em comparação com reparações mais substantivas e tangíveis, como dinheiro, concessões, favores, serviços, para restaurar a confiança.[10] Até a Dra. Guralnik admitiu que tem sentimentos conflitantes sobre desculpas, pois elas podem parecer "redundantes" quando duas pessoas são capazes de mostrar compreensão e assumir a responsabilidade por suas transgressões.

Mas nesse ponto a ciência é clara: em uma conversa, pedir desculpas é sempre melhor. Aqueles que pedem desculpas são, em última análise, vistos como *superiores* em termos de status. A culpabilidade não importa tanto quanto imaginamos, e expressões verbais de desculpas surtem um efeito incrivelmente positivo porque reconhecem o dano e mostram que a pessoa acredita que *vale a pena* cuidar do relacionamento, do outro. Embora as reparações também possam ajudar, nenhum estudo sobre conversas aponta que é melhor não pedir desculpas.

Talvez você esteja pensando: *Pedir desculpas não equivale a admitir que estou errado? E se eu estiver certo? E se meu parceiro estiver sendo ridículo, maldoso, ofensivo ou antiético, e ainda estiver errado?* Boas perguntas. Mesmo quando vemos as crenças ou os motivos de outra pessoa como ridículos ou inaceitáveis, para ela não são. Cada um tem uma perspectiva, uma realidade diferente. Se você se importa com alguém, precisa ajudá-lo a perseguir (ou revisar) seus motivos, mesmo que lhe pareçam ridículos.

Eles podem mudar aquilo em que acreditam ou a que dão importância ao longo do tempo, mas provavelmente não em uma conversa, e quase nunca em uma discussão acalorada.

Ou você pode estar pensando: *Sim, mas dizer que sinto muito não é o mesmo que admitir minha culpa? Posso ser processado ou condenado se admitir ter causado danos? Estou abrindo mão de algo que não deveria? Não vou parecer pior se admitir estar errado?* Todas boas perguntas, e alguns dados podem ajudar a respondê-las. Durante anos, quando médicos cometiam erros que prejudicavam ou até matavam pacientes, eles eram aconselhados a não pedir desculpas porque isso poderia torná-los, ou o hospital, responsáveis por negligência. Mas alguns hospitais começaram a permitir essa prática, e alguns até a tornaram obrigatória. Pesquisas mostraram que essas políticas reduziram a probabilidade de litígio. As pessoas são mais propensas a processar não quem está errado, mas quem agiu com crueldade.

Em vez de pensar em pedidos de desculpas como admissões constrangedoras de incompetência, negligência ou culpa, ou como penitências desagradáveis a evitar, a menos que sejam absolutamente necessárias, nós devemos pensar neles como as oportunidades mais poderosas de demonstrar amor e fortalecer a confiança.

O poder de pedir desculpas

Os pedidos de desculpas são poderosos, tanto que você nem precisa ter feito algo errado para aproveitar seus efeitos.[11]

Em novembro de 2010, Maurice Schweitzer, Hengchen Dai e eu enviamos um assistente de pesquisa, Tim, a uma grande estação de trem na Filadélfia para nos ajudar a estudar a confiança entre estranhos. Pedimos que ele abordasse pessoas e perguntasse se lhe emprestariam o celular. Os passageiros achavam arriscado emprestar, pois Tim poderia fugir com o aparelho. Aqui está o truque: ele ia fazer a testagem apenas em dias *chuvosos*, o que permitiria que ele se mostrasse sensível – "Sinto muito pela chuva!" – ou não, antes de fazer o pedido.

Quando ele pediu o celular sem dizer "sinto muito", 9% dos passageiros lhe entregaram o telefone. Mas quando ele disse a porcentagem saltou para 47%, ou seja, cinco vezes mais. E ele estava se desculpando por algo (a chuva) que nem era sua culpa.

Em seguida, medimos o comportamento de confiança em jogos de confiança financeira, usando outros tipos de condolências supérfluas - pelo voo atrasado, pelo tráfego intenso ou pela falta de sorte (tudo fora do controle de quem se mostrava compadecido). Em todos os casos, solidarizar-se aumentou tanto os sentimentos quanto o comportamento de confiança - aqueles que se condoeram pareceram mais confiáveis e foram mais bem avaliados, e seus interlocutores se mostraram mais propensos a escolhê-los para a rodada seguinte do jogo. O poder das desculpas conversacionais vem do reconhecimento da dificuldade do outro, por menor que seja, e de mostrar que você se importa - mesmo quando obviamente não é sua culpa.

Sendo assim, relacionamentos que desenvolvem hábitos saudáveis de se desculpar - pares que pedem desculpas com facilidade e as aceitam com gratidão e perdão - provavelmente são mais fortes (mais receptivos, confiáveis e resistentes) do que os demais.[12] Uma pesquisa de 2012 feita pela psicóloga Karina Schumann rastreou os pedidos de desculpas de sessenta casais.[13] Ela pediu a eles que relatassem sua satisfação com o relacionamento e preenchessem diários nos quais registrassem as transgressões de seus parceiros, os pedidos de desculpas recebidos (incluindo suas percepções de sinceridade) e a disposição em perdoá-los. Pessoas que estavam muito satisfeitas nos relacionamentos e que se desculpavam com os parceiros tinham mais chances de receber perdão. Quem vivia relacionamentos sólidos era mais indulgente em relação aos pedidos de desculpas, pois os via como expressões sinceras de arrependimento.

Em outro estudo, Schumann e seus colegas pesquisadores descobriram que alguns parceiros tendem mais a pedir desculpas, e que se desculpar com frequência não minimiza o impacto dos pedidos. O único resultado negativo observado foi quando eles foram vistos como de baixa qualidade - insuficientes, indiferentes, insinceros, equivocados ou egoístas. Tomados em conjunto, esses resultados sugerem que o segredo é pedir desculpas (e direito) com frequência.

A pior demonstração de solidariedade da história

Em 20 de abril de 2010, a 65 quilômetros da costa da Louisiana, nos Estados Unidos, uma sonda de perfuração de petróleo sobre um vale submarino na plataforma continental conhecida como Mississippi Canyon sofreu uma explosão catastrófica.[14] Uma onda de gás natural atravessou uma vedação de concreto recém-instalada, subindo pelo tubo conector da plataforma até a superfície, desencadeando uma explosão que pôde ser vista de bem longe. A explosão matou 11 trabalhadores e feriu 17. Nos dois dias seguintes, a plataforma Deepwater Horizon pegou fogo e afundou no oceano.

A British Petroleum (BP), dona do poço danificado, avaliou o volume de petróleo que vazou em cerca de mil barris por dia, mas autoridades do governo dos Estados Unidos estimaram um pico de mais de 60 mil barris por dia. Formou-se no Golfo do México uma mancha de óleo com mais de 150 mil quilômetros quadrados de extensão e que prejudicou as indústrias de pesca e turismo na região, deixando cerca de 12 mil pessoas desempregadas, e causou danos incalculáveis ao meio ambiente e à vida selvagem. Foi o maior vazamento de óleo marinho da história até então.

O então presidente-executivo da BP, Tony Hayward, surgiu como a imagem pública e cada vez mais problemática da tragédia. De início, ele minimizou o vazamento, afirmando, em 17 de maio, que seu impacto ambiental seria "muito, muito modesto", "relativamente ínfimo" em comparação ao tamanho do oceano. Em 27 de maio, porém, em uma entrevista à CNN, admitiu que o vazamento era uma "catástrofe ambiental".[15] Ele foi alternadamente desdenhoso e evasivo nas respostas durante as entrevistas à mídia. Talvez seu pior desempenho tenha ocorrido em 30 de maio, quando teve a intenção de mostrar solidariedade. "Lamentamos a enorme perturbação que isso causou na vida das pessoas", disse. "Ninguém mais do que eu quer que isso acabe. Eu gostaria de ter minha vida de volta."[16]

Certamente foi uma das piores demonstrações de solidariedade da história. Hayward minimizou o dano: a perda de vidas e a destruição de mais de 12 mil empregos na pesca e no turismo é mais do que uma mera "perturbação". E perdeu uma oportunidade crucial de expressar remorso e responsabilidade pela devastação causada pela BP sob sua liderança. A situação piorou quando vieram à tona seu salário multimilionário e o fato de ele ter tirado uma folga durante a limpeza do golfo para torcer por seu iate em uma corrida ao redor da Ilha de Wight. Sua atuação desastrosa exigiu desculpas subsequentes postadas no Facebook.

Por quê? Porque Hayward cometeu o pecado capital dos pedidos de desculpas: ele o centrou em *si mesmo*.* Décadas de pesquisas mostram que as desculpas eficazes se concentram na experiência do destinatário. A simples desconfiança de que quem pede desculpas está agindo apenas para ficar em paz consigo mesmo, aliviar a consciência, se distanciar de uma encrenca, expressar sua frustração ou tentar seguir em frente – em vez de atender aos sentimentos do destinatário – pode prejudicar o efeito do pedido.

Para serem eficazes, as desculpas ou demonstrações de solidariedade não podem estar centradas em nós mesmos. Devemos nos concentrar nos sentimentos do interlocutor no momento – e permanecer no foco em questão – sem extrapolar para outros pontos ou responder às críticas com nossas próprias frustrações. Um pedido de desculpas deve ser uma expressão de empatia – uma maneira de dizer "Eu vejo que algo ruim aconteceu com você, ou algo o aborreceu, e sinto muito por isso". Como Tony Hayward, Tashira focou nela mesma o apelo de Dru sobre a desordem e usou isso como uma oportunidade para expressar suas queixas sobre a falta de ajuda dele nas tarefas domésticas – "Quando se trata da casa, eu peço um milhão de vezes e você não faz" – em vez de se concentrar na frustração dele. (Meu marido chama esse hábito desagradável de "bola de neve" e, como todo mundo, eu também luto contra isso.)

O primeiro passo é buscar entender a experiência da outra parte. No caso de Hayward, ele ainda não tinha conhecimento da extensão total do dano – e o papel da BP. Se não fosse assim, provavelmente seu próprio desconforto não teria tido tanto protagonismo. A pesquisa de Roy Lewicki mostra que, quando você reconhece a responsabilidade, demonstra que entende o que seu parceiro está enfrentando – a extensão do dano causado.[17]

---

* Em outubro de 2010, após ter tido tempo suficiente para processar os acontecimentos, Hayward se expressou melhor: "A explosão no Golfo do México foi uma tragédia terrível pela qual, como dirigente da BP naquela ocasião, assumirei sempre uma profunda responsabilidade, independentemente de quem acabe levando a culpa."

Às vezes, essa extensão não é óbvia até pedirmos ao outro que explique sua perspectiva – até buscarmos, com sinceridade, entender e nos envolver em algum vaivém de sentido. Devemos identificar onde estão nossas diferenças, em que ponto aconteceu a mágoa. Durante esse processo, é importante lembrar continuamente ao interlocutor que queremos entender sua perspectiva para descobrirmos um bom caminho a seguir.

O aclamado baterista e vocalista da banda de hip-hop The Roots, Ahmir Khalib Thompson, também conhecido como Questlove, nos dá um bom exemplo desse processo de obtenção de perspectiva. Ele contou sobre um comentário equivocado que fez numa rede social e que lhe permitiu entender melhor como alguns de seus fãs se sentiram. Aqui, em uma postagem no Instagram, ele responde a seus seguidores japoneses que o ajudaram a compreender por que uma piada os magoou:

> Infelizmente, eu ofendi meus irmãos e irmãs asiáticos com uma postagem no IG durante minha recente viagem ao Japão. Nela, comparei a entonação de um funcionário japonês de uma loja de departamentos à de um diácono (da igreja) falando em línguas. Claramente, não tive a intenção de ofender ninguém (asiático ou não). Claramente, "achei" que a comparação era engraçada-fofa... e, claramente, achei errado.[18]
>
> Em retrospectiva, é fácil ver como meu post foi mais um exemplo do americano reproduzindo mais um roteiro feio/racialmente/culturalmente insensível. Então, quero deixar uma coisa bem clara...
>
> O QUE EU DISSE FOI BURRICE (PONTO FINAL).
>
> ... olha. Eu sou um ser humano e, pior ainda, sou uma figura pública. Se você tiver a sorte de ser qualquer uma das coisas mencionadas acima, então não só deve evitar dizer ou escrever palavras ofensivas, como deve trabalhar ativamente para não se sentir confortável tendo pensamentos ofensivos. Dado que a cultura negra consistentemente se encontra no alvo de tantas piadas ofensivas, eu deveria ser muito, muito mais sensível (afinal, quem está dando e quem está recebendo?). Eu, por exemplo, nunca deveria permitir que meu viés cultural se sobrepusesse à minha "vida examinada" (que se dane). Eu sei que toda essa história de ser mais gentil e mais sensível cheira a um politicamente correto egoísta, mas que se dane, "esse sou eu".

Então, aqui estou eu mais uma vez reconhecendo publicamente mais uma de minhas idiotices de "falar, falar, falar". Permita-me pedir perdão e compreensão a qualquer um que eu tenha ofendido. Serei melhor em 2014 (prometo).

O pedido de desculpas de Questlove é muito bom. Ele expressa cuidado com os fãs, reconhece seus erros e nos guia pelo processo de conscientização, que parece humilde em sua humanidade. Ele critica a si mesmo, demonstra consciência cultural sobre a estranheza dos pedidos de desculpas públicos e promete ser melhor no futuro.

Ainda assim, ele comete um deslize perto do fim: faz do pedido de desculpas algo sobre si mesmo quando pede perdão. É tentador pedir perdão em um pedido de desculpas – quando fazemos algo errado, sentimos fome de perdão.[19] Mas, embora buscar perdão seja um objetivo central, é egoísta. Pedir perdão junto com as desculpas faz o ato ser muito sobre você – você está pedindo ao seu interlocutor que faça você se sentir melhor, em vez de se concentrar em fazer com que *ele* se sinta melhor. É melhor evitar pedir perdão. Deixe o outro decidir no tempo dele se e quando estará pronto para perdoar.

Eu mudei

Nos Estados Unidos, depois de cumprir uma pena mínima por um crime como agressão, roubo, estupro ou assassinato, pessoas que foram encarceradas podem se tornar elegíveis para liberdade condicional. Se concedida, o tempo de prisão pode ser reduzido em mais da metade. Durante o processo de liberdade condicional, um grupo de oficiais – o conselho de liberdade condicional – tenta determinar se o indivíduo está pronto para ser liberado, ponderando diversos fatores, como a gravidade do crime, o tempo passado na prisão, seu comportamento, entre outros. Parte desse processo envolve uma audiência de liberdade condicional – uma conversa entre o encarcerado e o conselho.

Embora as audiências de liberdade condicional sejam muito mais intensas do que a maioria de nossos encontros cotidianos, elas fornecem algo valioso: um resultado claro. Sabemos logo depois de cada audiência se a pessoa pode sair da prisão. Isso significa que podemos vincular os elementos da linguagem durante a audiência, incluindo qualquer pedido de desculpas, ao resultado. Junto com os psicólogos Grant Donnelly e Hanne Collins, transcrevi e analisei mais de três mil audiências de liberdade condicional conduzidas em Nevada e Kentucky em 2017 – a maior amostra de audiências com esse objetivo já compilada e transcrita, e a primeira pesquisa em larga escala sobre a linguagem apologética no diálogo natural.[20]

Décadas (talvez séculos) de estudos sobre desculpas e expressões de solidariedade teorizaram sobre os diferentes elementos dessa linguagem, e a nova ciência da conversa está nos ajudando a descobrir quais deles as pessoas tendem a usar mais – e deveriam fazê-lo – em conversas reais. A pesquisa de Roy Lewicki aponta para sete características linguísticas: declaração de desculpas ("Sinto muito"), expressão de remorso ("Eu me sinto tão mal"), oferta de restituição ("Eu te devo"), autocrítica ("Eu sou um idiota"), pedido de perdão ("Por favor, me perdoe"), promessa sobre comportamento futuro ("Eu serei melhor da próxima vez") e explicação para a transgressão ("Eu fiz isso porque estava com raiva").[21] Essa é uma análise útil para pensar nos diferentes aspectos das desculpas, e vimos vários deles no pedido de Questlove.

Pedimos a um verdadeiro exército de assistentes de pesquisa que anotasse as transcrições das conversas de liberdade condicional, indicando quais trechos incluíam quais elementos de desculpas de Lewicki. Como era de se esperar, descobrimos que, quando as pessoas em liberdade condicional dão explicações para seus crimes como "Eu estava no lugar errado na hora errada e agi por impulso", elas têm muito menos probabilidade de sair da prisão. O mesmo acontece com "Eu estava louco, não estava pensando direito e tinha usado drogas. Minha mulher estava morrendo de câncer e eu perdi o controle". Em Nevada, dar uma explicação para o crime teve aproximadamente o mesmo impacto *negativo* para a libertação de um prisioneiro do que ter antecedentes criminais. Relembrar as circunstâncias do crime se mostrou tão ruim quanto ter cometido outro.

Mas vimos que um dos elementos do pedido de desculpas teve um efeito poderoso sobre a chance de receber liberdade condicional, tão poderoso quanto ser mulher (comparada a um homem). Foi o único elemento com uma forte ligação positiva com a liberdade dos prisioneiros: a *promessa de mudança*. Só de ler, você consegue sentir o poder dessas palavras:

"Pretendo nunca mais cometer outra infração. Tenho 65 anos, amadureci, mudei, sou uma pessoa diferente."

"Estou sem usar drogas desde que cheguei aqui. Estou limpo e sóbrio, e tenho trabalhado e mantido um bom programa. É tudo o que venho tentando fazer. Agora, tenho um neto. Tenho coisas que são muito importantes para mim, que preciso resolver... O que fiz está feito, já foi. Eu entendo isso. Só quero pagar o que devo, voltar para a sociedade, começar a trabalhar duro, e sei que as drogas não levam a lugar nenhum."

"Reincidir simplesmente não é uma opção para mim, não vou me permitir. Não farei nenhuma escolha que seja diferente daquilo que sei que preciso fazer para ficar livre, não prejudicar ninguém e viver uma vida saudável."

Embora seja possível incluir muitos elementos nos pedidos de desculpas, prometer mudar tem um poder único. Essas promessas dos presos geralmente tinham a ver com planos concretos para quando saíssem, como participar de reuniões semanais do Alcoólicos Anônimos (AA), ir à igreja ou morar com familiares íntegros e amorosos.

Promessas de mudança direcionam a mente do destinatário para o futuro, sinalizando quem podemos ser, em vez de quem éramos ou como nossa confiança foi quebrada.[22] Elas acalmam o destinatário, que está procurando garantias que reduzam a angústia e a incerteza causadas pelo crime. E porque promessas (como toda linguagem) são uma "conversa superficial", quanto mais concretas e realistas elas forem, melhor, incluindo planos para reconciliação e para evitar cometer o mesmo erro no futuro. Ou, melhor ainda, podemos tentar dar evidências comportamentais de que já começamos a promover mudanças positivas.

As promessas de novos comportamentos são eficazes não apenas em audiências de liberdade condicional. Cientistas comportamentais estudaram a trajetória da quebra e da recuperação da confiança pedindo a participantes que jogassem um jogo que espelha esses processos em nossa vida cotidiana. Em um estudo, o jogo de confiança exigia que cada participante entregasse dinheiro a outro jogador (um parceiro simulado) em várias rodadas. A cada etapa, o jogador com o dinheiro na mão decidia se o pegaria para si ou o devolveria ao parceiro (o que aumentaria muito o montante total). Passar o dinheiro adiante – como entregar o celular a um estranho em uma estação de trem – é um comportamento de alto nível de confiança porque você não sabe a real intenção do outro.

Em todos os pares, o parceiro simulado violou a confiança do participante ao ficar com o dinheiro para si nas duas primeiras rodadas do jogo. A confiança foi quebrada. Depois, o parceiro simulado tentou restaurar a confiança de várias maneiras: pedindo desculpas sem uma promessa de mudança ("Eu realmente estraguei tudo, eu não deveria ter feito isso. Sinto muito por ter tentado pegar tanto nessas duas rodadas."); fazendo apenas uma promessa de mudança sem um pedido de desculpas ("Eu te dou minha palavra. Vou devolver o dinheiro em todas as outras rodadas, inclusive na última."); pedindo desculpas e fazendo uma promessa de mudança; ou não pedindo desculpas nem prometendo mudança. Ao longo de várias rodadas, o participante decide se confia dinheiro ao parceiro e avalia seu nível de confiança no final do experimento.

No curto prazo, uma promessa de mudança foi o elemento mais poderoso do pedido de desculpas – mais poderoso do que um pedido sem ela, e mais poderoso quando combinada com os outros elementos das desculpas. No longo prazo, ações confiáveis se mostraram tão eficazes quanto promessas de mudança, sugerindo que esse tipo de promessa sinaliza as intenções de alguém no curto prazo, como mediante um pedido de desculpas. Então, com o tempo, nossas ações podem reforçar essa mensagem (ou contradizê-la). Promessas de mudança fazem o futuro parecer brilhante. Mostram ao destinatário que o indivíduo que está pedindo desculpas tem um plano concreto que parece viável e promissor.

No entanto, depois que fazemos uma promessa de mudança, torna-se um dever cumpri-la, demonstrar a mudança real ao longo do tempo. Depois das audiências de liberdade condicional, a reincidência era muito comum. Mas podemos fazer melhor. Cumprir uma promessa exigirá introspecção contínua, humildade e talvez perguntar ao outro se ele percebe como estamos mudando. Pedidos de desculpas, incluindo promessas de mudança, são o primeiro passo em direção à reconciliação, para que tenhamos a chance de mudar de fato e aproveitar as recompensas de um relacionamento saudável ao longo do tempo.

Em uma das últimas sessões de terapia, Dru e Tashira descrevem uma conversa que aconteceu no Dia das Mães. Embora o relacionamento parecesse uma montanha-russa no início da terapia, ao longo de várias semanas eles começaram a aproveitar a jornada. Não ficam mais olhando para o teto e suspirando no consultório. Riem mais e estão dormindo na mesma cama. Naquele dia, porém, Dru surpreendeu Tashira com uma camiseta nova com as palavras "Boy Mom" estampadas em letras pretas desgastadas na frente. Ele sabia que ela queria uma camiseta dessas havia muito tempo.

– Você gostou? – perguntou ele.

– Não. Eu não gosto de gola em V, e esse tecido não é bom.

Magoado, Dru disse:

– Quer saber? Então jogue essa merda fora. – Ele saiu da sala. Poucos minutos depois, voltou. – O que você acabou de dizer me deixou magoado.

Ao notar a vulnerabilidade emocional de Dru, Tashira amolece. Pede desculpas sinceras por sua reação dura. Ela entende a dor de Dru, valida a reação emocional dele e assume a responsabilidade. Depois de vê-la lutar para se desculpar ao longo de muitos episódios e sessões de terapia, é incrivelmente satisfatório – tanto para os espectadores quanto para Dru – assistir a um pedido de desculpas completo: há um direto "Desculpa", junto com autopunição ("Eu fui uma idiota") e remorso ("Eu fiquei mal").

Então, melhor ainda, em seguida ela dá uma demonstração de mudança. Veste a camiseta, tira selfies e posta no Facebook. Não é difícil imaginar a sensação de alegria e alívio de Dru. Na sessão de terapia, Tashira admitiu:

– Quando vesti a camiseta, percebi que fiquei bem nela.

Dru também achou. O pedido de desculpas o fez se sentir muito melhor em relação à camiseta, a sua capacidade de agradá-la e à capacidade dela de retribuir seu amor.

Os dois riem do incidente durante a sessão – parece bobo ter sentimentos tão intensos por causa de uma camiseta. Mas, como vimos em tantos momentos difíceis, a questão não é a camiseta, mas sim o que está acontecendo sob a crosta terrestre. Dru e Tashira manifestam vulnerabilidade e remorso, começando com Dru admitindo que ficou magoado, depois

Tashira com um sincero pedido de desculpas pela sua reação impulsiva. Apenas algumas semanas antes, as linhas de proximidade deles estavam se afastando precariamente, prontas para se separarem para sempre. Por meio do trabalho com a Dra. Guralnik e o atencioso comportamento do casal, as linhas de proximidade, como os próprios Tashira e Dru, estão descansando mais confortavelmente juntas.

O momento certo

Nossa receita para um bom pedido de desculpas – focado nos sentimentos do outro (mais do que nos nossos), no futuro (em vez do passado) e em expressar empatia e arrependimento (não em buscar perdão imediato) – também deve abordar a questão do *quando*. Eles devem ser feitos no meio de uma conversa? Quanto tempo depois do dano? Muitas pessoas relutam em se desculpar antes de fazerem uma análise completa, entenderem o problema e saberem se são de fato culpadas. Aquele que reluta em se desculpar não está pronto para confrontar o próprio papel em uma situação difícil, o que costuma exigir um trabalho emocional interno.[23]

Entretanto, no que se refere ao tempo, a pesquisa é clara: pedidos de desculpas em pouco tempo depois do ocorrido são melhores. Dessa forma, os destinatários veem a desculpa – mesmo as pedidas antes de entendermos a transgressão em si ou quem é o culpado – como mais sincera.[24]

Isso nos leva a um dilema: embora seja preferível pedir desculpas logo, não é razoável esperar que aquele que se desculpa consiga realizar em pouco tempo o trabalho profundo necessário para entender o que deu errado – ou para elaborar um plano de ação apropriado para repará-lo. Compreender o próprio papel em um conflito pode levar muito tempo, às vezes anos. Felizmente, podemos fazer pedidos de desculpas para reconhecer de imediato o sofrimento do outro, sem assumir nem fugir da culpa: "Sinto muito que isso tenha acontecido. Odeio ver você assim. Vamos trabalhar juntos para descobrir o que deu errado."

Não importa o que aconteça no curto prazo, a janela de oportunidade para pedir desculpas nunca se fecha completamente. Desculpas tardias perdem o poder da resposta rápida, mas abrem a possibilidade de processar problemas com mais profundidade e mostrar mudanças reais, em vez de apenas prometer mudanças futuras. Também permitem um pouco de distanciamento emocional do ocorrido, o que pode ser bom – emoções intensas e ainda não processadas podem sobrecarregar nossa capacidade de pedir desculpas e de perdoar.

Depois do incidente do nariz quebrado, meu filho Kevin cresceu. Ele aprendeu a falar e seu comportamento melhorou. Quando ele tinha 3 ou 4 anos, já estava rotulando seus sentimentos:

– Estou bravo porque você não me deixa continuar brincando. Estou triste porque acabei de jantar e ainda estou sentado na mesa.

Rotular seus sentimentos o ajudou a administrar melhor as emoções; as birras desapareceram. Eu nunca deixei de amá-lo, mas seu bom comportamento facilitou minha expressão desse sentimento. Foi um alívio milagroso.

Um dia, quando ele tinha 7 anos, nós dois estávamos lendo juntos. O personagem principal de seu livro, Greg Heffley do *Diário de um banana*, se desculpava com seu melhor amigo, Rowley. Para Greg, como para tantas pessoas, pedir desculpas era um ato raro e corajoso. Observando Greg lidando com as desculpas, Kevin fez uma pausa na leitura em voz alta. Ele olhou para mim e, em voz baixa, sussurrou:

– Ei, mãe? – Eu o olhei nos olhos. – Lembra quando eu quebrei seu nariz?

– Lembro, sim. Por quê?

– Me desculpa, de verdade.

Cinco anos após o incidente, depois de me ouvir recontar a história para o pai e para ele mesmo algumas vezes – e após ver o poder das desculpas de seu amado protagonista Greg Heffey –, ele pediu desculpas. Fiquei surpresa e comovida. Lágrimas encheram meus olhos mais uma vez mas agora de alegria. Assegurei que não tinha sido culpa dele. Crianças pequenas, expliquei, estão aprendendo a existir no mundo, e crianças maiores, adolescentes e adultos também lutam para controlar e expressar suas frustrações. Além disso, comentei que achava que ficava muito bem com o nariz ligeiramente torto.

Ele sorriu e concordou. Vê-lo adquirir habilidades – andar, falar, driblar uma bola de basquete, ler – sempre me emocionou. Mas vê-lo aprender a se desculpar foi uma das experiências mais gratificantes da minha vida.

FEEDBACK

Pode ser difícil transmitir informações que sugerem a necessidade de um pedido de desculpas ou de uma mudança de comportamento. Mas o feedback é um passo *crucial* no processo de reparação interpessoal. Quer os problemas a serem resolvidos sejam pequenos e irritantes, ou profundos e dolorosos, a confiança interpessoal depende de nossa consciência dos problemas – transmitida por meio de várias formas de feedback – e da nossa capacidade de resolvê-los juntos.

Um estudo recente revelou que, quando uma gerente de pesquisas tinha migalhas de comida ou batom borrado no rosto, apenas 3% das pessoas avisaram.[25] E olha que esse foi apenas um pequeno deslize, não um mau hábito enraizado ou um problema de caráter (que horror!). Nesses casos, o feedback é um presente – às vezes é necessário que ele pareça duro no momento para se provar empático a longo prazo.[26] Felizmente, pesquisas recentes oferecem conselhos práticos sobre como dar feedback de modo mais livre, confiante e produtivo.

- **Escolha o momento certo**. Assim como as desculpas, o feedback é melhor recebido quando dado *logo depois* do ocorrido, ou seja, quando ambas as partes se lembram de detalhes concretos – porque explicá-los é importante. Se você estiver dando um feedback construtivo, deve fazê-lo *em particular*, para minimizar constrangimentos ou sensação de vergonha, e para maximizar sentimentos de segurança e confiança.
- **Declare suas intenções em voz alta**. Evidências científicas sugerem que declarar suas boas intenções em voz alta é eficaz tanto para quem dá quanto para quem recebe um feedback. Se você deseja ouvir um feedback construtivo, peça explicitamente que as intenções de apoio sejam manifestadas em voz alta. Ao receber um feedback, você pode lembrar a seu interlocutor "Adoro receber feedback" ou "Pode ser direto, eu quero aprender". Ao dar um feedback, você pode dizer "Eu quero que você voe alto", ou "Nosso relacionamento é muito importante para mim".[27]
- **Comece com algo positivo**. O conhecido "feedback sanduíche", a sequência positivo-negativo-positivo, tem má reputação porque, muitas vezes, os ingredientes positivos e negativos se misturam: o feedback construtivo se perde entre o pãozinho macio e positivo, que parece mais

um floreio desnecessário. Mas em minha pesquisa com Leslie John, descobrimos que o feedback sanduíche é bastante eficaz, desde que o positivo venha primeiro, *não importa* o que seja dito depois.[28] Para que o feedback construtivo aconteça, é importante começar por um lugar sólido de confiança. Além disso, deve-se separar claramente o feedback positivo do construtivo – não misture tudo na mesma frase ou no mesmo turno da conversa. Minha colega Frances Frei defende uma proporção de cinco a um de feedbacks positivos para negativos: dê cinco feedbacks positivos sinceros e concretos antes de passar, com clareza e honestidade, para a parte construtiva. Não há (ainda) pesquisas sobre essa proporção, mas acho uma ótima ideia. Se seu relacionamento for baseado em extrema confiança, talvez você possa pular direto para o feedback construtivo, sem que seu interlocutor se sinta mal. Esse é o poder da confiança.

- **Olhe para o futuro**. Pode ser difícil receber um feedback porque ele aborda o que já aconteceu – e não pode ser alterado retroativamente. Os pesquisadores Mike Yeomans e Ariella Kristal defendem que focar em conselhos para o futuro (orientações sobre como o destinatário deverá se comportar) no lugar de feedbacks voltados para o passado (como o destinatário se saiu) aumenta as chances de a pessoa ser ouvida e de suas sugestões serem colocadas em prática com eficiência.[29]

A tarefa final

Ao longo dos anos, percebi que todas as pessoas, até as mais empáticas, tiveram um relacionamento que deu errado. Um colega de quarto que se mudou em condições complicadas, deixando você com pagamentos extras de aluguel. Um amigo do ensino médio com quem você brigou muito. Um parente que foi agressivo. Um irmão que não foi a um velório. Um parceiro perdido devido a um término ruim. Ou um amigo que simplesmente saiu de sua órbita social. Seja qual for o motivo, as pessoas desaparecem de nossa vida. Nossas linhas de proximidade seguem em direções diferentes, para páginas diferentes, para mundos diferentes.

O que acontece quando você quer se reconectar? Eu fico intrigada com as conversas após longos períodos sem contato. O processo de consertar o que foi quebrado, e que parecia que ficaria assim para sempre, é difícil e comovente.[30] Pessoas nessas situações podem ter perdido a confiança uma na outra – elas perderam a possibilidade de resgatar a confiança por meio de desculpas cotidianas. Por qualquer motivo, deixaram o relacionamento morrer. Restaurar a confiança pode exigir um pedido de desculpas extraordinário de ambas as partes e um acerto de contas prolongado abrangendo o que deu errado.

Para o projeto final nas aulas do FALE na Harvard Business School, peço a meus alunos que tenham uma conversa, gravem e reflitam sobre a experiência, usando as habilidades aprendidas. Ofereço um conjunto de opções – diferentes desafios de conversa – para que possam selecionar um projeto que lhes pareça pessoalmente significativo. Uma delas é a Reinicialização do Relacionamento, por meio da qual procuram alguém com quem perderam o contato e renovam a relação. Também estão disponíveis outras opções menos desafiadoras, como expressar gratidão ou gravar um episódio de podcast. Apenas cinco alunos em cada grupo de noventa escolhem a Reinicialização do Relacionamento a cada semestre, mas esses projetos costumam ser dos mais fascinantes. Um em especial, de um aluno chamado Dev, me marcou muito.

Dev era um adolescente incrível – calmo, gentil, inteligente, esforçado e com um pouco de ansiedade social. Ele era o tipo de garoto que muitos pais desejam ter como filho e os professores adoram. Estava prosperando no 11º ano e mirava as melhores faculdades. Foi quando conheceu Anil, do sétimo ano, que fazia com que Dev pensasse muito em si mesmo. Ambos eram de famílias indianas e viviam na mesma comunidade suburbana perto de Sacramento, na Califórnia. Anil não era tão confiante quanto Dev, mas queria ser. Era um bom garoto e admirava muito o sucesso de Dev. Eles se conectaram rapidamente, e Anil também se tornou próximo da família e dos amigos de Dev. Sendo um aluno de destaque, Dev estava determinado a ajudar Anil a prosperar tanto pessoal quanto profissionalmente. Ele foi um excelente mentor para o amigo, atuando como um aliado próximo durante o ensino fundamental e, depois, no ensino médio – eles eram como irmãos. Dev o procurava com frequência para saber como ele estava. Mesmo à distância, Dev ajudou Anil a organizar suas inscrições para a faculdade e garantiu que elas estivessem bem-feitas antes que o amigo as enviasse.

Em 2018, Anil se formou na University of Southern California. Na busca de um emprego, pediu ajuda a Dev. O amigo estava ascendendo em uma pequena nova empresa de serviços financeiros e ficou feliz em colaborar para Anil conseguir uma posição de analista financeiro de nível básico na mesma organização. Ele havia se empenhado em obter sucesso profissional precoce e poder ajudar minorias sub-representadas, especialmente Anil, com quem se importava tanto.

Dev deixou claro para Anil que manter o emprego seria mais difícil do que obtê-lo. Na verdade, para ter sucesso na função seria necessário muito trabalho para se atualizar, dominar habilidades técnicas no Excel e outras ferramentas analíticas usadas na empresa. Infelizmente, Anil deixou a desejar quase de imediato. Parecia sempre confuso e sobrecarregado. Ao longo de muitos meses, não desenvolveu as habilidades técnicas necessárias – pelo menos não rápido o suficiente para cumprir suas responsabilidades. Dev ficou zangado e decepcionado – envergonhado por ter arriscado seu pescoço por Anil, que parecia não estar se dedicando.

Em um último esforço para ajudar, Dev retirou todas as outras responsabilidades de Anil, exceto a tarefa de aprender Excel. Anil teve seis semanas para desenvolver um estudo de caso e, assim, mostrar sua competência técnica e retomar o trabalho. Após o período de treinamento intensivo, Anil não conseguiu concluir a tarefa. Dev ficou devastado – e exasperado. Ele não teve escolha a não ser rescindir o contrato de trabalho do amigo, criando uma ruptura profunda entre eles (e tornando tensas as relações entre seus amigos e familiares em comum).

Durante os dois anos seguintes à demissão de Anil, os dois não se falaram. Dev pensava enxergar a situação com clareza: ele tinha dado uma oportunidade a Anil, que o havia decepcionado. Ele estava magoado, zangado e desapontado. Às vezes Anil entrava em contato – por mensagem de texto, e-mail e telefone –, mas Dev não respondia. Com o tempo, porém, Dev começou a se sentir mal com tudo isso.

A ideia de falar com Anil pela primeira vez em dois anos deixou Dev nervoso. Para se preparar para a ligação, apoiou-se em táticas aprendidas no curso, começando com uma lista de temas. Sabia que precisava sondar a visão de Anil e apresentar a sua sobre o que tinha acontecido, então criou uma lista de perguntas bem específicas. Pensou em como inserir alguma empatia na conversa, para diminuir a tensão. Ele começaria com temas superficiais, escalando até o assunto da demissão do amigo. Embora isso o deixasse ansioso, tinha certeza de que a conversa era necessária.

Em uma quarta-feira de abril, Dev ligou para Anil, que atendeu imediatamente. Com o coração acelerado, Dev disse oi e logo sentiu tristeza e preocupação na voz de Anil. Dev começou puxando uma conversa superficial, perguntando como Anil estava. Mas o elefante na sala era grande demais para ser ignorado.

Anil disse:

– Nós éramos tão próximos, você era como um irmão mais velho pra mim. Depois foi como se eu não existisse mais em sua vida. Tem sido bem ruim, de verdade.

As emoções de Anil estavam à flor da pele. Dev ouviu a voz dele tremer.

– Eu sei. Tenho pensado sobre nossa amizade, sobre o que aconteceu e queria conversar com você. Tenho certeza de que há dois lados na história, e recentemente percebi que precisamos conversar e descobrir um caminho a seguir, se houver.

Anil admitiu:

– Houve alguns momentos em que estraguei tudo, mas acho que você também precisa assumir alguma responsabilidade.

– Interessante – observou disse Dev. – Você se importa de falar mais sobre isso?

Anil descreveu seus sentimentos de abandono:

– Lembro que prometi trabalhar duro dia e noite, mas fiz essa promessa pensando que você estaria lá para me ajudar. Acho que me senti muito, muito abandonado.

– Por que você não falou diretamente comigo na época? – indagou Dev.

– Eu estava com medo, com muito medo de decepcionar meu irmão mais velho. Medo de não conseguir me recuperar logo e fazer o que precisava.

Eles se revezaram contando suas lembranças dos acontecimentos na empresa. Dev ficou decepcionado com o desempenho de Anil, Anil se sentiu abandonado por Dev, que o deixou se afundar sozinho. Ele queria ter o alto nível de Dev, mas o trabalho era bem difícil para alguém sem experiência em modelagem financeira. Ele esperava que Dev o treinasse mais e se juntasse a ele em reuniões, como um aliado. Quando Dev não correspondeu ao papel de mentor, Anil sofreu. Passou a não dormir nem comer bem. Ficava doente com frequência e sabia que estava decepcionando Dev.

Ouvindo atentamente, Dev respondeu sem uma gota de atitude defensiva.

– Eu quero me desculpar por fazer você se sentir sozinho e sem apoio. Na verdade, eu queria o oposto disso: te dar uma oportunidade de crescer.

Dev tinha aprendido a executar seu trabalho fazendo perguntas e atuando de maneira autônoma, e imaginou que Anil fosse fazer o mesmo. Mas percebeu que as pessoas são diferentes, e que ele devia um pedido de desculpas.

– Desculpa, Anil.

Anil ficou surpreso.

– Você me fez ganhar o ano. Peço desculpas por não ter dado meu melhor e por ser um péssimo comunicador.

– Você não é o único. Estou muito feliz por estarmos conectados de novo.

Alguns dias depois, eles voltaram a se falar ao telefone. Começaram com tantos pedidos de desculpas que Dev sugeriu uma regra:

– Chega de pedir desculpas. – Uma brincadeira afável, que reconhecia os pedidos de desculpas mútuos e tentava amenizar a situação. – Nós dois erramos e assumimos – disse Dev. – Eu penso em você como meu irmãozinho e quero voltar à fase em que nos tratávamos assim.

Durante a conversa, embora nenhum dos dois tenha usado a palavra *desculpa*, ambos admitiram suas falhas no passado, expressaram remorso e olharam com esperança para o futuro. Como velhos amigos, eles se moveram em direção a conversas triviais e atualizações da vida. Planejaram assistir a um jogo de basquete do Los Angeles Lakers juntos no Zoom alguns dias depois. Eles não apenas sonhavam em se reaproximar – estavam fazendo isso.

Conversando com menos medo e mais animação

A história de Dev e Anil mostra o poder da reciprocidade. Assim que Dev se tornou receptivo e vulnerável, admitiu seus erros e pediu desculpas, Anil fez o mesmo. O acolhimento e a coragem de Dev lançaram os dois amigos em uma espiral ascendente, que não apenas consertou a ruptura, mas também os colocou em uma trajetória positiva para o futuro. A história deles mostra que desculpas tardias também podem ser poderosas – ainda pode ser viável recuperar a confiança perdida mesmo quando tudo parece sem esperança. É possível que a passagem do tempo nos dê uma oportunidade de ter uma nova perspectiva, distância emocional e espaço para mostrar uma mudança verdadeira.

As máximas do FALE sempre podem nos ajudar, mas são especialmente poderosas em conversas pungentes como a reinicialização de Dev e Anil. O gerenciamento dos temas em foco ajudou Dev a se preparar de forma não apenas concreta, mas emocional. Mesmo que ele não tenha levantado as "questões muito específicas" que havia preparado, o ato de escrevê-las o deixou mais confiante e equilibrado diante das intensas emoções de Anil.

Várias vezes durante suas conversas, Dev fez perguntas excelentes a Anil. Ele indagou se o amigo estaria aberto a compartilhar sua perspectiva – para "descobrir um caminho a seguir, se houver". Ele fez perguntas complementares ("Interessante. Você se importa de falar mais sobre isso?"), e elas foram muito eficazes. Com apenas nove palavras, Dev mostrou escuta responsiva, validação e cuidado – deixando uma graciosa abertura para Anil expor a perspectiva dele.

Dev continuou fazendo várias perguntas, como "Você se importa se conversarmos um pouco sobre isso?" (mudança de foco), "Então, o que aconteceu lá?" (acompanhamento) e "Você sabe em que posição me colocou?" (ampliação de compreensão). É uma demonstração impressionante das habilidades de questionamento de Dev.

A primeira conversa foi emocional, mas, mesmo assim, eles encontraram oportunidades para a leveza. Em particular, riram do fato de Dev ter precisado de uma professora para empurrá-lo para fazer a ligação – e do constrangimento de gravá-la. O clima na segunda vez foi mais leve no geral, com o gracejo de Dev de que pedidos de desculpas não eram mais permitidos, seguido pela mudança para temas mais leves. Eles falaram sobre apostar nos Lakers e debateram se seus irmãos dariam mais netos aos pais. Esses movimentos sutis ajudaram a manter o papo agradável, apesar do peso do assunto principal.

Claro, o cerne do sucesso da conversa de Dev estava na empatia. Foi preciso uma coragem tremenda para telefonar para Anil e, ao ligar, usou uma linguagem respeitosa – teria sido fácil fazer um comentário sobre a falta de experiência profissional de Anil de uma maneira que ele acharia ofensiva. Com escuta responsiva e afirmações como "Interessante. Você se importa de falar mais sobre isso?" e "Eu entendo. Sinto muito", as escolhas de conversa de Dev são uma aula magistral sobre como focar no interlocutor e validar seus sentimentos. A empatia era a principal missão do projeto, e ele acertou em cheio.

Embora Dev tenha começado o semestre nervoso em situações sociais e um tanto convencido de que seria melhor passar mais tempo sozinho, mudou de opinião no projeto final. Disse que não teria se reconectado com Anil sem o aprendizado do curso. Ele se sentiu transformado: entender o uso do FALE o ajudou a ser um amigo melhor, uma pessoa melhor. Sua gratidão não foi apenas pela conexão retomada com Anil, mas por todos os relacionamentos que ainda estavam por vir. "Pela primeira vez estou realmente animado para me conectar com as pessoas", escreveu.

TRÊS PONTOS PRINCIPAIS DO CAPÍTULO 8

Pedidos de desculpas

- **Os pedidos de desculpas são incrivelmente poderosos**.
- **Peça desculpas com frequência** e sinceridade – não faça delas algo sobre você.
- **Prometa mudar** e cumpra o prometido.

EPÍLOGO

Há alguns anos, visitei uma amiga muito querida, que eu não via fazia muito tempo. Eu tinha me mudado de cidade, nós duas tínhamos filhos, e ela estava fazendo um tratamento de quimioterapia. Para nos ajudar a nos atualizar, ela criou uma lista de temas para abordarmos. E foi um passo além, rotulando-os com títulos de músicas de Whitney Houston:

- "I Wanna Dance with Somebody" – Me conta sobre a última vez que você foi dançar!
- "Higher Love" – Viajei com meu bebê de avião pela primeira vez. Quero compartilhar os horrores com você.
- "Run to you" – Podemos falar sobre sua rotina de corrida e o que é preciso para treinar para uma maratona?

Nós rimos, cantamos, nos abraçamos, fofocamos, relembramos e choramos. Foi uma das melhores e mais significativas conversas da minha vida.

Mesmo as grandes conversas, no entanto, têm momentos forçados. Naquela conversa maravilhosa com minha amiga, alguns temas perderam força, nossa energia baixou, a boca ficou seca, fui tomada por uma tristeza nostálgica, que não tive certeza se deveria expressar. Mas, de alguma forma, esses momentos não tornaram a conversa menos maravilhosa. *Por quê?*

Buscando riqueza

Até 2020, os cientistas sociais se concentravam em dois fatores que compõem o bem-estar humano: felicidade (sentir-se bem) e significado (sentir que sua vida serve a um propósito). Mas estava faltando algo nessa formulação. Naquele ano, os psicólogos Shigehiro Oishi e Erin Westgate confirmaram um terceiro pilar do bem-estar, anteriormente negligenciado: a *riqueza psicológica* – uma vida caracterizada pela variedade.[1] Embora uma pessoa com um emprego e um casamento estáveis e gratificantes possa ter uma vida feliz e significativa, ela pode não ser rica em experiências diversas, fascinantes, novas ou emocionantes.

O ponto-chave aqui é que uma vida feliz e significativa também pode ser *chata*.[2] Nossa necessidade de riqueza psicológica é o motivo pelo qual seus amigos empregados com estabilidade podem escolher frequentar galerias de arte, experimentar drogas, jogar em um time de hóquei, fazer aulas de violão, se inscrever em um curso de educação executiva, começar a praticar mergulho ou ler um livro como este – para fazer suas mentes brilharem e interagir de maneiras novas e empolgantes. É também por isso que almejar a grandeza constante da conversa não é o objetivo certo. A riqueza psicológica sugere que os altos e baixos da vida, o amargo e o doce – uma ampla distribuição de experiências – são necessários, bons e, talvez o mais importante, inevitáveis.[3]

Pode não ser nenhuma surpresa, então, que o fato de conversar com pessoas variadas, com diferentes propósitos, sobre uma ampla diversidade de assuntos, nos faça sentir mais vivos.[4] A propósito, uma descoberta importante da minha pesquisa é que se conectar com um conjunto heterogêneo de interlocutores – novos e velhos amigos, parceiros, novos conhecidos, colegas e estranhos – deixa as pessoas mais felizes do que falar com um número mais restrito de indivíduos. Conversas diversas com uma ampla gama de pessoas e tipos de relacionamento nos inspiram a sentir emoções variadas – felicidade, tristeza, ansiedade, frustração, calma, animação, desolação. Essa diversidade de sentimentos é o que, em última análise, nos deixa felizes.[5]

Você ainda está nervoso sobre a conversa? Tudo bem! Você é humano! Como eu lembro aos alunos, basta sair e praticar. Felizmente, temos muitas oportunidades de fazer isso. Aqueles que buscam conversar melhor não precisam procurar mudanças *enormes*. Você pode recorrer a mais uma pergunta de acompanhamento do que normalmente faria? Pode preparar um tema interessante? Pode fazer seu interlocutor rir pelo menos uma vez? Pode voltar ao assunto para mostrar que está ouvindo? Esses pequenos movimentos na maioria das vezes *ajudam*. Pequenas melhorias, em muitas conversas diversificadas, fazem uma grande diferença. Ser um pouco melhor na prática da conversa – ou mesmo apenas *querer* melhorar – é ser mais humano.

Se você mantiver as máximas do FALE em mente, verá que pode deixar algumas preocupações comuns de lado. Não precisa se preocupar sobre o que falar – pode preparar temas! Nem se vai gaguejar ou tropeçar – recorra às estratégias de reparo! Silêncios constrangedores não devem ser motivo de temor – puxe um novo assunto! Você não precisa se preocupar em impressionar as pessoas com seu conhecimento ou sua experiência – apenas ouça e faça perguntas! Diante de temas delicados ou conflitos hostis, seja civilizado e receptivo! A hora de sair da conversa também não deve ocupar sua mente – apenas vá! Resumindo: você consegue.

Agora vou contar um segredinho: você já é melhor em falar do que pensa.[6] Em 2023, os psicólogos Christopher Welker, Jesse Walker, Erica Boothby e Tom Gilovich examinaram autoavaliações sobre a capacidade de conversar. Eles descobriram que somos excessivamente pessimistas sobre essas habilidades comparadas a outras atividades comuns, como dirigir, ler e correr. Na maioria das situações, as pessoas tendem a se superestimar (o conhecido "efeito acima da média"), mas na conversa mostram um "efeito abaixo da média". Nós nos fixamos nos momentos de constrangimento e dificuldade já vivenciados e tendemos a pensar que são todos culpa nossa. Enquanto vemos os outros teoricamente personificando o Mito da Naturalidade e assumimos que o carisma deles é intrínseco e surge sem esforço, nos vemos personificando o Mito da Incompetência, ruminando nossos erros, apesar dos melhores esforços na direção contrária. Só que uma conversa é coconstruída, não pode ser roteirizada, e mesmo os melhores conversadores estão longe de ser perfeitos. É melhor celebrarmos quando *uma coisa* vai bem do que ruminar sobre tudo que (previsivelmente) não dá tão certo.

Então, você já é melhor do que pensa e, agora, conta com as ferramentas para se superar. Em seu romance *A leste do Éden*, John Steinbeck escreveu:

"Agora que você não precisa ser perfeito, você pode ser bom."[7] Uma vez que damos a nós mesmos e aos outros a permissão para fracassar, nossos relacionamentos e conversas podem ser *de fato* bons – felizes, significativos e psicologicamente ricos.

Desafiando e tornando duradouro

Aqui vai outro segredinho: as máximas do FALE não são máximas de verdade. *O quê?!!* É verdade. Máximas reais são regras de conduta resumidas em declarações curtas e concisas. Embora as verdadeiras máximas possam ser mensuradas e seguidas, elas também podem ser desrespeitadas. Paul Grice pretendia que suas máximas (ser honesto, sucinto, relevante e claro) fossem tanto seguidas quanto, às vezes, desrespeitadas. Ele acreditava que, quando todos estão cientes da transgressão – quando quebramos as regras de propósito –, a conversa fica realmente boa.[8]

Se não constituem regras de conduta, então o que são as máximas do FALE? *Lembretes*. Lembretes para fazer o que queremos, para sermos a melhor versão de nós mesmos e ajudar os outros a fazerem o mesmo. Precisamos desses lembretes porque provavelmente vamos esquecer, negligenciar ou abandonar nossas intenções quando nos perdermos no andamento da conversa.[9]

No final do curso FALE, meus alunos perguntam: Como posso garantir que vou usar essas máximas? Como ter certeza de que não vou esquecer esses lembretes fundamentais? Como presente de despedida, dou a eles pulseiras de silicone com a inscrição Foco-Aprofundamento-Leveza-Empatia – um lembrete portátil das máximas. Algo assim pode ajudá-lo também. Mas, sinceramente, acho que a melhor resposta é praticar. Comente sobre o FALE com os outros. Ensine o método. Pratique. Releia. Reflita. Peça a um amigo, parceiro ou colega para lhe dar um feedback sobre como você está se saindo. Grave e ouça uma conversa de vez em quando. Veja o que funciona para você. Onde está se saindo bem e em que ponto estão suas oscilações? Como tudo que exige esforço e pode se tornar um hábito menos trabalhoso com o tempo, espero que suas habilidades no FALE sejam duradouras.[10]

Ilumine o mundo

Lembra das linhas de proximidade de Olivia de Recat, traçando as trajetórias dos relacionamentos? E se, em vez de pensarmos nas linhas de proximidade e nos nós de conversa espalhados por elas, nós as imaginássemos como uma sequência de *luzes*? O que faz algumas luzes cintilarem e brilharem intensamente, enquanto outras piscam e queimam? Neste livro, desemaranhamos muitos fios e rastreamos as fontes de eletricidade interpessoal. Vimos como evitar apagões e consertar fusíveis queimados. Agora vamos juntar os fios de novo.

Erving Goffman disse uma vez: "A conversa, e não os tipos mais óbvios de amor, é a fagulha que ilumina o mundo."[11] À medida que contemplamos a grande teia de luzes e fios a nosso redor, pensamos: e se nos empenhássemos em fazer cada lâmpada brilhar um pouco mais? Haverá momentos em que nossas conversas ameaçarão piscar ou apagar, mas também haverá outros de brilho. Vamos sair e iluminar o mundo, uma conversa de cada vez.

APÊNDICE

O FALE na prática

Este apêndice oferece duas maneiras de colocar suas habilidades do FALE em prática. Primeiro, vou listar exercícios de reflexão que você pode usar sozinho. Depois, vou incluir exercícios de conversa com outras pessoas.

Reflita

Esses exercícios vão estimular você a refletir, individualmente, sobre as conversas na sua vida.

Mais conscientização sobre seus objetivos. Antes de sua próxima conversa, trace seus objetivos na bússola. Você pode ter muitos, ou apenas alguns. Você sempre tem pelo menos um, mesmo que seja só passar o tempo, ser educado ou se divertir. Então, escreva suas previsões sobre os objetivos do interlocutor. Refletir e codificar o que você quer ajuda a esclarecer e orientar como deve se comportar, qual seria o resultado pretendido e como você pode medi-lo depois.

Sua história pessoal de conversas. Assim como o significado de conversar evoluiu ao longo do tempo e do espaço, sua visão pessoal das conversas foi mudando. Você consegue identificar fases de seu desenvolvimento e suas diferentes visões e práticas da atividade de conversar? Quais eventos e/ou pessoas favoreceram sua evolução pessoal nas conversas?

Problemas de coordenação. Pense em uma conversa recente. Você e seu interlocutor fracassaram em se coordenar em torno de um entendimento compartilhado – um momento em que ficou óbvio que vocês não estavam entendendo as crenças, as preferências ou o conhecimento um do outro? (A resposta quase certamente será sim, de alguma maneira.) O que deu errado? Como você sabe? E se você ligasse para essa pessoa agora e tentasse se conectar outra vez? Seria possível consertar o que deu errado?

Desrespeito às máximas de Grice. Pense em uma conversa que você acabou de ter. Você e seu interlocutor foram sinceros, concisos, relevantes e claros? Quando? E por que sim, ou por que não? Você acha que sua falha foi intencional ou acidental? Foi boa ou ruim?

Fontes de dificuldade. Pense na sua última conversa difícil que tenha tido uma ou algumas partes em que você se sentiu confuso, triste, zangado, ansioso ou frustrado. O que desencadeou esses sentimentos? O que naquela interação era difícil? Como você se comportou? Como você se comportaria se pudesse reconstituí-la?

Cooperativo ou competitivo? Muitas escolhas de conversas não funcionam da mesma forma quando estamos concordando ou discordando – cooperando ou competindo. Elogios, sarcasmos, mudanças de foco, perguntas investigativas: que estratégias você notou que funcionam bem com pessoas próximas durante momentos de cooperação, mas dão errado (ou geram problemas) em momentos mais difíceis, ou com interlocutores mais complicados?

Mapa de identidade. Primeiro, escreva sua identidade nas seguintes categorias: família, trabalho, social/cultural/biológica, escolaridade, passatempos e outras. (As minhas seriam mãe, esposa, filha, gêmea, professora, cientista comportamental, mentora, amiga, cantora, jogadora de basquete, devota de pilates, risonha crônica, branca, mulher, herança irlandesa, americana, criada como católica, etc.) Em seguida, coloque essas identidades em um espectro do não observável ao observável. Quais aspectos da sua vida são invisíveis até você falar sobre eles? Para quem? Essas identidades estão associadas a diferentes níveis de poder ou status? Como elas influenciam sua maneira de se comunicar?

Auditoria de comunicação digital. Anote todas as mensagens recebidas e enviadas, em todos os meios de comunicação (mensagens de texto, e-mail, telefone, Zoom, pessoalmente, etc.), ao longo de vinte a trinta minutos de conversas regulares. O que o surpreendeu sobre a quantidade e a sequência das mensagens? A quem você respondeu mais rápido? Quem você ignorou? Por quê? Que perguntas essa auditoria desperta para você?

Sua identidade digital. Vá em frente, pesquise a si mesmo no Google. Quem é você digitalmente? Se um estranho vasculhasse seu Facebook, LinkedIn, Instagram ou Snapchat, ou se vocês trocassem e-mails ou mensagens de texto antes de se encontrarem pessoalmente, ele conseguiria saber quem você realmente é? Por que sim, ou por que não? Quais aspectos surpreenderiam essa pessoa se vocês se encontrassem? Seu estilo de conversa presencial é reconhecível por meio de canais digitais? Ele é muito diferente da comunicação digital? Você está preparando os outros para uma decepção, para uma surpresa agradável, ou está cultivando expectativas realistas?

Suas conversas mais significativas. Quais foram algumas das conversas mais significativas da sua vida? Você pode fazer uma lista? Escrevê-las? Contá-las como histórias? De que detalhes você se lembra? O que as tornou especiais ou importantes?

Prática

As sugestões a seguir incluem maneiras de praticar suas habilidades de FALE enquanto conversa.

Escolha uma meta, qualquer uma. Escolha uma meta bem clara para sua próxima conversa. Algumas opções que podem funcionar bem: *Aprender o máximo possível. Tornar a conversa divertida para o interlocutor. Não deixar a mente divagar. Ser totalmente honesto (não se permitir nem pequenas mentiras sem importância). Ser o mais simpático possível. Fazer muitas piadas.* Se você for corajoso o suficiente para tentar, provavelmente ficará surpreso ao notar que é muito difícil manter seu propósito singular em mente sem se distrair ou cair em velhos hábitos, como, além de aprender o máximo que puder, se importar profundamente com a opinião das pessoas a seu respeito.

Prepare o foco. Reserve trinta segundos para anotar cinco possíveis temas para sua próxima conversa. Quando chegar a hora, você não precisa estar com a lista (embora isso possa ajudar). Simplesmente anotá-los agora (ou adicioná-los a suas notas do calendário digital) ajudará você a se lembrar deles com facilidade. Você não precisa abordar nenhum desses temas durante a conversa, mas aproveite o conforto e a confiança de saber que tem para onde correr.

Delegue a escolha dos temas. Em uma conversa futura, tente deixar seu(s) interlocutor(es) assumir(em) a liderança. Dê a eles espaço para escolher se querem mudar ou ficar nos temas. Pode ser um exercício desafiador de autocontrole, especialmente para conversadores dominantes.

Lidere as escolhas. Em uma conversa futura, tente assumir a liderança por meio de gerenciamento assertivo dos temas em foco. Se algum lhe parecer interessante (rico, divertido), faça perguntas de acompanhamento para permanecer nele. Se estiver perdendo o encanto (surgirem risos desconfortáveis, pausas longas ou declarações redundantes), mude assertivamente para outro. Você sempre pode retornar a temas que podem não ter sido explorados o suficiente. O exercício pode ser desafiador, em especial para conversadores quietos, hesitantes ou dóceis – ou aqueles que costumam permanecer no mesmo assunto por longos períodos.

Faça e responda perguntas difíceis. Prepare quatro listas de perguntas: as que você ficaria nervoso em *responder* (1) em um jantar e (2) durante uma entrevista de emprego; e as que ficaria nervoso em *fazer* (3) em um jantar e (4) durante uma entrevista de emprego. Sente-se com um interlocutor de confiança e treine perguntar e responder.

Acompanhe sempre. Em uma conversa futura, tente fazer perguntas de acompanhamento até a conversa terminar. Você deve responder a tudo o que seu interlocutor disser, e não tem problema mudar de assunto, desde que termine cada turno de fala com uma pergunta de acompanhamento. Seu parceiro percebeu? Como foi? Muita gente acha que essa é uma maneira surpreendentemente fácil de subir na pirâmide de focos.

Comporte-se como um jornalista. Em uma conversa futura, canalize sua Oprah interior. Tente saber o máximo possível sobre o outro *sem fazer suposições*. Tente evitar interpor suas opiniões ou histórias. Pratique o equilíbrio entre perguntas de acompanhamento e perguntas de mudança de foco.

Priorize. Na próxima vez que você perceber que alguém parece quieto, triste ou sem energia, concentre-se em melhorar o humor dessa pessoa, talvez fazendo-a sorrir, com uma pequena dose de humor ou calor humano. O tédio é um assassino silencioso das conversas. Se você perceber isso, tente consertar!

Desacelere. Da próxima vez que você testemunhar ou estiver envolvido em um debate acalorado, concentre-se 100% na desaceleração. Desista por completo de estar certo e, em vez disso, concentre-se em resolver a situação, por meio de bom humor. O que acontece?

Reformule a leveza. Conte a alguém uma experiência difícil em sua vida, da forma mais detalhada possível. Depois repita, mas com o máximo de humor e alegria. Você consegue? O que percebeu comparando as duas versões? Outra opção para esse exercício: pergunte a alguém sobre o trabalho, depois pergunte o que o apaixona ou o que adora fazer. Observe como a energia da pessoa muda.

Elogie. Faça questão de fazer um elogio sincero à próxima pessoa que você vir – algo de que você goste ou que admire. Isso iluminará o mundo dela mais do que você imagina.

Valide. No início de toda declaração, toda vez que falar, comece reafirmando o que seu parceiro expressou: "Adorei o que você disse", "Ah, que interessante", "Que ótima perspectiva", "Obrigado por perguntar", "É muito interessante que você tenha dito isso", "Faz sentido que você tenha se sentido assim". Tente se concentrar em validar os sentimentos do outro, mesmo que não reflitam sua opinião ou crença.

Pratique a paráfrase. Na próxima conversa, especialmente se for no trabalho e/ou em grupo, tente parafrasear o que foi dito por um, dois ou três interlocutores. Você consegue unir o que eles disseram de maneira lógica? Consegue fazer um resumo? Eles estão concordando ou discordando? Você consegue fazer uma distinção concisa entre o que cada um disse? Tente começar com a frase "O que estou ouvindo aqui é...", ou "Estou entendendo que..." ou "Só para ter certeza de que estamos em sintonia, acho que você está dizendo..."

Pratique a escuta limitada. Durante sua próxima conversa em vídeo com uma pessoa, passe algum tempo com a câmera ligada e algum tempo com ela desligada. Como você sinaliza que está ouvindo quando a câmera está ligada? E quando está desligada? Como seu comportamento muda? Outra opção é, em sua próxima conversa presencial, tentar fazer com que todos fechem os olhos durante uma parte da interação. Como a escuta muda? Você consegue coordenar os turnos? Em que situação você ouve com mais ou menos atenção?

Olhe nos olhos. Olhe fixamente nos olhos de alguém por quatro minutos sem falar nada. Isso é capaz de aproximar as pessoas. Você consegue? Como se sente?

Compartilhe o silêncio. Você tem pessoas na vida com quem pode desfrutar de um silêncio compartilhado? Quem são? Há quanto tempo você as conhece? Existe gente com quem o silêncio compartilhado provavelmente seria aceitável, mas você ainda não tentou? Em seu próximo encontro, experimente. O silêncio compartilhado pode aproximá-los rapidamente.

Experimente o vipassana (retiro de silêncio). Sei que parece loucura (sério, eu achava que era), mas por quanto tempo você consegue fazer um retiro de silêncio (ou seja, ficar em silêncio na presença de outros)? Você consegue fazer isso durante uma conversa inteira? Um dia inteiro? Que tal uma semana? O que você percebe?

Peça feedback. Peça um feedback construtivo (de que você saiba que precisa) de duas pessoas de confiança. Deve ser sobre questões que o ajudarão no trabalho e na vida. Incentive essas pessoas a serem diretas e honestas, sobretudo no que você pode melhorar. Se começar a se sentir na defensiva, é provável que elas estejam tocando em uma área real de oportunidade. Lembre-se de que feedback é um presente, especialmente o construtivo.

Reinicie um relacionamento. Pense em alguém importante com quem você perdeu o contato ou tem um relacionamento cheio de mágoas. Entre em contato com essa pessoa para se reconectar e/ou reiniciar o vínculo. Use suas habilidades do FALE para entretê-la, ouvi-la e tentar entender sua perspectiva.

Peça desculpas. Aproveite suas habilidades de se desculpar para pedir desculpas, sinceramente, a alguém com quem você se importa. Você ficará feliz por ter feito isso.

Ensine o FALE aos outros. Envolva as pessoas em uma conversa sobre o que você aprendeu neste livro. (Por favor, aborde também outros assuntos durante essas conversas. Boas conversas não se prolongam muito em temas que se tornaram enfadonhos!)

Procure mestres da conversa. Quem você considera particularmente bom (ou ruim) em conversas? Ligue para eles – veja o que você identifica nesses interlocutores que tenha aprendido neste livro!

Palavras de sabedoria

Qual é sua citação favorita sobre comunicação? Existe alguma frase ou um ditado famoso que captura bem seus valores relacionados a conversas? Algo neste livro fez você se lembrar dessas palavras? Citações são interessantes porque podem ajudar a resumir nossa compreensão e nossas crenças. Aqui estão algumas das minhas favoritas:

"O jazz é uma conversa, mas uma conversa cheia de nuances, rápida e complicada."[1]

WYNTON MARSALIS

"Você tem que aprender seu instrumento, então você pratica, pratica, pratica. Quando finalmente sobe no palco, esquece tudo isso e apenas chora."[2]

CHARLIE PARKER

"A falta de seriedade levou a todos os tipos de insights maravilhosos."[3]

KURT VONNEGUT

"A brincadeira é frequentemente considerada um alívio do aprendizado sério. Mas, para as crianças, a brincadeira *sempre é* um aprendizado sério."[4]

FRED ROGERS

"Éramos o público ideal um do outro; nada, nem a mais leve insinuação ou a mais sutil sombra de significado, se perdia entre nós. Uma piada que levaria cinco minutos para ser contada, elaborada e explicada para um estranho poderia ser transmitida pela mais tênue sugestão. Nossa conversa dificilmente teria sido inteligível para qualquer um que por acaso a tivesse ouvido; era uma conversa repleta de piadas internas, citações erradas deliberadas, trocadilhos ruins, paródias e obscenidades de ensino médio."[5]

CHRISTHOPHER ISHERWOOD

"Um estudante do ensino médio perguntou: 'Qual foi o maior evento da história americana?' Não sei dizer. No entanto, suspeito que, como tantos eventos 'grandes', foi algo muito simples e muito silencioso, com pouca ou nenhuma fanfarra (como alguém perdoando outra pessoa por uma mágoa profunda que eventualmente mudou o curso da história). Os 'grandes' acontecimentos *realmente* importantes nunca ficam no centro do palco dos dramas da vida; estão sempre nos bastidores."[6]

FRED ROGERS

"Quando o verdadeiro silêncio cai, ainda ficamos com o eco, mas estamos mais próximos da nudez. Uma maneira de olhar para a fala é dizer que ela é um estratagema constante para cobrir a nudez."[7]

HAROLD PINTER

"Toda conversa difícil começa com uma frase."[8]

SELINA MEYER, personagem da série *Veep*

Alguns temas para experimentar

Estas são as "36 perguntas que levam ao amor", da pesquisa de Arthur Aron:[9]

1. Se você pudesse escolher qualquer pessoa no mundo, quem gostaria de convidar para jantar?
2. Você gostaria de ser famoso? Qual seria a sua área de atuação?
3. Antes de fazer uma ligação telefônica, você costuma ensaiar o que vai dizer? Por quê?

4. O que seria um dia "perfeito" para você?
5. Quando foi a última vez que você cantou para si mesmo? E para outra pessoa?
6. Se você soubesse que ia viver até os 90 anos e tivesse a opção de manter ou a mente ou o corpo de uma pessoa de 30 anos ao longo dos últimos sessenta anos de sua vida, qual deles você escolheria?
7. Você tem algum palpite secreto sobre como vai morrer?
8. Cite três pontos em comum entre você e seu interlocutor.
9. Pelo que você se sente mais grato na vida?
10. Se pudesse mudar algo na maneira como foi criado, o que seria?
11. Passe quatro minutos contando ao interlocutor sua história de vida da forma mais detalhada possível.
12. Se pudesse acordar amanhã tendo adquirido alguma qualidade ou habilidade, qual seria?
13. Se uma bola de cristal pudesse lhe dizer a verdade sobre você, sua vida, o futuro ou qualquer outro assunto, o que gostaria de saber?
14. Existe algo que você sonha fazer há muito tempo? Por que ainda não fez?
15. Qual foi a maior conquista de sua vida?
16. O que você mais valoriza em uma amizade?
17. Qual é sua lembrança mais preciosa?
18. Qual é sua pior lembrança?
19. Se soubesse que morreria em um ano, você mudaria algo na maneira como está vivendo agora? Por quê?
20. O que a amizade significa para você?
21. Que papéis o amor e o afeto desempenham em sua vida?
22. Ao longo de alguma conversa, compartilhe cinco características positivas de seu interlocutor.
23. Em que medida sua família é próxima e calorosa? Você acha que sua infância foi mais feliz do que a da maioria das pessoas?
24. Como você avalia a relação que tem com sua mãe?
25. Faça três afirmações verdadeiras começando com "nós". Por exemplo, "Nós dois estamos nesta sala sentindo..."
26. Complete esta frase: "Gostaria de ter alguém com quem pudesse compartilhar..."

27. Se você fosse se tornar um amigo próximo de seu interlocutor, o que seria importante que ele ou ela soubesse?
28. Faça um elogio ao seu interlocutor; seja bem honesto, expondo inclusive o que não diria a alguém que acabou de conhecer.
29. Compartilhe com seu interlocutor um momento constrangedor de sua vida.
30. Quando foi a última vez que você chorou na frente de outra pessoa? E sozinho?
31. Diga a seu interlocutor algo de que você já gosta nele.
32. O que é sério demais para ser motivo de piada?
33. Se você estivesse incomunicável e morresse esta noite, do que mais se arrependeria de não ter dito a alguém? Por que ainda não disse?
34. Sua casa, contendo tudo o que você possui, pega fogo. Depois de salvar seus entes queridos e animais de estimação, você tem tempo de entrar uma última vez com segurança para resgatar qualquer item. Qual seria? Por quê?
35. De todas as pessoas de sua família, qual morte você acharia mais perturbadora? Por quê?
36. Compartilhe um problema pessoal e peça conselhos a seu interlocutor sobre como ele ou ela lidaria com a situação. Além disso, peça que ele reflita e lhe diga como você parece estar se sentindo em relação ao problema que escolheu.

A lista a seguir contém cinquenta temas que você pode abordar com qualquer pessoa. Eles foram extraídos da minha pesquisa com Mike Yeomans (e alguns deles se sobrepõem às "36 perguntas que levam ao amor"):

1. Em que você trabalha? Do que você gosta no trabalho?
2. O que você gosta de fazer no tempo livre?
3. Você praticou algum esporte no ensino médio?
4. Você já fez algum curso on-line?
5. Você tem algum plano para o fim de semana?
6. Conte uma coisa aleatória sobre você.
7. Você leu algo interessante nos últimos tempos?

8. Você tentou algo novo há pouco tempo que tenha sido especialmente divertido?
9. Você é uma pessoa religiosa? Por quê?
10. De quais jogos da infância você mais lembra?
11. Qual é seu tipo de música favorito?
12. Como você mais gosta de passar o tempo com a família?
13. Na sua casa tem árvores frutíferas, plantas ou um jardim?
14. Qual é seu filme favorito?
15. Você tem algum hobby?
16. Você gosta de onde mora, ou quer se mudar?
17. Você viaja muito?
18. O que você gosta de fazer quando o tempo está bom?
19. Você tem algum tipo de comida favorito?
20. Pelo que na sua vida você se sente mais grato? Por quê?
21. Cite um momento constrangedor em sua vida.
22. Qual é o aspecto mais estranho sobre o lugar onde você cresceu?
23. Quem é a pessoa mais sortuda que você conhece? Por quê?
24. Se você pudesse se teletransportar piscando os olhos, para onde iria agora?
25. Qual foi o último jogo a que você assistiu?
26. Qual foi o último show/espetáculo/apresentação a que você foi? Por quê?
27. Se tivesse que apresentar uma música para uma multidão, o que faria?
28. Qual foi o último programa de TV a que você assistiu?
29. Qual é o comportamento mais fofo que você já viu em um bebê, ou uma criança?
30. Se pudesse escolher qualquer pessoa no mundo, quem você gostaria de convidar para jantar?
31. Você gostaria de ser famoso? Se sim, qual seria o seu talento?
32. Antes de fazer algum tipo de ligação telefônica você ensaia o que vai dizer? Por quê?
33. O que seria um dia "perfeito" para você?
34. Quando foi a última vez que você cantou sozinho? E para outra pessoa?
35. Se você soubesse que ia viver até os 90 anos e tivesse a opção de

manter ou a mente ou o corpo de uma pessoa de 30 anos ao longo dos últimos sessenta anos de sua vida, qual deles você escolheria?

36. Você tem algum palpite secreto sobre como vai morrer?
37. Se pudesse mudar algo na maneira como foi criado, o que seria?
38. Se pudesse acordar amanhã tendo adquirido alguma qualidade ou habilidade, qual seria?
39. Há algo que você sonha em fazer há muito tempo? Por que ainda não fez?
40. Qual foi a sua maior conquista até agora?
41. O que você mais valoriza em uma amizade?
42. Se soubesse que morreria em um ano, você mudaria algo na maneira como está vivendo agora? Por quê?
43. O que amizade significa para você?
44. Em que medida sua família é próxima e calorosa? Você acha que sua infância foi mais feliz do que a da maioria das pessoas?
45. Como você avalia a relação que tem com sua mãe?
46. Quando foi a última vez que você chorou na frente de outra pessoa? E sozinho?
47. O que é sério demais para ser motivo de piada?
48. Se você estivesse incomunicável e morresse esta noite, do que mais se arrependeria de não ter dito a alguém? Por que ainda não disse?
49. Sua casa, contendo tudo o que você possui, pega fogo. Depois de salvar seus entes queridos e animais de estimação, você tem tempo de entrar uma última vez com segurança para resgatar qualquer item. Qual seria? Por quê?
50. De todas as pessoas de sua família, qual morte você acharia mais perturbadora? Por quê?

A seguir estão dez dos meus assuntos favoritos para abordar com estranhos. Essas perguntas podem ajudar você a subir na pirâmide de focos ou ser o ponto de partida para uma conversa muito agradável.

1. O que o tem deixado animado ultimamente?
2. O que você faz bem, mas não gosta de fazer?
3. O que você não sabe fazer direito, mas adora fazer?

4. Há algo que você gostaria de aprender mais?
5. Há algo que você gostaria de aprender a fazer?
6. O que podemos comemorar em relação a você?
7. Alguém o fez rir recentemente? O que aconteceu?
8. O que de adorável seu [filho/amigo/animal de estimação/parceiro] tem feito ultimamente?
9. Você cresceu em uma cidade grande?
10. Qual foi o [livro/música/filme/programa] novo que mais arrebatou você nos últimos tempos?

AGRADECIMENTOS

Sou profundamente grata à comunidade de pessoas que me ajudaram a escrever este livro, começando pela minha equipe, sem a qual o *Fale* não existiria. Alison MacKeen, você é a agente mais perfeita – companheira, incentivadora, ouvinte, mentora e amiga – que eu poderia ter desejado. Obrigada por me entender e entender meu livro desde o início e conversar tanto ao longo do caminho. Meu perspicaz e abençoadamente engraçado editor, Kevin Doughten, apesar de sua piadinha favorita sobre ser a "pior pessoa para editar este livro", você foi a melhor pessoa para fazer isso. Obrigada por entender minha visão e persistentemente misturá-la em um coquetel delicioso, junto com sua incrível equipe na Crown: Penny Simon, Chantelle Walker, Rachel Rodriguez e Amy Li. Obrigada por acreditar no *Fale* e trazê-lo ao mundo. Aileen Boyle, minha atenciosa e experiente publicitária, obrigada por ajudar o *Fale* a alcançar mais pessoas – e por não me fazer gastar tempo nas redes sociais. Agradeço a minha fabulosa equipe na Verto Literary – Gareth Cook, Eli Mennerick, Kate Rosemann – por me ensinar a reunir a energia, cortar o desnecessário e tornar tudo mágico. Vocês me fizeram sentir como Xena, a princesa guerreira, nesta tarefa hercúlea. A minhas meticulosas e amorosas assistentes de pesquisa, Katie Boland e Taqua Elleithy, quero agradecer por me darem apoio moral, assistência especializada na leitura, brainstorming, compilação de referências e por me fazerem rir todos os dias. Agradeço a minha ajudante editorial freelancer, Fiona Furnari, por trazer entusiasmo, gratidão e talento para este livro. Às minhas maravilhosas babás, que cuidaram amorosamente dos meus filhos para que eu pudesse me concentrar na escrita ao longo dos últimos cinco anos – Samantha Ford, Sarah Ford, Riley O'Connell, Clara Cox, Victoria Cox, Katherine Timmons, Nicole Bonaccolto, Whitney Byers, Amanda McGinnis, Meagan Stella, Molly Naser e muitas outras professoras talentosas: obrigada do fundo do meu coração.

Também sou profundamente grata a meus colaboradores de pesquisa. Quem diria que 15 anos de conversas sobre conversas poderiam ser tão emocionantes e significativos? Admiro cada um de vocês por seu intelecto, sua dedicação e sua criatividade únicos e, acima de tudo, por sua paciência e seu amor: Maurice Schweitzer, Mike Yeomans, Hanne Collins, Nicole Abi-Esber, Katie Boland, Karen Huang, Mike Norton, Leslie John, Todd Rogers, Ryan Buell, Ting Zhang, Grant Donnelly, Julia Minson, Ariella Kristal, Ovul Sezer, David Levari, Gus Cooney, Adam Mastroianni, Emily Prinsloo, Ethan Burris, Jonah Berger, Brad Bitterly, Matteo Di Stasi, Jordi Quoidbach, Jimin Nam, Maya Balakrishnan, Adam Galinsky, Julian De Freitas, Serena Hagerty, Catarina Fernandes, Jeremy Yip, Emma Levine, Hayley Blunden, Jennifer Logg, Laura Huang, Brian Hall, Lizzie Baily Wolf, Julia Lee, Sunita Sah, Tami Kim, Hengchen Dai, Ethan Kross e Daniel Gilbert. Agradeço também a Ethan Ludwin-Peery, Holly Howe e Trevor Spelman pela assistência na pesquisa anterior ao livro – obrigada pelo trabalho atencioso e dedicado.

Sou muito grata aos alunos e executivos do MBA da Harvard Business School que fizeram meu curso. Obrigada por se juntarem a mim em sua jornada pessoal em direção a uma conversa e uma conexão "melhores". Trata-se de uma jornada íntima, que requer vulnerabilidade e abertura, e sou muito grata por vocês terem me escolhido como guia. Deixo meu agradecimento especial àqueles cujas histórias ficaram em minha mente e no meu coração, as quais pude compartilhar aqui. Àqueles que me ajudaram a desenvolver o curso – Mike Norton, Naomi Bagdonas, Matt Weinzierl, Kristin Mugford, Rachel Greenwald, Ashley Martin, Anthony Veneziale, Kathleen McGinn, Tom Gilovich, Gus Cooney, Oliver Badenhorst, Irene Kwok – e àqueles que acreditaram o suficiente no *Fale* para ensiná-lo em outros lugares – Matt Abrahams, Naomi Bagdonas, Jennifer Aaker, Maya

Rossignac-Milon, Erica Boothby, Maurice Schweitzer –, obrigada. Aos professores visitantes do meu curso, Amit Bendov, Elise Keith, Anthony Veneziale, Rachel Greenwald, Naomi Bagdonas, Michael Lewis, Mike Norton e Dani Klein Modisett, obrigada por emprestarem, a mim e a meus alunos, sua sabedoria e seus cuidados.

Acima de tudo, sou profundamente grata a meus amigos e familiares – por tudo que vocês fazem para me ajudar todos os dias. A meus amigos, o que seria da minha vida sem vocês? Obrigada por todas as conversas por mensagens de texto, refeições, pelos coquetéis, caminhadas e jogos esportivos juvenis. A meus companheiros de banda no The Lights – Bishop Levesque, Ryan Buell, Mike Norton e Derek Brooks – sou muito grata por podermos nos coordenar como grupo. Algumas vezes fazer música juntos é difícil e, em outras, fácil, mas sempre é milagroso. Acima de tudo, sou grata a minha família – um bilhete de loteria premiado que não fiz por merecer, mas aprecio profundamente. Mamãe e papai, obrigada por me dizerem que eu era uma boa escritora. Mais importante ainda, obrigada por me dizerem para fazer uma pausa de vez em quando, nadar, sair com amigos e comer uma banana. Sarah, obrigada por me proporcionar a vida mais alegre como gêmea. Ser sua irmã me mostrou o poder da compreensão e me inspirou a passar o resto da vida tentando ajudar outras pessoas a vivenciarem o mesmo. Brendan, obrigada por tolerar a mim e a Sarah. Sinto muito que ninguém tenha conseguido nos fazer parar de falar (ou cantar). Você é o mais paciente de todos. A meus sogros, obrigada por me considerarem digna de me casar com Derek e me fazerem sentir amada como um dos seus. A meus filhos, Kevin, Grady e Charlotte, nunca serei capaz de agradecer o suficiente por serem meus e por tornarem minha vida tão interessante, desafiadora e divertida. Eu lambo *e* amo vocês. Derek, você é a base firme de tudo isso – o olho do furacão. Obrigada, obrigada, obrigada.

NOTAS

Introdução

1 Michael Yeomans et al., "A Practical Guide to Conversation Research", *Advances in Methods and Practices in Psychological Science* 6 (2023).

2 Michael Yeomans, Maurice Schweitzer e Alison Wood Brooks, "The Conversational Circumplex: Identifying, Prioritizing, and Pursuing Informational and Relational Motives in Conversation", *Current Opinion in Psychology* 44 (2022): 293–302.

3 Janet B. Bavelas, Linda Coates e Trudy Johnson, "Listeners as Co-Narrators", *Journal of Personality and Social Psychology* 79, nº 6 (2000): 941.

4 Amit Kumar e Nicholas Epley, "Undersociality Is Unwise", *Journal of Consumer Psychology* 33, nº 1 (2023): 199–212.

5 Robin M. Hogarth, Tomás Lejarraga e Emre Soyer, "Two Settings of Kind and Wicked Learning Environments", *Current Directions in Psychological Science* 24, nº 5 (2015): 379–85.

6 Jeremy N. Bailenson, "Nonverbal Overload: A Theoretical Argument for the Causes of Zoom Fatigue", Technology, Mind, and Behavior 2, nº 1 (2021).

7 Kenneth Savitsky, Nicholas Epley e Thomas Gilovich, "Do Others Judge Us as Harshly as We Think? Overestimating the Impact of Our Failures, Shortcomings, and Mishaps", *Journal of Personality and Social Psychology* 81, nº 1 (2001): 44; Christopher Welker et al., "Pessimistic Assessments of Ability in Informal Conversation", *Journal of Applied Social Psychology* 53, nº 7 (2023): 555–69.

8 Jared R. Curhan e Alex Pentland, "Thin Slices of Negotiation: Predicting Outcomes from Conversational Dynamics Within the First 5 Minutes", *Journal of Applied Psychology* 92, nº 3 (2007): 802.

9 Matteo Di Stasi, Alison Wood Brooks e Jordi Quoidbach, "Asking Open-Ended Questions Increases Personal Gains in Negotiations" (no prelo).

10 Karen Huang et al., "It Doesn't Hurt to Ask: Question-Asking Increases Liking", *Journal of Personality and Social Psychology* 113, nº 3 (2017): 430.

11 Grant E. Donnelly, Hanne Collins e Alison Wood Brooks, "How Prisoner Apologies Influence Parole Decisions" (no prelo).

12 Alison Wood Brooks e Leslie K. John, "The Surprising Power of Questions", Harvard Business Review 96, nº 3 (2018): 60–67.

13 Alison Wood Brooks e Michael Yeomans, "Boomerasking: Answering Your Own Questions" (no prelo); Michael Yeomans and Alison Wood Brooks, "Topic Preference Detection in Conversation: A Novel Approach to Understand Perspective Taking" (no prelo).

14 Yeomans, Schweitzer e Brooks, "Conversational Circumplex".

15 Alison Wood Brooks e Maurice E. Schweitzer, "Can Nervous Nelly Negotiate? How Anxiety Causes Negotiators to Make Low First Offers, Exit Early, and Earn Less Profit", *Organizational Behavior and Human Decision Processes* 115, nº 1 (2011): 43–54.

16 Sean R. Martin et al., "Talking Shop: An Exploration of How Talking About Work Affects Our Initial Interactions", *Organizational Behavior and Human Decision Processes* 168 (2022): 104104.

17 Brooks e Schweitzer, "Can Nervous Nelly Negotiate?".

18 Gerben A. Van Kleef, Carsten KW De Dreu e Antony SR Manstead, "The Interpersonal Effects of Anger and Happiness in Negotiations", *Journal of Personality and Social Psychology* 86, nº 1 (2004): 57.

19 Marc Ethier, "The Most Interesting New MBA Courses at B-Schools This Year", *Poets & Quants*, 22 de setembro de 2019.

20 Departamento de Saúde e Serviços Humanos dos Estados Unidos, "New Surgeon General Advisory Raises Alarm about the Devastating Impact of the Epidemic of Loneliness and Isolation in the United States" (comunicado à imprensa), 3 de maio de 2023, www.HHS.gov.

21 Paul Grice, *Studies in the Way of Words*. Cambridge, MA: Harvard University Press, 1991.

22 Erin C. Westgate e Timothy D. Wilson, "Boring Thoughts and Bored Minds: The MAC Model of Boredom and Cognitive Engagement", *Psychological Review* 125, nº 5 (2018): 689.

23 Garriy Shteynberg, "A Collective Perspective: Shared Attention and the Mind", *Current Opinion in Psychology* 23 (2018): 93–97.

24 Hanne K. Collins, "When Listening Is Spoken", *Current Opinion in Psychology* 47 (2022): 101402.

25 Daniel E. Forster et al., "Experimental Evidence That Apologies Promote Forgiveness by Communicating Relationship Value", *Scientific Reports* 11, nº 1 (2021): 13107.

26 Maya Rossignac-Milon et al., "Merged Minds: Generalized Shared Reality in Dyadic Relationships", *Journal of Personality and Social Psychology* 120, nº 4 (2021): 882.

CAPÍTULO 1 O jogo de coordenação

1 Michael Yeomans et al., "A Practical Guide to Conversation Research: How to Study What People Say to Each Other", *Advances in Methods and Practices in Psychological Science* 6, nº 4 (2023): 25152459231183919.

2 Benedetta Craveri, *The Age of Conversation*. Nova York: New York Review Books, 2006.

3 Immanuel Kant, "§ 88. On the Highest Ethicophysical Good", in *Anthropology from a Pragmatic Point of View* (1798), trad. Victor Lyle Dowdell. Carbondale: Southern Illinois University Press, 1996.

4 Madame de Staël, *Germany, by Madame the Baroness de Staël-Holstein; with notes and appendices by O. W. Wright*. Boston: Houghton, Mifflin, and Company, 1859; Barbara R. Hanning, "Conversation and Musical Style in the Late Eighteenth-Century Parisian Salon", *Eighteenth-Century Studies* 22, nº 4 (1989): 512–28; Margaret Bloom, "Conversation in the Writings of Mme de Staël", *PMLA* 48, nº 3 (1933): 861–66.

5 Lorraine Daston, "The Ideal and Reality of the Republic of Letters in the Enlightenment", *Science in Context* 4, nº 2 (1991): 367–86.

6 Immanuel Kant, "An Answer to the Question: 'What Is Enlightenment?'" (1784).

7 Manfred Kuehn, Kant: *A Biography*. Cambridge: Cambridge University Press, 2002, p. 357.

8 Immanuel Kant, "§ 88. On the Highest Ethicophysical Good", *in Anthropology from a Pragmatic Point of View* (1798), trad. Lyle Dowdell. Carbondale: Southern Illinois University Press, 1996; Thomas de Quincey, "The 'Dinner Parties' of Immanuel Kant", *in The Last Days of Immanuel Kant* (1827), reeditado em Anthologia (2022), www.anthologialitt.com; Alix A. Cohen, "The Ultimate Kantian Experience: Kant on Dinner Parties", *History of Philosophy Quarterly* 25, nº 4 (2008): 315–364.

9 Alix A. Cohen, "The Ultimate Kantian Experience: Kant on Dinner Parties".

10 Jonathan Swift, "§ 17. Genteel Conversation, Directions to Servants, Argument Against Abolishing Christianity, and Other Pamphlets", *in From Steele and Addison to Pope and Swift*, vol. 9 de *The Cambridge History of English and American Literature in 18 Volumes*, ed. A. W. Ward e A. R. Waller. Cambridge: Cambridge University Press, 1907–21.

11 Stephen Miller, *Conversation: A History of a Declining Art*. New Haven, CT: Yale University Press, 2007, p. 203.

12 Adam Smith, *The Theory of Moral Sentiments and on the Origins of Languages*, ed. Dugald Stewart. Londres: Henry G. Bohn, 1853, p. 6.

13 Russell Cooper, *Coordination Games* (Cambridge: Cambridge University Press, 1998); Thomas Schelling, *The Strategy of Conflict* (Cambridge, MA: Harvard University Press, 1960); Oskar Morgenstern e John von Neumann, *Theory of Games and Economic Behavior* (Princeton, NJ: Princeton University Press, 1944); e John F. Nash, "Equilibrium Points in N-Person Games", *Proceedings of the National Academy of Sciences* 36, nº 1 (1950): 48–49.

14 Thomas Schelling, *The Strategy of Conflict*. Cambridge, MA: Harvard University Press, 1960.

15 Yeomans et al., "Practical Guide".

16 Thomas F. Pettigrew e Linda R. Tropp, "A Meta-Analytic Test of Intergroup Contact Theory", *Journal of Personality and Social Psychology* 90, no. 5 (2006): 751.

17 Michael Yeomans e Alison Wood Brooks, "Topic Preference Detection in Conversation: A Novel Approach to Understand Perspective Taking" (no prelo).

18 Emma M. Templeton et al., "Long Gaps Between Turns Are Awkward for Strangers But Not for Friends", *Philosophical Transactions of the Royal Society B* 378, nº 1875 (2023): 20210471.

19 Adam M. Mastroianni et al., "Do Conversations End When People Want Them To?", *Proceedings of the National Academy of Sciences* 118, nº 10 (2021): e2011809118; Elizabeth Stokoe, "The Sense of a Conversational Ending", Loughborough University, 2021, repository.lboro.ac.uk.

20 Nicole Abi-Esber, Adam Mastroianni e Alison Wood Brooks, "How Verbal, Nonverbal, and Paralinguistic Conversational Cues Inform Interpersonal Inference in Job Interviews" (no prelo).

21 De Quincey, "The 'Dinner Parties' of Immanuel Kant".

22 Arlie Russell Hochschild, *Working in America*. Londres: Routledge, 2015, p. 29–36.

23 Wynton Marsalis e Geoffrey Ward, *Moving to Higher Ground: How Jazz Can Change Your Life*. Nova York: Random House, 2009.

24 Emily Post, *Etiquette in Society, in Business, in Politics, and at Home*. Nova York: Funk & Wagnalls, 1922.

25 Dale Carnegie, *Como fazer amigos e influenciar pessoas*. Rio de Janeiro: Sextante, 2019.

26 Joy Hendry e Conrad William Watson, eds., *An Anthropology of Indirect Communication*. Londres: Routledge, 2001.

27 John Langshaw Austin, *Quando dizer é fazer*. Porto Alegre: Artes Médicas, 1990.

28 Michael Yeomans, Maurice Schweitzer e Alison Wood Brooks, "The Conversational Circumplex: Identifying, Prioritizing, and Pursuing Informational and Relational Motives in Conversation", *Current Opinion in Psychology* 44 (2022): 293–302.

29 Ibid.

30 Gráinne M. Fitzsimons, Eli J. Finkel e Michelle R. vanDellen, "Transactive Goal Dynamics", *Psychological Review* 122, nº 4 (2015): 648; Henri Barki e Jon Hartwick,

"Conceptualizing the Construct of Interpersonal Conflict", *International Journal of Conflict Management* 15, nº 3 (2004): 216–44.

31 Yeomans et al., "Practical Guide".

32 Paul Grice, *Studies in the Way of Words*. Cambridge, MA: Harvard University Press, 1991.

33 Suellen Rundquist, "Indirectness: A Gender Study of Flouting Grice's Maxims", *Journal of Pragmatics* 18, nº 5 (1992): 431–49.

34 Emma E. Levine e Matthew J. Lupoli, "Prosocial Lies: Causes and Consequences", *Current Opinion in Psychology* 43 (2022): 335–40; Emma E. Levine e Maurice E. Schweitzer, "Prosocial Lies: When Deception Breeds Trust", *Organizational Behavior and Human Decision Processes* 126 (2015): 88–106.

35 Leslie K. John, Kate Barasz e Michael I. Norton, "Hiding Personal Information Reveals the Worst", *Proceedings of the National Academy of Sciences* 113, nº 4 (2016): 954–59.

36 Yeomans e Brooks, "Topic Preference Detection in Conversation".

37 Herbert H. Clark e Jean E. Fox Tree, "Using Uh and Um in Spontaneous Speaking", *Cognition* 84, nº 1 (2002): 73–111.

38 Francesco Ranci, "The Unfinished Business of Erving Goffman: From Marginalization Up Towards the Elusive Center of American Sociology", *American Sociologist* 52, nº 2 (2021): 390–419; Philip Manning, *Erving Goffman and Modern Sociology*. Hoboken, NJ: John Wiley & Sons, 2013.

39 Erving Goffman, *A representação do eu na vida cotidiana*. Petrópolis: Vozes, 2014; Erving Goffman, *Strategic Interaction*. Filadélfia: University of Pennsylvania Press, 1969; Erving Goffman, *Forms of Talk*. Filadélfia: University of Pennsylvania Press, 1981.

40 Emanuel A. Schegloff, *Sequence Organization in Interaction: A Primer in Conversation Analysis*. Cambridge: Cambridge University Press, 2007, vol. 1.

41 Elliott M Hoey, "Waiting to Inhale: On Sniffing in Conversation", *Research on language and Social Interactions* 53, nº 1 (2020): 118–39.

42 Yeomans, Schweitzer e Brooks, "Conversational Circumplex"; Stokoe, "Sense of a Conversational Ending".

43 Yeomans et al., "Practical Guide".

44 Ibid.; Aravind K Joshi, "Natural Language Processing", *Science* 253, nº 5025 (1991): 1242–49.

45 Matthias R. Mehl et al., "Are Women Really More Talkative Than Men?", *Science* 317, nº 5834 (2007): 82–82.

46 Alecia J. Carter et al., "Women's Visibility in Academic Seminars: Women Ask Fewer Questions Than Men", *PLOS One* 13, nº 9 (2018): e0202743.

47 Marc D. Hauser et al., "The Mystery of Language Evolution", *Frontiers in Psychology* 5 (2014): 401.

48 Jenny R. Saffran, Ann Senghas e John C. Trueswell, "The Acquisition of Language by Children", *Proceedings of the National Academy of Sciences* 98, nº 23 (2001): 12874–75.

49 Karen Huang et al., "It Doesn't Hurt to Ask: Question- Asking Increases Liking", *Journal of Personality and Social Psychology*, nº 3 (2017): 430; T. Bradford Bitterly e Maurice E. Schweitzer, "The Impression Management Benefits of Humorous Self-Disclosures: How Humor Influences Perceptions of Veracity", *Organizational Behavior and Human Decision Processes* 151 (2019): 73–89; Matteo Di Stasi, Alison Wood Brooks e Jordi Quoidbach, "Asking Open-Ended Questions Increases Personal Gains in Negotiations" (no prelo); Alison Wood Brooks e Michael Yeomans, "Boomerasking: Answering Your Own Questions" (no prelo); Yeomans e Brooks, "Topic Preference Detection in Conversation"; Nicole Abi-Esber et al., "The Power of Preparation: Brainstorming Flexible Topics Before Conversations Begin" (no prelo).

CAPÍTULO 2 F de Foco

1 Primo Levi, *A trégua*. São Paulo: Companhia de Bolso, 2010.

2 John Sutherland, *Stephen Spender: The Authorized Biography*. Nova York: Viking, 2004, p. 251.

3 Michael Yeomans et al., "A Practical Guide to Conversation Research", *Advances in Methods and Practices in Psychological Science* 6 (2023).

4 Michael Yeomans e Alison Wood Brooks, "Topic Preference Detection in Conversation: A Novel Approach to Understand Perspective Taking" (no prelo).

5 Ibid.

6 Michael Yeomans, Maurice Schweitzer e Alison Wood Brooks, "The Conversational Circumplex: Identifying, Prioritizing, and Pursuing Informational and Relational Motives in Conversation", *Current Opinion in Psychology* 44 (2022): 293–302.

7 Nicole Abi-Esber et al., "The Power of Preparation: Brainstorming Flexible Topics Before Conversations Begin" (no prelo).

8 Ibid.

9 Daniel Kahneman, *Rápido e devagar: duas formas de pensar*. Rio de Janeiro: Objetiva, 2012.

10 Mark R. Leary e Robin M. Kowalski, "Impression Management: A Literature Review and Two-Component Model", *Psychological Bulletin* 107, nº 1 (1990): 34.

11 Julia A. Minson, Frances S. Chen e Catherine H. Tinsley, "Why Won't You Listen to Me? Measuring Receptiveness to Opposing Views", *Management Science* 66, nº 7 (2020): 3069–94.

12 Nicholas Epley e Eugene M. Caruso, "Egocentric Ethics", *Social Justice Research* 17 (2004): 171–87; Nicholas Epley et al., "Perspective Taking as Egocentric Anchoring and Adjustment", *Journal of Personality and Social Psychology* 87, nº 3 (2004): 327.

13 Evan F. Risko e Sam J. Gilbert, "Cognitive Offloading", *Trends in Cognitive Sciences* 20, nº 9 (2016): 676–88.

14 Hanne K. Collins et al., "Conveying and Detecting Listening During Live Conversation", *Journal of Experimental Psychology: General* 153, nº 2 (2024): 473–94.

15 Abi-Esber et al., "Power of Preparation".

16 Mindy Truong, Nathanael J. Fast e Jennifer Kim, "It's Not What You Say, It's How You Say It: Conversational Flow As a Predictor of Networking Success", *Organizational Behavior and Human Decision Processes* 158 (2020): 1–10.

17 Gus Cooney et al., "Switching Topics More Frequently Makes Boring Conversations Better" (no prelo).

18 Tal Eyal, Mary Steffel e Nicholas Epley, "Perspective Mistaking: Accurately Understanding the Mind of Another Requires Getting Perspective, Not Taking Perspective", *Journal of Personality and Social Psychology* 114, nº 4 (2018): 547; Karen Huang et al., "It Doesn't Hurt to Ask: Question-Asking Increases Liking", *Journal of Personality and Social Psychology* 113, nº 3 (2017): 430; Matteo Di Stasi, Alison Wood Brooks e Jordi Quoidbach, "Asking Open-Ended Questions Increases Personal Gains in Negotiations" (no prelo).

19 Matthias R. Mehl et al., "Eavesdropping on Happiness: Well-Being Is Related to Having Less Small Talk and More Substantive Conversations", *Psychological Science* 21, nº 4 (2010): 539–41.

20 Ibid.

21 Michael Kardas, Amit Kumar e Nicholas Epley, "Overly Shallow?: Miscalibrated Expectations Create a Barrier to Deeper Conversation", *Journal of Personality and Social Psychology* 122, nº 3 (2022): 367.

22 Justine Coupland, "Small Talk: Social Functions", *Research on Language and Social Interaction* 36, nº 1 (2003): 1–6.

23 Abi-Esber et al., "*Power of Preparation*".

24 Ira Glass, "House on Loon Lake", *This American Life*, 16 de novembro de 2001.

25 Michael Kardas, Amit Kumar e Nicholas Epley, "Overly Shallow?: Miscalibrated Expectations Create a Barrier to Deeper Conversation", *Journal of Personality and Social Psychology* 122, nº 3 (2022): 367; Yeomans e Brooks, "Topic Preference Detection in Conversation".

26 James Parker, "An Ode to Small Talk", *Atlantic*, outubro de 2020.

27 Kardas, Kumar e Epley, "Overly Shallow?"

28 Cooney et al., "Switching Topics More Frequently".

29 Diana I. Tamir e Jason P. Mitchell, "Disclosing Information About the Self Is Intrinsically Rewarding", *Proceedings of the National Academy of Sciences* 109, nº 21 (2012): 8038–43.

30 Michael Yeomans, "A Concrete Example of Construct Construction in Natural Language", *Organizational Behavior and Human Decision Processes* 162 (2021): 81–94.

31 Susan Sprecher et al., "Taking Turns: Reciprocal Self-Disclosure Promotes Liking in Initial Interactions", *Journal of Experimental Social Psychology* 49, nº 5 (2013): 860–66; Lynn C. Miller e David A. Kenny, "Reciprocity of Self-Disclosure at the Individual and Dyadic Levels: A Social Relations Analysis", *Journal of Personality and Social Psychology* 50, nº 4 (1986): 713.

32 "Vulnerability and Trust in Leader-Follower Relationships", *Personnel Review* 44, nº 4 (2015): 567–91.

33 Maya Rossignac-Milon et al., "Merged Minds: Generalized Shared Reality in Dyadic Relationships", *Journal of Personality and Social Psychology* 120, nº 4 (2021): 882.

34 Michael L. Slepian e Katharine H. Greenaway, "The Benefits and Burdens of Keeping Others' Secrets", *Journal of Experimental Social Psychology* 78 (2018): 220–32; Michael L. Slepian e Edythe Moulton-Tetlock, "Confiding Secrets and Well-Being", *Social Psychological and Personality Science* 10, nº 4 (2019): 472–84; Michael L. Slepian e James N. Kirby, "To Whom Do We Confide Our Secrets?", *Personality and Social Psychology Bulletin* 44, nº 7 (2018): 1008–23; Leslie John, Michael L. Slepian e Diana Tamir, "Tales of Two Motives: Disclosure and Concealment", *Current Opinion in Psychology* 31 (2020).

35 Alison Wood Brooks et al., "Mitigating Malicious Envy: Why Successful Individuals Should Reveal Their Failures", *Journal of Experimental Psychology: General* 148, nº 4 (2019): 667; Annabelle R. Roberts, Emma E. Levine e Ovul Sezer, "Hiding Success", *Journal of Personality and Social Psychology* 120, nº 5 (2021): 1261.

36 Emma M. Templeton et al., "Long Gaps Between Turns Are Awkward for Strangers But Not for Friends", *Philosophical Transactions of the Royal Society B* 378, nº 1875 (2023): 20210471; Stav Atir, Kristina A. Wald, and Nicholas Epley, "Talking with Strangers Is Surprisingly Informative", *Proceedings of the National Academy of Sciences* 119, nº 34 (2022): e2206992119.

37 Abi-Esber et al., "Power of Preparation".

38 Hanne K. Collins and Alison Wood Brooks, "Call-backs in Conversation" (no prelo).

39 Grant Packard, Yang Li e Jonah Berger, "When Language Matters", *Journal of Consumer Research* (2023): ucad080.

40 Erin C. Westgate e Timothy D. Wilson, "Boring Thoughts and Bored Minds: The MAC Model of Boredom and Cognitive Engagement", *Psychological Review* 125, nº 5 (2018): 689.

41 Dennis Kurzon, "Towards a Typology of Silence", *Journal of Pragmatics* 39, nº 10 (2007): 1673–88; Emma M. Templeton et al., "Fast Response Times Signal Social

Connection in Conversation", *Proceedings of the National Academy of Sciences* 119, nº 4 (2022): e2116915119.

42 Cooney et al., "Switching Topics More Fre- quently".

43 Yeomans e Brooks, "Topic Preference Detection in Conversation".

44 Ibid.

45 Janet B. Bavelas, Linda Coates e Trudy Johnson, "Listeners as co-narrators", *Journal of Personality and Social Psychology* 79, nº 6 (2000): 941; Hanne K Collins, "When Listening Is Spoken", *Current Opinion in Psychology* 47 (2022): 101402.

46 Primo Levi, *A trégua*. São Paulo: Companhia de Bolso, 2010.

CAPÍTULO 3 A de Aprofundamento

1 Dave Itzkoff, "Carrie Fisher, Child of Hollywood and 'Star Wars' Royalty, Dies at 60", *The New York Times*, 27 de dezembro de 2016; Carrie Fisher e Rob Delaney, *Carrie Fisher: The Memoirs*. Nova York: Simon & Schuster, 2018.

2 Carrie Fisher, *Postcards from the Edge*. Nova York; Simon & Schuster, 2008.

3 Carrie Fisher, roteiro de *Postcards from the Edge* (1988).

4 Carrie Fisher, *Surrender the Pink*. Nova York: Simon & Schuster, 1990.

5 "Actress and Author Carrie Fisher", *Fresh Air*, NPR, 21 de fevereiro de 1997.

6 "Actress and Author Carrie Fisher", *Fresh Air*, NPR, 4 de fevereiro de 2004.

7 "Carrie Fisher Opens Up About 'Star Wars, The Gold Bikini and Her On-Set Affair", *Fresh Air*, NPR, 28 de novembro de 2016.

8 Terry Gross, *All I Did Was Ask: Conversations with Writers, Actors, Musicians, And Artists*. Nova York: Hachette, 2004.

9 Matteo Di Stasi, Alison Wood Brooks e Jordi Quoidbach, "Asking Open-Ended Questions Increases Personal Gains in Negotiations" (no prelo); Karen Huang et al., "It Doesn't Hurt to Ask: Question-Asking Increases Liking", *Journal of Personality and Social Psychology* 113, nº 3 (2017): 430.

10 "Behavior: The Art of Not Listening", *Time*, 24 de janeiro de 1969; Janet B. Bavelas, Linda Coates e Trudy Johnson, "Listeners as Co-narrators" *Journal of Personality and Social Psychology* 79.6 (2000): 941.

11 Julia A. Minson et al., "Eliciting the Truth, the Whole Truth, and Nothing But the Truth: The Effect of Question Phrasing on Deception", *Organizational Behavior and Human Decision Processes* 147 (2018): 76–93; Alison Wood Brooks e Leslie K. John, "The Surprising Power of Questions", *Harvard Business Review* 96, nº 3 (2018): 60–67.

12 Tal Eyal, Mary Steffel e Nicholas Epley, "Perspective Mistaking: Accurately Understanding the Mind of Another Requires Getting Perspective, Not Taking Perspective", *Journal of Personality and Social Psychology* 114, nº 4 (2018): 547.

13 Eric Hedin, "Asking Questions and Human Exceptionalism", *Evolution News*, 7 de agosto de 2023.

14 Lindsay Stern, "What Can Bonobos Teach Us about the Nature of Language?", *Smithsonian Magazine*, julho de 2020.

15 Huang et al., "It Doesn't Hurt to Ask"; Michael Yeomans et al., "It Helps to Ask: The Cumulative Benefits of Asking Follow-Up Questions", *Journal of Personality and Social Psychology* 117, nº 6 (2019): 1139–44; Di Stasi, Brooks e Quoidbach, "Asking Open-Ended Questions"; Brooks e John, "Surprising Power of Questions"; Grant E. Donnelly, Hanne Collins e Alison Wood Brooks, "How Prisoner Apologies Influence Parole Decisions" (no prelo).

16 Stav Atir, Kristina A. Wald e Nicho-las Epley, "Talking with Strangers Is Surprisingly Informative", *Proceedings of the National Academy of Sciences* 119, nº 34 (2022): e2206992119.

17 Di Stasi, Brooks e Quoidbach, "Asking Open-Ended Questions".

18 Huang et al., "It Doesn't Hurt to Ask".

19 Ibid.

20 Di Stasi, Brooks e Quoidbach, "Asking Open-Ended Questions"; Huang et al., "It Doesn't Hurt to Ask".

21 Huang et al., "It Doesn't Hurt to Ask".

22 Robin M. Hogarth, Tomás Lejarraga e Emre Soyer, "The Two Settings of Kind and Wicked Learning Environments", *Current Directions in Psychological Science* 24, nº 5 (2015): 379–85.

23 Huang et al., "It Doesn't Hurt to Ask".

24 Einav Hart, Eric M. VanEpps e Maurice E. Schweitzer, "The (Better Than Expected) Consequences of Asking Sensitive Questions", *Organizational Behavior and Human Decision Processes* 162 (2021): 136–54.

25 Ibid.

26 Tami Kim, Kate Barasz e Leslie K. John, "Consumer Disclosure", *Consumer Psychology Review* 4, nº 1 (2021): 59–69; Li Jiang et al., "Fostering Perceptions of Authenticity via Sensitive Self-Disclosure", *Journal of Experimental Psychology: Applied* 28, nº 4 (2022): 898.

27 Susan Sprecher, "Closeness and Other Affiliative Outcomes Generated from the Fast Friends Procedure: A Comparison with a Small-Talk Task and Unstructured Self-Disclosure and the Moderating Role of Mode of Communication", *Journal of Social and Personal Relationships* 38, nº 5 (2021): 1452–71; Arthur Aron et al., "The Experimental Generation of Interpersonal Closeness: A Procedure and Some Preliminary Findings", *Personality and Social Psychology Bulletin* 23, nº 4 (1997): 363–77.

28 Deepak Malhotra e Max Bazerman, *Negotiation Genius: How to Overcome Obstacles and Achieve Brilliant Results at the Bargaining Table and Beyond.* Nova York: Bantam Books, 2007.

29 Di Stasi, Brooks e Quoidbach, "Asking Open-Ended Questions".

30 Minson et al., "Eliciting the Truth, the Whole Truth".

31 Michael Yeomans e Alison Wood Brooks, "Topic Preference Detection in Conversation: A Novel Approach to Understand Perspective Taking" (no prelo).

32 Huang et al., "It Doesn't Hurt to Ask".

33 Ibid.

34 Monica Lewinsky, entrevista por Barbara Walters, 3 de março de 1999, https://www.youtube.com/watch?v=vUUATD_pfYE.

35 Huang et al., "It Doesn't Hurt to Ask".

36 Brooks e John, "Surprising Power of Questions"; Chris Orlob, "4 Tips for Nailing Your Sales Discovery Calls", *Gong*, 18 de junho de 2017.

37 Alison Wood Brooks e Michael Yeomans, "Boomerasking: Answering Your Own Questions". (no prelo)

38 Minson et al., "Eliciting the Truth, the Whole Truth".

39 Daniel L. Ames e Susan T. Fiske, "Perceived Intent Motivates People to Magnify Observed Harms", *Proceedings of the National Academy of Sciences* 112, nº 12 (2015): 3599–605.

40 Di Stasi, Brooks e Quoidbach, "Ask-ing Open-Ended Questions".

41 Anita Pomerantz, "Offering a Candidate Answer: An Information Seeking Strategy", *Communications Monographs* 55, nº 4 (1988): 360–73.

42 Di Stasi, Brooks e Quoidbach, "Asking Open-Ended Questions".

43 Aron et al., "Experimental Generation of Interpersonal Closeness".

CAPÍTULO 4 L de Leveza

1 Eli J. Finkel, *The All-or-Nothing Marriage: How the Best Marriages Work*. Nova York: Penguin, 2019; Paul W. Eastwick, Eli J. Finkel e Samantha Joel, "Mate Evaluation Theory", *Psychological Review* 130, nº 1 (2023): 211.

2 Rajesh Ranganath, Dan Jurafsky e Daniel A. McFarland, "Detecting Friendly, Flirtatious, Awkward, and Assertive Speech in Speed-Dates", *Computer Speech and Language* 27, nº 1 (2013): 89–115.

3 "Billboard Hot 100TM: Semana de 11 de junho de 2005", *Billboard*.

4 Leslie Bennetts, "The Unsinkable Jennifer Aniston: Vanity Fair", *Vanity Fair*, setembro de 2005.

5 Nicole Abi-Esber, Adam Mastroianni e Alison Wood Brooks, "How Verbal, Nonverbal, and Paralinguistic Conversational Cues Shape Impressions" (no prelo).

6 Harry T. Reis, Annie Regan e Sonja Lyubomirsky, "Interpersonal Chemistry: What

Is It, How Does It Emerge, and How Does It Operate?", *Perspectives on Psychological Science* 17, nº 2 (2022): 530–58.

7 Emma M. Templeton et al., "Long Gaps Between Turns Are Awkward for Strangers But Not for Friends", *Philosophical Transactions of the Royal Society B* 378, nº 1875 (2023): 20210471.

8 James A. Russell, "A Circumplex Model of Affect", *Journal of Personality and Social Psychology* 39, nº 6 (1980): 1161.

9 Jonathan Smallwood e Jonathan W. Schooler, "The Science of Mind Wandering: Empirically Navigating the Stream of Consciousness", *Annual Review of Psychology* 66 (2015): 487–518.

10 Daniel Smilek, Jonathan SA Carriere e J. Allan Cheyne, "Out of Mind, Out of Sight: Eye Blinking as Indicator and Embodiment of Mind Wandering", *Psychological Science* 21, nº 6 (2010): 786–89.

11 Grant Packard, Yang Li e Jonah Berger, "When Language Matters", *Journal of Consumer Research*, 22 de dezembro de 2023; Jonah Berger, Wendy W. Moe e David A. Schweidel, "What Holds Attention? Linguistic Drivers of Engagement", *Journal of Marketing* 87, nº 5 (2023): 793–809.

12 Hanne K. Collins et al., "Conveying and Detecting Listening During Live Conversation", *Journal of Experimental Psychology: General* 153, nº 2 (2023): 473–94.

13 Jinni A. Harrigan, Thomas E. Oxman e Robert Rosenthal, "Rapport Expressed Through Nonverbal Behavior", Journal of Nonverbal Behavior 9 (1985): 95–110; Sophie Wohltjen e Thalia Wheatley, "Eye Contact Marks the Rise and Fall of Shared Attention in Conversation", *Proceedings of the National Academy of Sciences* 118, nº 37 (2021): e2106645118.

14 Herbert H. Clark e Susan E. Brennan, "Grounding in Communication", em LB Resnick, JM Levine e SD Teasley, eds., *Perspectives on Socially Shared Cognition*, 127–49. Nova York: American Psychological Association, 1991.

15 Emma M. Templeton et al., "Fast Response Times Sign-al Social Connection in Conversation", *Proceedings of the National Academy of Sciences* 119, nº 4 (2022): e2116915119.

16 Collins et al., "Conveying and Detecting Listening".

17 Andrew J. Oswald, Eugenio Proto e Daniel Sgroi, "Happiness and Productivity", *Journal of Labor Economics* 33, nº 4 (2015): 789–822.

18 Teresa M. Amabile et al., "Affect and Creativity at Work", *Administrative Science Quarterly* 50, nº 3 (2005): 367–403; Teresa Amabile e Steven Kramer, *The Progress Principle: Using Small Wins to Ignite Joy, Engagement, and Creativity at Work*. Cambridge, MA: Harvard Business Press, 2011.

19 Alison Wood Brooks, "Get Excited: Reappraising Pre-Performance Anxiety as Excitement", *Journal of Experimental Psychology: General* 143, nº 3 (2014): 1144.

20 Walter Benjamin, "The Author as Producer", *in* Victor Burgin, ed., *Thinking Photography* (Red Globe Press, 1982): 15–31.

21 Barbara L Fredrickson, "The Role of Positive Emotions in Positive Psychology: The Broaden-and-Build Theory of Positive Emotions", *American Psychologist* 56, nº 3 (2001): 218.

22 Rachel Hajar, "Laughter in Medicine", *Heart Views* 24, nº 2 (2023): 124.

23 Anthony D. Ong, "Pathways Linking Positive Emotion and Health in Later Life", *Current Directions in Psychological Science* 19, nº 6 (2010): 358–62.

24 Amy C. Edmondson, *A organização sem medo: criando segurança psicológica no local de trabalho para aprendizado, inovação e crescimento.* Rio de Janeiro: Alta Books, 2020.

25 Kate Barasz e Leslie K. John, "Consumer Disclosure".

26 Jennifer Aaker e Naomi Bagdonas, Humor, Seriously: *Why Humor Is a Secret Weapon in Business and Life (And How Anyone Can Harness It. Even You.).* Nova York: Crown Currency, 2021; Brad Bitterly e Alison Wood Brooks, "Sarcasm, Self-Deprecation, and Inside Jokes: A User's Guide to Humor at Work", *Harvard Business Review*, julho–agosto de 2020.

27 Bradford T. Bitterly, Alison Wood Brooks e Maurice E. Schweitzer, "Risky Business: When Humor Increases and Decreases Status", *Journal of Personality and Social Psychology* 112, nº 3 (2017): 431.

28 Fredrickson, "Role of Positive Emotions".

29 Kelly Leonard e Tom Yorton, *Yes, and: How Improvisation Reverses "No, But" Thinking and Improves Creativity and Collaboration*. Nova York: HarperCollins, 2015.

30 Bitterly, Brooks e Schweitzer, "Risky Business".

31 A. Peter McGraw e Caleb Warren, "Benign Violations: Making Immoral Behavior Funny", *Psychological Science* 21, nº 8 (2010): 1141–49.

32 Aaker e Bagdonas, *Humor, Seriously*.

33 Yitzi Weiner, "Social Impact Authors: How & Why Author Ric Keller Is Helping to Change Our World", *Medium*, 19 de agosto de 2022.

34 "Don Rickles Roasts Frank Sinatra", https://www.youtube.com/watch?v=K-KeT-NU-ods.

35 Bitterly, Brooks e Schweitzer, "Risky Business".

36 Aaker e Bagdonas, *Humor, Seriously*.

37 Bitterly, Brooks e Schweitzer, "Risky Business".

38 Benedict Carey, "Robert Provine, an Authority on Laughter, Is Dead at 76", *The New York Times*, 28 de outubro de 2019.

39 Robert R. Provine, *Laughter: A Scientific Investigation*. Nova York: Viking, 2001.

40 James J. Gross, "Emotion Regulation: Current Status and Future Prospects", *Psychological Inquiry* 26, nº 1 (2015): 1–26.

41 Hanne K. Collins e Alison Wood Brooks, "Call-backs in Conversation" (no prelo).

42 Ting Zhang et al., "A 'Present' for the Future: The Unexpected Value of Rediscovery", *Psychological Science* 25, nº 10 (2014): 1851–60.

43 Nicole Abi-Esber et al., "The Power of Preparation: Brainstorming Flexible Topics Before Conversations Begin" (no prelo); Gus Cooney et al., "Switching Topics More Frequently Makes Boring Conversations Better" (no prelo); Michael Yeomans e Alison Wood Brooks, "Topic Preference Detection in Conversation: A Novel Approach to Understand Perspective Taking" (no prelo).

44 Matthew Gervais e David Sloan Wilson "The Evolution and Functions of Laughter and Humor: A Synthetic Approach", *Quarterly Review of Biology* 80, nº 4 (2005): 395–430; Robert R. Provine, "Contagious Laughter: Laughter Is a Sufficient Stimulus for Laughs and Smiles", *Bulletin of the Psychonomic Society* 30, nº 1 (1992): 1–4.

45 Jo-Anne Bachorowski, Moria J. Smoski e Michael J. Owren, "The Acoustic Features of Human Laughter", *Journal of the Acoustical Society of America* 110, nº 3 (2001): 1581–97.

46 Robert R Provine, "Laughter", *American Scientist* 84, nº 1 (1996): 38–45; Robert R Provine, "Laughing, Tickling, and the Evolution of Speech and Self", *Current Directions in Psychological Science* 13, nº 6 (2004): 215–18.

47 Bitterly et al., "Gender and Laughter".

48 Elaine Chan e Jaideep Sengupta, "Insincere Flattery Actually Works: A Dual Attitudes Perspective", *Journal of Marketing Research* 47, nº 1 (2010): 122–33

49 Erica J. Boothby e Vanessa K. Bohns, "Why a Simple Act of Kindness Is Not as Simple as It Seems: Underestimating the Positive Impact of Our Compliments on Others", *Personality and Social Psychology Bulletin* 47, nº 5 (2021): 826–40; Vanessa Bohns, *You Have More Influence Than You Think: How We Underestimate Our Powers of Persuasion, and Why It Matters* (WW Norton, 2021).

50 Lorne Campbell e Garth JO Fletcher, Lorne Campbell and Garth J. O. Fletcher, "Romantic Relationships, Ideal Standards, and Mate Selection", *Current Opinion in Psychology* 1 (2015): 97–100.

51 Aaker and Bagdonas, *Humor, Seriously*.

CAPÍTULO 5 E de Empatia

1 Robert D. McFadden, "Gloria Vanderbilt Dies at 95; Built a Fashion Empire", *The New York Times*, 17 de junho de 2019.

2 "Stephen Colbert and Anderson Cooper's Beautiful Conversation About Grief", YouTube (2019), https://www.youtube.com/watch?v=YB46h1koicQ.

3 Hank Stuever, "2019's Best TV Moment? It Was Stephen Colbert Answering Anderson Cooper's Question About Grief", *The Washington Post*, 23 de dezembro de 2019.

4 Robin Pogrebin, "Anderson Cooper Explores Grief and Loss in Deeply Personal Podcast", *The New York Times*, 28 de novembro de 2022.

5 David Elkind, "Egocentrism in Adolescence", *Child Development* 38, nº 4 (1967): 1025–34.

6 Michael Yeomans e Alison Wood Brooks, "Topic Preference Detection in Conversation: A Novel Approach to Understand Perspective Taking" (no prelo).

7 Becky Ka Ying Lau et al., "The Extreme Illusion of Understanding", *Journal of Experimental Psychology: General* 151, nº 11 (2022): 2957.

8 Conor Kenny, "The Single Biggest Problem in Communication Is the Illusion That It Has Taken Place", *The Irish Times*, 9 de novembro de 2020.

9 Michael Yeomans, Maurice Schweitzer e Alison Wood Brooks, "The Conversational Circumplex: Identifying, Prioritizing, and Pursuing Informational and Relational Motives in Conversation", *Current Opinion in Psychology* 44 (2022): 293–302.

10 Jacob Uitti, "Who Wrote the Historic Song 'Respect'?", AmericanSongwriter.com, 2023.

11 Rob Voigt et al., "Language from Police Body Camera Footage Shows Racial Disparities in Officer Respect", *Proceedings of the National Academy of Sciences* 114, nº 25 (2017): 6521–26.

12 Laurence R. Horn e Gregory L. Ward, eds., *The Handbook of Pragmatics*. Oxford: Blackwell, 2004.

13 Amartya Sen, *Identidade e violência: A ilusão do destino*. São Paulo: Iluminuras, 2015.

14 Daniel Goleman, *Inteligência emocional*. Rio de Janeiro: Objetiva, 1996.

15 Trevor Foulk, Andrew Woolum e Amir Erez, "Catching Rudeness Is Like Catching a Cold: The Contagion Effects of Low-Intensity Negative Behaviors", *Journal of Applied Psychology* 101, nº 1 (2016): 50; Andrew Woolum, Trevor Foulk e Amir Erez, "A Review of the Short-Term Implications of Discrete, Episodic Incivility", *Social and Personality Psychology Compass* 18, nº 1 (2024): e12918.

16 Olga Stavrova, Daniel Ehlebracht e Kathleen D. Vohs, "Victims, Perpetrators, or Both? The Vicious Cycle of Disrespect and Cynical Beliefs About Human Nature", *Journal of Experimental Psychology: General* 149, nº 9 (2020): 1736.

17 Carl R. Rogers e Richard Evans Farson, *Active Listening*. Connecticut: Martino Fine Books, 2015.

18 Avraham N. Kluger et al., "A Meta-Analytic Systematic Review and Theory of the Effects of Perceived Listening on Work Outcomes", *Journal of Business and Psychology* 39, nº 2 (2024): 295–344.

19 Hanne K. Collins et al., "Conveying and Detecting Listening During Live Conversation", *Journal of Experimental Psychology:General* (2023); Hanne K Collins, "When Listening Is Spoken", *Current Opinion in Psychology* 47 (2022): 101402.

20 Harry T. Reis e Shelly L. Gable, "Responsiveness", *Current Opinion in Psychology* 1 (2015): 67–71.

21 Malia F. Mason et al., "Wandering Minds: The Default Network and Stimulus--Independent Thought", *Science* 315, nº 5810 (2007): 393–95.

22 Bruno Galantucci, Simon Garrod e Gareth Roberts, "Experimental Semiotics", *Language and Linguistics Compass* 6, nº 8 (2012): 477–93.

23 Gareth Roberts, Benjamin Langstein e Bruno Galantucci, "(In)Sensitivity to Incoherence in Human Communication", *Language and Communication* 47 (2016): 15–22.

24 Collins et al., "Conveying and Detecting Listening".

25 Herbert H. Clark e Susan E. Brennan, "Grounding in Communication", em LB Resnick, JM Levine e SD Teasley, eds., *Perspectives on Socially Shared Cognition*, 127–49. Nova York: American Psychological Association, 1991.

26 Janet B. Bavelas et al., "The Theoretical and Research Basis of Co-Constructing Meaning in Dialogue", *Journal of Solution Focused Practices* 1, nº 2 (2014): 3.

27 Janet B. Bavelas, Linda Coates e Trudy Johnson, "Listeners as Co-narrators", *Journal of Personality and Social Psychology* 79, nº 6 (2000): 941.

28 Michael Yeomans et al., "Conversational Receptiveness: Improving Engagement with Opposing Views", *Organizational Behavior and Human Decision Processes* 160 (2020): 131–48.

29 Hanne K. Collins, "When Listening Is Spoken", *Current Opinion in Psychology* 47 (2022): 101402.

30 Wesley Morris, "Taylor Swift: Miss Americana' Review: A Star, Surprisingly Alone", *The New York Times*, 30 de janeiro de 2020.

31 Bitterly et al., "Gender and Laughter".

CAPÍTULO 6 Muitas mentes

1 Gus Cooney et al., "The Many Minds Problem: Disclosure in Dyadic Versus Group Conversation", *Current Opinion in Psychology* 31 (2020): 22–27.

2 Emma M. Templeton et al., "Fast Response Times Signal Social Connection in Conversation", *Proceedings of the National Academy of Sciences* 119, nº 4 (2022): e2116915119.

3 Elizabeth Stokoe et al., "When Delayed Responses Are Productive: Being Persuaded Following Resistance in Conversation", *Journal of Pragmatics* 155 (2020): 70–82.

4 So-Hyeon Shim et al., "The Impact of Leader Eye Gaze on Disparity in Member Influence: Implications for Process and Performance in Diverse Groups", *Academy of Management Journal* 64, nº 6 (2021): 1873–900; Sophie Wohltjen e Thalia Wheatley, "Eye Contact Marks the Rise and Fall of Shared Attention in Conversation", *Proceedings of the National Academy of Sciences* 118, nº 37 (2021): e2106645118.

5 Lynn Smith-Lovin e Charles Brody, "Interruptions in Group Discussions: The Effects of Gender and Group Composition", *American Sociological Review* (1989): 424–35.

6 Cooney et al., "Many Minds Problem".

7 J. Stuart Bunderson e Ray E. Reagans, "Power, Status, and Learning in Organizations", *Organization Science* 22, nº 5 (2011): 1182–94.

8 Joey T. Cheng et al., "Two Ways to the Top: Evidence That Dominance and Prestige Are Distinct Yet Viable Avenues to Social Rank and Influence", *Journal of Personality and Social Psychology* 104, nº 1 (2013): 103; Dana R Carney, "The Nonverbal Expression of Power, Status, and Dominance", *Current Opinion in Psychology* 33 (2020): 256–64.

9 Elad N. Sherf et al., "Centralization of Member Voice in Teams: Its Effects on Expertise Utilization and Team Performance", *Journal of Applied Psychology* 103, nº 8 (2018): 813.

10 Victoria L. Brescoll, "Who Takes the Floor and Why: Gender, Power, and Volubility in Organizations", *Administrative Science Quarterly* 56, nº 4 (2011): 622–41.

11 Katherine Coffman et al., "Gender Stereotypes in Deliberation and Team Decisions", *Games and Economic Behavior* 129 (2021): 329–49.

12 Amy C. Edmondson e Zhike Lei, "Psychological Safety: The History, Renaissance, and Future of an Interpersonal Construct", *Annual Review of Organizational Psychology and Organizational Behavior* 1, nº 1 (2014): 23–43; Amy C. Edmondson, *A organização sem medo: criando segurança psicológica no local de trabalho para aprendizado, inovação e crescimento.* Rio de Janeiro: Alta Books, 2020.

13 Adam D. Galinsky, Derek D. Rucker e Joe C. Magee, "Power and Perspective-Taking: A Critical Examination", *Journal of Experimental Social Psychology* 67 (2016): 91–92.

14 Catarina R. Fernandes et al., "What Is Your Status Portfolio? Higher Status Variance Across Groups Increases Interpersonal Helping but Decreases Intrapersonal Well-Being", *Organizational Behavior and Human Decision Processes* 165 (2021): 56–75.

15 Constantinos GV Coutifaris e Adam M. Grant, "Taking Your Team Behind the Curtain: The Effects of Leader Feedback-Sharing and Feedback-Seeking on Team Psychological Safety", *Organization Science* 33, nº 4 (2022): 1574–98.

16 Alison Wood Brooks et al., "Mitigating Malicious Envy: Why Successful Individuals Should Reveal Their Failures", *Journal of Experimental Psychology: General* 148, nº 4 (2019): 667.

17 Nicole Abi-Esber, Ethan Burris e Alison Wood Brooks, "Eye Gaze" (no prelo).

18 So-Hyeon Shim et al., "The Impact of Leader Eye Gaze on Disparity in Member Influence: Implications for Process and Performance in Diverse Groups", *Academy of Management Journal* 64, nº 6 (2021): 1873–900.

19 Tom Foulsham et al., "Gaze Allocation in a Dynamic Situation: Effects of Social Status and Speaking", Cognition 117, nº 3 (2010): 319–31.

20 Adam Galinsky, "How to Speak up for Yourself", TED Talk, 23 de novembro de 2016.

21 Mark R. Leary e Robin M. Kowalski, "Impression Management: A Literature Review and Two-Component Model", *Psychological Bulletin* 107, nº 1 (1990): 34.

22 Zachariah C. Brown, Eric M. Anicich e Adam D. Galinsky, "Compensatory Conspicuous Communication: Low Status Increases Jargon Use", *Organizational Behavior and Human Decision Processes* 161 (2020): 274–90.

23 Christopher Oveis et al., "Laughter Conveys Status", *Journal of Experimental Social Psychology* 65 (2016): 109–15.

24 Maria Seehausen et al., "Effects of Empathic Paraphrasing – Extrinsic Emotion Regulation in Social Conflict", *Frontiers in Psychology* 3 (2012): 31892.

25 Bradford T. Bitterly, Alison Wood Brooks e Maurice E. Schweitzer, "Risky Business: When Humor Increases and Decreases Status", *Journal of Personality and Social Psychology* 112, nº 3 (2017): 431.

26 J. Elise Keith, *Where the Action Is: The Meetings That Make or Break Your Organization.* Portland, OR: Second Rise, 2018.

27 Charles Siebert, "Letter of Recommendation: Starlings", *The New York Times*, 11 de fevereiro de 2020.

28 Cooney et al., "Many Minds Problem".

29 Tanya Stivers, "Is Conversation Built for Two? The Partitioning of Social Interaction", *Research on Language and Social Interaction* 54, nº 1 (2021): 1–19.

30 Keith, *Where the Action Is.*

31 Francesca Valsesia, Joseph C. Nunes e Andrea Ordanini, "I Am Not Talking to You: Partitioning an Audience in an Attempt to Solve The Self-Promotion Dilemma", *Organizational Behavior and Human Decision Processes* 165 (2021): 76–89.

32 Tanya Stivers, "Is Conversation Built for Two? The Partitioning of Social Interaction", *Research on Language and Social Interaction* 54, nº 1 (2021): 1–19.

33 Michele L. Gelfand, Rule Makers, *Rule Breakers: Tight and Loose Cultures and the Secret Signals That Direct Our Lives.* Nova York: Scribner, 2019.

CAPÍTULO 7 Momentos difíceis

1 Michael Yeomans et al., "Conversational Receptiveness: Improving Engagement with Opposing Views", *Organizational Behavior and Human Decision Processes* 160 (2020): 131–48.

2 James A. Russell, "A Circumplex Model of Affect", *Journal of Personality and Social Psychology* 39, nº 6 (1980): 1161.

3 Gerben A. Van Kleef, Carsten K. W. De Dreu e Antony S. R. Manstead, "The Interpersonal Effects of Anger and Happiness in Negotiations", *Journal of Personality and Social Psychology* 86, nº 1 (2004): 57; Alison Wood Brooks and Maurice E. Schweitzer, "Can Nervous Nelly Negotiate? How Anxiety Causes Negotiators to Make Low First Offers, Exit Early, and Earn Less Profit", *Organizational Behavior and Human Decision Processes* 115, nº 1 (2011): 43–54.

4 Herbert H. Clark e Susan E. Brennan, "Grounding in Communication", em LB Resnick, JM Levine e SD Teasley, eds., *Perspectives on Socially Shared Cognition*, 127–49 (Nova York: American Psychological Association, 1991); Herbert H. Clark, *Using Language.* Cambridge: Cambridge University Press, 1996.

5 Joseph P. Forgas, "Feeling and Doing: Affective Influences on Interpersonal Behavior", *Psychological Inquiry* 13, nº 1 (2002): 1–28.

6 Luiz Pessoa, "How Do Emotion and Motivation Direct Executive Control?", *Trends in Cognitive Sciences* 13, nº 4 (2009): 160–66.

7 Michael Yeomans, Maurice Schweitzer e Alison Wood Brooks, "The Conversational Circumplex: Identifying, Prioritizing, and Pursuing Informational and Relational Motives in Conversation", *Current Opinion in Psychology* 44 (2022): 293–302.

8 Deepak Malhotra, The Desire to Win: The Effects of Competitive Arousal on Motivation and Behavior", *Organizational Behavior and Human Decision Processes* 111, nº 2 (2010): 139–46

9 Joy Hirsch et al., "Interpersonal Agreement and Disagreement During Face-to-Face Dialogue: An fNIRS Investigation", *Frontiers in Human Neuroscience* 14 (2021): 606397.

10 Julia A. Minson e Frances S. Chen, "Receptiveness to Opposing Views: Conceptualization and Integrative Review", *Personality and Social Psychology Review* 26, nº 2 (2022): 93–111; Julia A. Minson, Frances S. Chen e Catherine H. Tinsley, "Why Won't You Listen to Me? Measuring Receptiveness to Opposing Views", *Management Science* 66, nº 7 (2020): 3069–94.

11 Yeomans et al., "Conversational Receptiveness".

12 Yeomans et al., "Conversational Receptiveness".

13 Michael Yeomans, "Argue Better by Signalling Your Receptiveness with These Words", *Psyche* (2021).

14 Emily Kubin, Kurt J. Gray e Christian von Sikorski, "Reducing Political Dehumanization by Pairing Facts with Personal Experiences", *Political Psychology* 44, nº 5 (2023): 1119–40; Emily Kubin et al., "Personal Experiences Bridge Moral and Political Divides Better Than Facts", *Proceedings of the National Academy of Sciences* 118, nº 6 (2021): e2008389118.

15 Hanne K. Collins et al., "Underestimating Counterparts' Learning Goals Impairs Conflictual Conversations", *Psychological Science* 33, nº 10 (2022): 1732–52.

16 Stav Atir, Kristina A. Wald e Nicholas Epley, "Talking with Strangers Is Surprisingly Informative", *Proceedings of the National Academy of Sciences* 119, nº 34 (2022): e2206992119.

17 Zhiying Ren e Rebecca Schaumberg, "Disagreement Gets Mistaken for Bad Listening", *Psychological Science* 35, nº 5 (2024): 09567976241239935.

18 Robin M. Hogarth e Hillel J. Einhorn, "Order Effects in Belief Updating: The Belief-Adjustment Model", *Cognitive Psychology* 24, nº 1 (1992): 1–55.

19 J. Nicole Shelton e Jennifer A. Richeson, "Interracial Interactions: A Relational Approach", *Advances in Experimental Social Psychology* 38 (2006): 121–81.

20 J. Nicole Shelton et al., "J. Nicole Shelton et al., "Ironic Effects of Racial Bias During Interracial Interactions", *Psychological Science* 16, nº 5 (2005): 397–402.

21 Tamar Szabó Gendler, "On the Epistemic Costs of Implicit Bias", *Philosophical Studies* 156, nº 1 (2011): 33–63.

22 Tal Eyal, Mary Steffel e Nicholas Epley, "Perspective Mistaking: Accurately Understanding the Mind of Another Requires Getting Perspective, Not Taking Perspective", *Journal of Personality and Social Psychology* 114, nº 4 (2018): 547.

23 Clayton R. Critcher e David Dunning, "Egocentric Pattern Projection: How Implicit Personality Theories Recapitulate the Geography of the Self", *Journal of Personality and Social Psychology* 97, nº 1 (2009): 1.

24 Jeff C. Cho e Eric D. Knowles, "I'm Like You and You're Like Me: Social Projection and Self-Stereotyping Both Help Explain Self-Other Correspondence", *Journal of Personality and Social Psychology* 104, nº 3 (2013): 444204.

25 Zidong Zhao, Haran Sened e Diana I. Tamir, "Egocentric Projection Is a Rational Strategy for Accurate Emotion Prediction", *Journal of Experimental Social Psychology* 109 (2023): 104521.

26 Gary Marks e Norman Miller, "Ten Years of Research on the False-Consensus Effect: An Empirical and Theoretical Review", *Psychological Bulletin* 102, nº 1 (1987): 72.

27 Susan AJ Birch e Paul Bloom, "The Curse of Knowledge in Reasoning About False Beliefs", *Psychological Science* 18, nº 5 (2007): 382–86; Ting Zhang, Kelly B. Harrington e Elad N. Sherf, "The Errors of Experts: When Expertise Hinders Effective Provision and Seeking of Advice and Feedback", *Current Opinion in Psychology* 43 (2022): 91–95; Ting Zhang, Dan J. Wang e Adam D. Galinsky, "Learning Down to Train Up: Mentors Are More Effective When They Value Insights from Below", *Academy of Management Journal* 66, nº 2 (2023): 604–37.

28 Thomas Gilovich, Kenneth Savitsky e Victoria Husted Medvec, "The Illusion of Transparency: Biased Assessments of Others' Ability to Read One's Emotional States", *Journal of Personality and Social Psychology* 75, nº 2 (1998): 332.

29 Loran F. Nordgren, Kasia Banas e Geoff MacDonald, "Empathy Gaps for Social Pain: Why People Underestimate the Pain of Social Suffering", *Journal of Personality and Social Psychology* 100, nº 1 (2011): 120.

30 Eyal, Steffel e Epley, "Perspective Mistaking".

31 William Friend e Deepak Malhotra, "Psychological Barriers to Resolving Intergroup Conflict: An Extensive Review and Consolidation of the Literature", *Negotiation Journal* 35, nº 4 (2019): 407–42.

32 Kiara L. Sanchez, David A. Kalkstein e Gregory M. Walton, "A Threatening Opportunity: The Prospect of Conversations About Race Related Experiences Between Black and White Friends", *Journal of Personality and Social Psychology* 122, nº 5 (2022): 853.

33 David Broockman e Joshua Kalla, "Durably Reducing Transphobia: A Field Experiment on Door-to-Door Canvassing", *Science* 352, nº 6282 (2016): 220–24.

34 Thomas F. Pettigrew and Linda R. Tropp, "A MetaAnalytic Test of Intergroup Contact Theory," *Journal of Personality and Social Psychology* 90, nº 5 (2006): 751.

35 Alison Wood Brooks, "Get Excited: Reappraising Pre-Performance Anxiety as Excitement", *Journal of Experimental Psychology: General* 143, nº 3 (2014): 1144.

36 Jennifer S. Lerner, Deborah A. Small e George Loewenstein, "Heart Strings and Purse Strings: Carryover E!ects of Emotions on Economic Decisions", *Psychological Science* 15, nº 5 (2004): 337–4.

37 James J. Gross, "Emotion Regulation: Conceptual and Empirical Foundations", *Handbook of Emotion Regulation* 2 (2014): 3–20; James J. Gross, "Emotion Regulation: Current Status and Future Prospects", *Psychological Inquiry* 26, nº 1 (2015): 1–26.

38 Alison Wood Brooks, "Get Excited: Reappraising Pre-Performance Anxiety as Excitement", *Journal of Experimental Psychology: General* 143, nº 3 (2014): 1144; Elizabeth Baily Wolf et al., "Managing Perceptions of Distress at Work: Reframing Emotion as Passion", *Organizational Behavior and Human Decision Processes* 137 (2016): 1–12.

39 Jennifer Hettema, Julie Steele e William R. Miller, "Motivational Interviewing", *Annual Review of Clinical Psychology* 1 (2005): 91–111.

40 Stefan G. Hofmann et al., "How to Handle Anxiety: The Effects of Reappraisal, Acceptance, and Suppression Strategies on Anxious Arousal", *Behaviour Research and Therapy* 47, nº 5 (2009): 389–94; Jordi Quoidbach, Moïra Mikolajczak, and James J. Gross, "Positive Interventions: An Emotion Regulation Perspective," *Psychological Bulletin* 141, nº 3 (2015): 655.

41 Alisa Yu, Justin M. Berg e Julian J. Zlatev, "Emotional Acknowledgment: How Verbalizing Others' Emotions Fosters Interpersonal Trust", *Organizational Behavior and Human Decision Processes* 164 (2021): 116–35.

42 Yael Millgram et al., "Knowledge About the Source of Emotion Predicts Emotion--Regulation Attempts, Strategies, and Perceived Emotion-Regulation Success", *Psychological Science* 34, nº 11 (2023): 1244–55.

CAPÍTULO 8 Pedidos de desculpas

1 *Couples Therapy*: Sarah Bahr, "Feeling a Bit Cramped? 'Couples Therapy' May Look Familiar", *The New York Times*, 16 de abril de 2021.

2 Matthew Fray, "The Marriage Lesson That I Learned Too Late", *Atlantic*, abril de 2022.

3 Monnica T Williams, "Microaggressions: Clarification, Evidence, and Impact", *Perspectives on Psychological Science* 15, nº 1 (2020): 3–26.

4 Olivia de Recat, *Drawn Together: Illustrated True Love Stories*. Nova York: Voracious, 2022.

5 Barry R. Schlenker e Bruce W. Darby, "The Use of Apologies in Social Predicaments", *Social Psychology Quarterly* (1981): 271–78.

6 Ryan Fehr e Michele J. Gelfand, "When Apologies Work: How Matching Apology Components to Victims' Self-Construals Facilitates Forgiveness", *Organizational Behavior and Human Decision Processes* 113, nº 1 (2010): 37–50.

7 Peter H. Kim et al, "Removing the Shadow of Suspicion: The Effects of Apology Versus Denial for Repairing Competence-Versus Integrity-Based Trust Violations", *Journal of Applied Psychology* 89, nº 1 (2004): 104.

8 Karina Schumann, "The Psychology of Offering an Apology: Understanding the Barriers to Apologizing and How to Overcome Them", *Current Directions in Psychological Science* 27, nº 2 (2018): 74–78.

9 Donald L. Ferrin, et al., "Silence Speaks Volumes: Volumes: The Effectiveness of Reticence in Comparison to Apology and Denial for Responding to Integrity-and Competence-Based Trust Violations", *Journal of Applied Psychology* 92, nº 4 (2007): 893; *Psychology* 92, nº 4 (2007): 893.

10 Maurice E. Schweitzer, John C. Hershey e Eric T. Bradlow, "Promises and Lies: Restoring Violated Trust", *Organizational Behavior and Human Decision Processes* 101, nº 1 (2006): 1–19.

11 Alison Wood Brooks, Hengchen Dai e Maurice E. Schweitzer, "I'm Sorry About the Rain! Superfluous Apologies Demonstrate Empathic Concern and Increase Trust", *Social Psychological and Personality Science* 5, nº 4 (2014): 467–74.

12 Karina Schumann, Emily G. Ritchie e Amanda Forest, "The Social Consequences of Frequent Versus Infrequent Apologizing", *Personality and Social Psychology Bulletin* 49, nº 3 (2023): 331–43.

13 Karina Schumann, "Does Love Mean Never Having to Say You're Sorry? Associations Between Relationship Satisfaction, Perceived Apology Sincerity, and Forgiveness", *Journal of Social and Personal Relationships* 29, nº 7 (2012): 997–1010.

14 "Deepwater Horizon: Oil Spills", Damage Assessment, Remediation, and Restoration Program, National Oceanic and Atmospheric Administration, https://darrp.noaa.gov/oil-spills/deepwater-horizon; "Environmental Costs", Encyclopædia Britannica.

15 "Gulf Oil Leak", CNN, 27 de maio de 2010, transcrição.

16 "Chefe da BP para moradores do Golfo: 'I'm sorry'", CNN, 30 de maio de 2010, transcrição.

17 Roy J. Lewicki, Beth Polin e Robert B. Lount, Jr, "An Exploration of the Structure of E!ective Apologies", *Negotiation and Conflict Management Research* 9, nº 2 (2016): 177–96.

18 Ahmir Thompson, "Questlove Apologizes for Offensive Japan Comments", Okayplayer (2017), https://www.okayplayer.com/news/questlove-apologizes-offensive-japan-instagrams.html.

19 Roy J. Lewicki e Chad Brinsfield, "Trust Repair", *Annual Review of Organizational Psychology and Organizational Behavior* 4 (2017): 287–313.

20 Grant E. Donnelly, Hanne Collins e Alison Wood Brooks, "How Prisoner Apologies Influence Parole Decisions" (no prelo).

21 Roy J. Lewicki, Beth Polin e Robert B. Lount, Jr., "An Exploration of the Structure of Effective Apologies", *Negotiation and Conflict Management Research* 9, nº 2 (2016): 177–96.

22 Maurice E. Schweitzer, John C. Hershey e Eric T. Bradlow, "Promises and Lies: Restoring Violated Trust", *Organizational Behavior and Human Decision Processes* 101, nº 1 (2006): 1–19.

23 Schumann, "Psychology of Offering an Apology".

24 Nam et al "Speedy Activists: How Firm Response Time to Sociopolitical Events Influences Consumer Behavior", *Journal of Consumer Psychology* 33, nº 4 (2023): 632–44; Schumann, Ritchie e Forest, "Social Consequences of Frequent Versus Infrequent Apologizing".

25 Nicole Abi-Esber et al. "'Just Letting You Know…': Underestimating Others' Desire for Constructive Feedback", *Journal of Personality and Social Psychology* 123, nº 6 (2022): 1362.

26 Emma E. Levine e Maurice E. Schweitzer, "Are Liars Ethical? On the Tension Between Benevolence and Honesty", *Journal of Experimental Social Psychology* 53 (2014): 107–17; Emma Levine e David Munguia Gomez, "'I'm Just Being Honest': When and Why Honesty Enables Help Versus Harm", *Journal of Personality and Social Psychology* 120, nº 1 (2021): 33.

27 Emma E. Levine et al., "Who Is Trustworthy? Predicting Trustworthy Intentions and Behavior", *Journal of Personality and Social Psychology* 115, nº 3 (2018): 468; Emma E. Levine, Annabelle R. Roberts e Taya R. Cohen, "Difficult Conversations: Navigating the Tension Between Honesty and Benevolence", *Current Opinion in Psychology* 31 (2020): 38–43.

28 Alison Wood Brooks e Leslie John, "Start with Positive Feedback" (no prelo).

29 Hayley Blunden et al., "Eliciting Advice Instead of Feedback Improves Developmental Input" (no prelo).

30 Lara B. Aknin e Gillian M. Sandstrom, "People Are Surprisingly Hesitant to Reach Out to Old Friends", *Communications Psychology* 2, nº 1 (2024): 34.

Epílogo

1 Shigehiro Oishi e Erin C. Westgate, "A Psychologically Rich Life: Beyond Happiness and Meaning", *Psychological Review* 129, nº 4 (2022): 790.

2 Erin C. Westgate e Timothy D. Wilson, "Boring Thoughts and Bored Minds: The

MAC Model of Boredom and Cognitive Engagement", *Psychological Review* 125, nº 5 (2018): 689.

3 Jordi Quoidbach et al., "Emodiversity and the Emotional Ecosystem", *Journal of Experimental Psychology*: General, 143, nº 6 (2014): 2057; Jordan Etkin, "Choosing Variety for Joint Consumption", *Journal of Marketing Research* 53, nº 6 (2016): 1019–33.

4 Hanne K. Collins et al., "Relational Diversity in Social Portfolios Predicts Well-Being", *Proceedings of the National Academy of Sciences* 119, nº 43 (2022): e2120668119.

5 Jordi Quoidbach et al., "Emodiversity and the Emotional Ecosystem", *Journal of Experimental Psychology*: General 143, nº 6 (2014): 2057.

6 Christopher Welker et al., "Pessimistic Assessments of Ability in Informal Conversation", *Journal of Applied Social Psychology* 53, nº 7 (2023): 555–69; Erica J. Boothby et al., "The Liking Gap in Conversations: Do People Like Us More Than We Think?", *Psychological Science* 29, nº 11 (2018): 1742–56; Adam M. Mastroianni et al., "The Liking Gap in Groups and Teams", *Organizational Behavior and Human Decision Processes* 162 (2021): 109–22; Gus Cooney, Erica J. Boothby e Mariana Lee, "The Thought Gap After Conversation: Underestimating the Frequency of Others' Thoughts About Us", *Journal of Experimental Psychology*: General 151, nº 5 (2022): 1069.

7 John Steinbeck, *A leste do Éden*. Rio de Janeiro: Record, 2005.

8 Paul Grice, *Studies in the Way of Words*. Cambridge, MA: Harvard University Press, 1991.

9 Daniel C. Richardson, Rick Dale e Natasha Z. Kirkham, "The Art of Conversation Is Coordination", *Psychological Science* 18, nº 5 (2007): 407–13; Adam M. Mastroianni et al., "Do Conversations End When People Want Them To?", *Proceedings of the National Academy of Sciences* 118, nº 10 (2021): e2011809118; Sophie Wohltjen and Thalia Wheatley, "Eye Contact Marks the Rise and Fall of Shared Attention in Conversation", *Proceedings of the National Academy of Sciences* 118, nº 37 (2021): e2106645118.

10 Adrian M. Haith e John W. Krakauer, "The Multiple Effects of Practice: Skill, Habit and Reduced Cognitive Load", *Current Opinion in Behavioral Sciences* 20 (2018): 196–201.

11 Erving Goffman, *Interaction Ritual: Essays in Face-to-Face Behavior.* Garden City, Nova York: Doubleday, 1967.

Apêndice

1 Katie Koch, "Jazz as Conversation", *The Harvard Gazette*, 18 de abril de 2013.

2 Jason Pugatch, *Acting Is a Job: Real-life Lessons About the Acting Business.* Nova York: Allworth, 2006, p. 73.

3 J. Rentilly, "Kurt Vonnegut: The Last Interview with One of America's Great Men of Letters", *US Airways Magazine*, junho de 2007.

4 Fred Rogers, *You Are Special: Neighborly Words of Wisdom from Mister Rogers*. Nova York: Penguin Books, 1995, p. 47.

5 Christopher Isherwood, *Lions and Shadows: An Education in the Twenties*. Londres: Hogarth Press, 1938, p. 65.

6 Fred Rogers, *The World According to Mister Rogers*. Nova York: Hyperion, 2003, p. 160.

7 Harold Pinter, Various Voices: Prose, Poetry, Politics *1948-1998*. Londres: Faber, 1998, p. 34.

8 Veep, 5ª temporada, episódio 1, "Morning After", dirigido por Chris Addison, escrito por David Mandel e Armando Iannucci, exibido em 24 de abril de 2016 na HBO.

9 Daniel Jones, "The 36 Questions That Lead to Love", *The New York Times*, 9 de janeiro de 2015.